ケアの倫理と共感

Michael Slote
マイケル・スロート 著
早川正祐・松田一郎 訳

勁草書房

ジェーンに捧げる

本書では、ある緊張関係が……いまだ解消されていない。人間の生活と人間関係に関する二つの語り方の対立――すなわち、繋《つな》がりに根ざす語り方と、自立性に根ざす語り方との対立――は、これからもずっと存在し続けるのだろうか。それとも、これまで長きにわたって人間の発達や成長に関連づけられてきた、人間の生活と人間関係についての思考枠組みは、「私たちは別々にではなく、関わりながら生きる」という前提を出発点にする新たな思考様式に、道を明け渡すことになるのだろうか？

――キャロル・ギリガン「読者への手紙」『もうひとつの声』（一九九三年）より

序文

近年、ケアの倫理は、倫理思想・倫理理論として多くの注目を浴びる立場になった。しかし、そのアプローチの擁護者の多くは、ケアの倫理を、他の道徳的な思考様式を補完ないし改善するうえでどうしても必要なものと見なすのみで、道徳全般についての独り立ちした理論とまでは見なしていない。そうした見方とは対照的に、本書では、ケアの倫理によって、個人と政治の両方に関連する道徳について包括的な説明を与えることができるし、またそうすべきであると論じる。さらに、こうした包括的な視点から考えることで、ケアの倫理が現代のカント的な自由主義と単に折り合わないのみならず、それよりも優れていると論じることになる。（その過程で、帰結主義や新アリストテレス主義的な徳倫理学に対して、なぜ私が慎重な立場をとるのか、その理由もいくらか明らかになるだろう。）

私は、共感という観点から妊娠中絶の問題にアプローチできることを知って以来、長年、本書のプロジェクトに取り組んできた。執筆はそれほどスムーズにいったわけではなく、草稿のかなりの部分をやむなく削除したものの、最終的には、そこで削除した箇所は本書の基礎となる部分として書き改められることになった。本書での議論が正しい道筋を辿っているとしても、今後さらに考察し詳述すべき問題も数多く残されている。しかしそれでも、ケア倫理学者は、本書によって恩恵を得るはずだと私は考える。ケアの倫理というアプローチが、一般的に思われている以上に、論争を巻き起こすのみならず、理論としても有望であるという点を知ることになるのだから。

ケアの倫理は社会の既存のあり方を肯定するので、フェミニストが実現を目指していることを妨げるのではないか。そういった疑念がしばしば表明されてきた。しかし本書では、事実がまさにその正反対であることが示されるだろう。ケアの倫理は、共感という要素を重視し共感概念を体系的に用いる。そうすることで、家父長的な考えや制度の問題点を、極めて説得的かつ未来志向的な仕方で論じることができる。さらにそこでは共感という概念が、〔正／不正といった〕道徳的な区別をする際の新たな一般的規準として機能する。そしてケアの倫理が、昨今の心理学における共感研究を取り入れることで、道徳教育に関する（ある種の）体系的説明――従来のケア倫理には欠けていた説明――をどう展開できるようになるのかも、明らかになるだろう。ケアの倫理に共感の概念はまさに不可欠なのであり、本書のタイトルが伝えようとしているのも、まさにその点なのである。

謝辞

議論の展開や範囲は本書に劣るものの、その元になった一部は既に出版されている。*Social Philosophy and Policy* 21（1）, 2004, 293-309 に掲載された「自律と共感」（'Autonomy and Empathy'）を本書で使用する許可をいただいたことについて、学術雑誌『社会哲学と政策』（*Social Philosophy and Policy*）の編集者に感謝する。本書の第一章から第三章までは、これまで様々なところで発表してきた。最も新しい論文は、レベッカ・ウォーカーとフィリップ・J・アイヴァンホーが編者になっている『作働する徳——徳倫理学と現代の道徳的問題』（Rebecca Walker and Philip Ivanhoe, *Working Virtue: Virtue Ethics and Contemporary Moral Problems*, New York: Oxford University Press, 2007）に掲載されている。

大変お世話になった方たちにも謝辞を述べたいと思う。まずトニー・ブルースに深く感謝したい。隣接領域での多数の原稿を既に処分してしまい、自分の考えをどう発展させればよいのか確信をもてなくなったとき、彼は本書を書くようにすすめてくれた。彼の励ましと洞察力は本書を執筆していくうえで大きな力になった。また多くの哲学者・心理学者・教育学者が、本書の様々な論点や本書の元になった論文について有益なコメントを寄せてくれた。クリスティン・ボルグワルド、マイケル・ブレイディ、スティーヴン・ダーウォル、ナンシー・アイゼンバーグ、ジャステイン・フランク、キャロル・ギリガン、マーティン・ホフマン、トーマス・フルカ、ネル・ノディングズ、エレン・フランケル・ポール、ハーヴィ・シーゲル、アレン・ステアーズ、ラリー・テムキンといった方たち。さらに、初期の草稿の段階で、かなりの部分あるいはその全てに目を通して、多岐にわたる、厳しい、そして有益な批評と提案をしてくれたスーザン・ブリソン、マリリン・フリードマン、スコット・ゲルファンドおよびラウトレッジ社の二人の匿名の査読者の方々には、いっそう多くを負っている。

私は、わが子のクレシダ、ナサニエルと、本書のアイデアに関する議論を大いに楽しむことができた。最後になるが、私の人生を以前とは全く異なるものにしてくれたジェーンにとりわけ感謝したい。

ケアの倫理と共感

目次

凡例

・本書は Michael Slote, *The Ethics of Care and Empathy*, Routledge, 2007 の全訳である。

・原注は（1）、訳注は〔1〕のように示し、いずれも巻末にまとめた。

・文中の〔　〕は訳者が補足説明のために付け加えたものである。

・「　」は基本的に原書の引用符" "に対応しているが、読みやすさを考慮して、原文にない箇所で語句や文を括り出すためにも用いた。

・（　）や——は原則として原文での使用に合わせているが、読みやすさを考慮して、それらを原文にはない箇所に付加もしくは削除した場合もある。

・原文で強調のために用いられているイタリック体は、傍点を付して示した。

序論

近年、特にアメリカ合衆国でケアが頻繁に話題になるようになってきた。アメリカではどの政治家も自分は「ケア」していると語り、また病院・医療保険会社で働く人々も皆、「ケアする人」を自称している。また近年、ほぼあらゆる物事の取り組み方に関して、男性と女性はどう異なっているのかということが頻繁に話題にされるようになってきた。そうした風潮は、「男性は火星から、女性は金星から来た」という決まり文句をよく耳にすることからもうかがえるだろう。〔1〕私の考えでは（確証はないものの）、こういった風潮は一九八二年にその初版が出された、キャロル・ギリガンの先駆的著作『もうひとつの声――心理理論と女性の発達』に端を発する。(1) 男性は女性と異なっているという考えは極めて古くからあったが、道徳的な問題への女性の取り組み方は、男性の取り組み方と（その二つの優劣はさておき）概してどのように異なっているのか、その点を初めて具体的に論じたのはギリガンであった。

そういった議論がどう展開し、倫理学や倫理理論にどう影響したかに関して、読者がいくらか知っていると本書では想定したい。極めて大雑把に言えば、ギリガンが主張したのは以下のことであった。女性は、他者に対する情緒的な関わりを含むケアや、他者との繫《つな》がりという観点から、道徳的な問題を考えようとする。他方で、男性はたいてい倫理的な事柄を他者からの自律の観点、また問題となる状況に対する原則・原理の正当かつ合理的な適用という観点から捉える。ギリガンの著作がもたらした一つの重要な成果は、ケアの倫理（もしくはケアリングの倫理）の明確化と実際的な活用に向けて熱心な取り組みがなされた点にあり、それによって、（ギリガンの主張によれば）男性よりも、女性に見いだされる視点がまさしく表現されたのである。

本書もまた、ケア倫理の明確化と実際的活用への取り組みではあるのだが、その試みは、ケア倫理に関する従来の研究とは多くの場合、いくつかの重要な点で異なっている。本書は第一に、これまで哲学者が懸命に取り組んできた規範的な道徳的・政治的問題全般に関して、ケアの倫理が有意義なアプローチであることを示そうとしている。このような方向性は、ケアの倫理を明瞭化しようとした最も初期の研究である、ノディングズの著書『ケアリング――倫理学と道徳教育に対する女性的立場からのアプローチ』に見いだされる方向性とは異なっている。(2) ノディングズが明らかにしたのは、これまで出会ったことのない遠く離れた人々との道徳的関係は、ケア倫理のもとで扱うことはできず、正義・権利といった一般的な観点から理解される必要があるという点であった。(3) そしてそれ以降ケアの研究に取り組んだ論者も、たいてい同様に、ケアは道徳の一つの側面にすぎないと考え、正義・自律・権利といった観点を重視する伝統的で男性的な思考が、私たちの道徳的思考全体において一定の妥当性をもつという点、あるいは、然《しか》るべき影響をもつという点を前提にしてきたのである。

しかしながら、本書で示したいのは、ケア倫理のアプローチを活用することによって、個人的および政治的領域に関わる道徳全般について理解を深めることができるという点なのである。この点を確認するには、ケアの倫理それ自体が、正義等についてどのような見方（妥当な見方）を提出できるのかを、私たちは理解しなければならない。ギリガンは、ケアや人間同士の繫がりを、正義・自律・権利といったものと対比させ、伝統的な男性や男性哲学者が通常どのように後者の三つ（正義・自律・権利）の主題について論じてきたのか述べている。しかしながら私は、正義・

自律・権利についても、「ケア」という独自の観点から捉えることが可能だと考える。そして私は、ケアの倫理の立場から、倫理ないし道徳の全般について論じることができると確信しているし、またそう示すつもりでもある。ギリガン自身も、そうした可能性を少なくとも示唆しているし、ノディングズも最近の著書において、そうした方向性で研究をいくらか進展させている。[4] しかし、私はこの研究分野における他の誰よりも、ケアの倫理がいっそう包括的で全般的なものになるよう研究を推進させてきた。現在ケアの倫理に取り組む研究者の多くは、ケアの倫理は道徳の一部──むろん一部とはいえ、それは、男性がほぼ支配権を握ってきた伝統的な哲学的思考によって、不当に無視されてきた部分なのではあるが──を扱うにすぎないと考えている。そこでまず、なぜ私がケアの観点に基づく全般的ないし包括的なアプローチを支持するのか、その点をもう少しだけ説明させてほしい。その後、本書と類書との相違点で最も重要だと思われる点に触れたいと思う。

ケアというものを倫理および政治道徳の全般に適用できるアプローチと見なすことを拒む人々は、たいていケアの倫理を、正義・権利等の観点からの伝統的な思考を補完するものだと理解している。もしくは、（おそらくそのような理解よりはいくらかましだが）逆にそういった伝統的な思考のほうが、ケアの倫理を補完するのだと考えている。いずれにせよ、こうした見方が少なくとも暗に前提しているのは、それらの思考様式は両立可能だという点である。すなわちこの見方によれば、ケアの倫理と伝統的な思考のそれぞれが適用されるのは、異なった思考領域においてであり、また異なった問題に対してなのである。そこでは両者の関係はあからさまな、あるいは深刻な対立と捉えられているわけではない。実際、何人かの著名なケア倫理学者──例えばヴァージニア・ヘルド、マリリン・フリードマン、アネット・ベアなど──は、こうした二つの思考様式が単に折り合うのみならず、道徳的思考全般に関わる範囲において統合されうる、または調和しうる、と主張してきた。[5]

しかしながら、本書では、そうした立場が誤りであることを明らかにするように試みたい。たしかに、これまで頻繁に指摘されてきたように、ケアの観点は個人的な人間関係（すなわち私的領域）に最も容易に適用でき、また（伝統的な）正義の観点は公共的または政治的問題の考察に最も密接に関係している。だが以降の章で私が示したいのは、ケアの観点と（伝統的な）正義の観点とは、個人の自律（もしくは個人の自律として想定される諸権利）の問題を含めた諸事例において、相反する道徳的な判断を導く可能性があるということだ。したがって、もしも、私たちが個人道徳と政治道徳とに整合性と統合性を備えた全体像を求めようとするならば、少なくともいくつかの問題に関しては、ケアの観点と伝統的な正義の観点のいずれか一方を選択しなければならなくなるだろう。また、以降で論じていくように、他の説明に訴えなくても、ケアの倫理によって、正義（および自律や権利）全般について説得力のある見方を展開することができるとしよう。そうだとすると、特定の問題に関する議論において、ケアの観点と伝統的な正義の観点が対立した場合に——またそういった場合に限定されず、道徳全般について説明する場合に——ケアの観点を（伝統的な）正義の観点よりも優先的に採用することは、十分に理に適ったことになるだろう。（もちろん、ここではさしあたり、現実に私たちに開かれている理論的な選択肢は、ケアの倫理と伝統的な正義の倫理に限られる、という点を前提にしている。）

これまで多くの論者が、男性と女性とでは道徳的問題に異なる仕方でアプローチするということを示すために、当初ギリガンが用いた研究手法とその結果を批判してきた。この点を考慮しても、ケアの理論的アプローチを包括的ないし体系的なものとして示そうとする本書の方向性は、いくらか支持されるだろう。ギリガンらの論者は、こうした批判に、さらなる論証と研究を重ねることで応答してきたが[6]、ギリガン自身は、その後のいくつかの研究では男性と女性の差異について、以前ほど強調しなくなった（このことがどういう重要性をもつのかについては第五章で問題にすることになる）。たしかに、報告されている事例や個人的な経験を参照すれば、「一般的には女性は男性よりもケアの観点を重視して思考する」という（最低限、基本的なことを述べただけの）見方はある程度、実証ないし支持されるだろう。しかし、同時に思い起こすべき点は、ケアの倫理が、歴史的にはシャフツベリ、ハチスン、ヒューム、スミスなどの道徳感情説［または道徳感情主義[2]］（moral sentimentalism）に由来し、そして、彼らは皆男性であるという点だ。さらに、慈善心（benevolence）に重点を置いた道徳感情説の支持者は、彼ら自身、キリスト教のアガペーという愛の理念からの影響を明らかに受けているし、またキリスト教を創始したのも決して女性ではなかった。それゆえ、歴史上、重要な男性思想家のうち何人かは、ケアの倫理に親和的な観点において思考し、書物を記してきたことになる。この歴史的事実を踏まえたうえで、さらに留意したいのは、道徳へのアプローチにおいて男性と女性はどれほどはっきりと、著しく、また広範囲にわたって異なっているのかに関して、これまで心理学の文献で疑問が提出されてきた点である。これらの点を踏まえることで、「ケアの倫理が充実したものになれば、全般的もしくは包括的な（すなわち女性のみならず男性をも含めた）人間の道徳として通用するようになる」という考えは、私たちにとってより身近になるはずだ。そして、この「人間の道徳」に基づくことによって、私たちは、男女両方に関連したあらゆる種類の道徳的問題について、伝統的な倫理理論におけるいかなる見解に基づくよりも、適切な理解を手にすることができるようになるだろう(7)。

ケアに関する類書との二つ目の大きな違いは、本書が哲学書としての性格をもつ点に関係している。これまでケアリングやケアの倫理について論じてきた研究者の多くは、哲学者というより、むしろ教育学者や心理学者であった。まさにそれゆえに、その研究者たちは議論の中に、自分の専門知識やその分野での論争を持ち込んできたし、また哲学者は、そこから多くを学ぶことができた。しかしさらに、こうした著者の一部、またケアの研究に取り組んできた哲学者の一部にさえ言える点は、伝統的な哲学的立場や哲学的問題に対する関心が、ケアの研究に関わっていない哲学的な倫理学者と比べると、希薄だという点だろう。例えば、義務論の本性や義務論の擁護といった、現代倫理学における間違いなく中心的な課題に関して、ケア倫理学者による真剣な取り組みはたとえあるとしても稀であった。また、そういった哲学的関心の希薄さゆえに、ケア倫理学者は、身近な他者の場合と比べて、遠く離れた他者に対して私たちが負う責務の本性と程度について、それほど述べてこなかった。（私が思うに、この点は、最近の新アリストテレス主義の徳倫理学についても当てはまる。）

こういった従来のケア倫理の方向性とは異なり、本書の主たる目的の一つは、上記のような伝統的な哲学的問題をケアの倫理によってどう扱うことができるのかを探究することである。(もちろん、伝統的な問題を扱うとしても、その問題に対して伝統的な回答を見いだす必要性があるわけではない。) むろん、私自身が(主張できるほどの) 答えを持ち合わせていない、多くの問題が残されており、また本書では触れていない話題も数多くある。しかし、現代における(カント主義、またそれと対立する功利主義による) 理論的枠組みにとって中心的であるにもかかわらず、これまでケア倫理学者がほとんど触れてこなかった、いくつかの理論的な問題があり、私はそれに取り組むことになる。

ケアの倫理は、道徳感情説として知られている倫理学の伝統的体系に分類される(ケアの倫理の提唱者〔の一人であるノディングズ〕によって、実際そのように分類されている)。だが、一八世紀における感情主義者として最も著名なデイヴィッド・ヒュームは、当時、倫理学の分野で知られていた、あらゆる理論的問題に取り組んだ。私の考えでは、ケアの倫理という新たな伝統の中で刷新された道徳感情説――ヒュームも他の感情主義者もケアについては全く論じておらず、ただ慈善心・憐れみの情(compassion)・同情(sympathy)について論じているにすぎない――は、これまであまり注目されなかった理論的/規範的な問題を取り上げることによってはじめて、哲学に関連する最大限の寄与をすることができるようになる。(8)

最後に、ケアの倫理に関する先行研究と、本書を比べた場合に見いだされる、三つ目の大きな相違について述べよう。ケア倫理学者は、共感について、また共感が思いやりのある態度やケア関係にどう寄与するのかについて、度々論じてきた。しかし、それらの論者は、本書において私が試みるほどには共感を重要視するようなことはなかった。私は共感というものがケア・慈善心・憐れみの情などに含まれる最重要のメカニズムであると主張するために、例えば最近の心理学の文献を活用することになる。ヒュームは、著書『人間本性論』の中で、こうした主張が導かれる可能性をほぼ予見していた。だが、これまでのケア倫理学者は、そうした主張を、理論的にはっきりと裏づけられた形で擁護するには至らなった。さらに言えば、ケア倫理学者は、道徳教育・道徳的発達に関する体系的な説明や、道徳的な性向がどのように教示され、獲得されるのかに関する体系的な説明を行ってこなかった。しかし、本書では、心理学者であるマーティン・ホフマンに従って、ある特定の種類の共感（またそういった共感を身につけさせること）が、多くの場合、道徳教育と道徳的発達の双方において中心的な役割を担うということを、より全般的な形で主張しようと思う。このような主張は、ケア倫理学者にはあまり馴染みのない発想ではあるが、本書の試みにおいては中心的な主張になるだろう。本書の取り組みによって、ケア倫理学者が、共感や道徳的発達に関する心理学の文献に、以前よりいっそう注意を払うようになることを、私は期待している。(9) 直観的または常識的に望まれる、（ほぼ）全ての道徳上の区別は、実は共感における相違の観点から――もしくは少なくとも共感との相関において――理解できる。私がこの点を体系的に示すべく努めていることからも、本書においていかに共感というものが重視されているのか分かるだろう。いかにしてケアの倫理が、個人と政治に関わる道徳全般に関しても、その道徳的要請を正当化できるのか。この問題を考える際に、道徳上の区別と共感における相違が結びついているということが、重要な手掛かりとなる。このテーマについてはこの序論の最終部で触れることにして、現時点では、各章ごとに、その概要を紹介するほうが読者には有益だろう。

第一章では、いかなるケアの倫理にも共通の主要概念を導入する。ケアは行為の背後にある動機／心情（sentiment）としての側面をもち、それによって私たちは、特定の個人に「手を差し伸べ」関わりをもつように促される。ケアの倫理によれば、そういった動機／心情〔感情〕としてのケア〔すなわち、思いやり〕にこそ、行為の道徳的な評価は結びつく。しかし、さらに私が論じたいのは、動機づけとして働く、相手への思いやりが、他者に共感するという私たち人間の能力に基礎をもち、またその共感能力によって維持されてもいるという点だ。共感や道徳的発達は、ケアの倫理であれば取り扱うべき道徳的問題に関連している。そこで第一章では、共感と道徳的発達に関して、心理学の文献に発表された主要な成果を、いくつか概観する。また、こういった概観を通して、その心理学的研究の歴史的背景となる一八世紀の道徳感情説についても触れることになる。そして第一章の最後では、ケア・共感・道徳がどのように結びついているのかを具体的に説明するが、その際、妊娠中絶の問題を話題にする中で、これらの結びつきに言及することによって、その理解が容易になると思う。

続く第二章では、現代の規範倫理学であれば取り扱うべきだと私が考える問題、すなわち、他国に住む遠くの人々に対する私たちの責務について論じることになる。その際、第一章で論じた心理学の文献を活用し、以下のように論じる。ケアと共感の結びつきを基盤にした倫理は、ピーター・シンガーが論文「飢えと豊かさと道徳」において採用した有名なアプローチを、適切な仕方で批判し（場合によっては）掘り崩す手法を備えている。シンガーには失敬ながら率直に言えば、遠く離れた人々を援助する私たちの責務は、まさに目の前で苦しんでいる人や危険に晒《さら》されている人に対する私たちの責務ほどは強くはない。そしてこうした違いは、普通に見いだされる共感的な反応の違いを反映している。また、ケアと共感の関係に着目することによって、なぜ今現在苦しんだり危険に晒されたりしている人々に対する責務のほうが、将来、苦しんだり危険に晒されたりすることになるだろうと予想される人々に対する責務よりも重いのか、明らかになるだろう。とはいえ心理学の文献によれば、人間は、（今現在において）目の前にいない人々に対しても、確固たる共感を実際に育《はぐく》んでいるし育むことができる。したがって、ケアの倫理は、共感との関連性で道徳的評価の規準を設定するものの、空間的または時間的に隔たった人々に対しても、私たちが相当な責務を負っていることを何ら否定するものではない。

第三章では、義務論について論じ、他者への援助や自分自身に関する義務論的制約が、共感の観点から理解でき正当化できることを示したい。第二章で、遠く離れた他者や未来の他者に対して私たちが負う（それほど強くない）責務について論じたときと同様に、共感の観点はここでも有効なのである。「多数の人々を助けるために一人が害悪を被る」という事態の発生を制限する際に、義務論的制約に訴えることで、慈善心や憐れみの情といった自然な人間的な感情の発露が阻まれ、抑えつけられると、通常は考えられている。しかし実のところ、義務論や義務論的な道徳的反応が健全な人間的共感に由来するとしたらどうか。その場合、「義務論を受け入れるには、倫理に関して理性主義者でなければならない」といった前提は疑われることになるだろう。理性主義者はなぜ義務論が妥当なのか正確に述べることに苦労してきた。しかし、ケアの倫理のような感情主義者（sentimentalist）の見解が、義務論の訴えを理解可能にするだけの豊かさを実際に備えている場合、義務論はケアの倫理にとって有益なものになる。

第四章では、カント的自由主義者とケア・アプローチの擁護者との間で、意見の不一致が際立っているような問題へと移行する。道徳や政治についてのカント主義的また自由主義的な思考にとって、自律は最重要とまでは言えなくとも、一つの重要な理念である。この自律という観念をケアの倫理がどのように扱うことができるのか、少なくとも表面的には、それほど明らかではない。自律は、広範かつ直観的に訴える力をもっている理念であり、自律を理念として扱うことは、「個人の自律を尊重することが私たちには道徳的に課せられている」とする考えを、決定的に重要な要素として含んでいる。ケアの倫理は、自律の本性と自律の道徳的意義について、何らかの説得力のある説明をしなければならない。そして、自律の関係的な性格を強調する最近のフェミニストの研究文献は、この点において役に立つはずだと私は考える。ケアの倫理は、単に他者をケアするのみならず、他者を尊重する責務を説明できるものでなければならない。そして共感と共感的ケアの概念は、他者（の自律）を尊重する責務を理解するうえで鍵となるし、さらに、どのような条件のもとで、自律——関係的な観点から理解されるような種類の自律——というものが成り立ち、また十分に実現されうるのかを理解するうえでも鍵になるだろう。こういった理解がもたらされることで、ケアの倫理が従来試みてきた以上に、ケアと自律を密接に結びつけて考えることができるようになるだろう。

第五章でも、自律について引き続き論じるが、その際、「どのような場合に個人の行動の自由に干渉することが容認されるのか」という問題も論じる。例えば、自由主義者《リベラル》は、様々な形態のヘイトスピーチに関して、禁止も介入もすべきではないと考えている。しかし多くのフェミニストやケア倫理学者はその考えに同意しない。このような見解の相違は、第一に、伝統的な自由主義／カント主義による自律（の尊重）観が、ケアの倫理が体現している共感に基づく穏健な自律観とは異なる、という観点から説明できる。しかし、結局は、この理論的な相違は、ジェンダーの相違（ヘイトスピーチを表出する権利を擁護している女性もたくさんいる）とそれほど相関せず、それとの対応関係もあまり見いだされない。しかし、いずれにせよ、カント主義や自由主義に訴えるよりも、ケアの倫理に訴えたほうが、ヘイトスピーチがどのような種類の道徳的な問題を抱えているかに関して（また、ヘイトスピーチ以外の場合、すなわち他者の行動の自由を干渉することが許されるか否かが問題になるような場合に関しても）、うまく理論的に説明できると私は論じていくことになる。

第五章の結論部ではパターナリズムについて議論する。当然ながら自由主義は、他者がもつ行動の自由に干渉しないように注意しているが、それは「本人の利益のため」である。一方、ケアの倫理もまた、他者がもつ行動の自由に干渉しないように注意するが、その理由は、他者との繋がりを重視するからなのである。一部のケア倫理学者によれば、ケアの実践が、ケアされている人によって承認され受け入れられない場合は、そのケア関係は倫理的な理想には達していない。しかし、さらに次の場合も考えてみよう。ケアが承認されうる（されるだろう）適切な状況が成立しておらず、またその不成立にケアする人が気づいているとする。その場合、ケアする人が個人として行っていることには、道徳的に見て疑問の余地があると主張しうるだろう。さて親が、病院に行くのを嫌がっている子を医者に連れていくとき、「もしその子が成人になったなら（もしくは成人であったなら）、医者に連れていく親の思いやりのある行為を、その子は受け入れるはずである」と考えるのは理に適っている。同様に、私たちが昏睡状態にある患者を世話（ケア）するとき、後で私たちが世話をしたことを知ったなら、彼女／彼は感謝するであろうと考えるのは理に適っている。しかし例えば、もしもオートバイの運転者が、その人自身の価値観として、ヘルメットなしで乗ることを阻止しようとする他者からの介入をいっさい認めない（または受け入れない）ことがわかっている場合、そうしたやり方で介入することは、望ましい人間関係の構築を妨げると見なされ、それゆえ、許容できない行為と見なされるかもしれない。したがって、ケア倫理の支持者の中には、純然たるパターナリズムに基づく介入に対して、自由主義者と同様に嫌悪感を抱く者もいるだろう。ただし、そうであっても、第三者を深刻な被害から守るという目的で、人々の自由や自律に制限を課すことは許容されるのかに関して、ケアの倫理は自由主義と見解を大きく異にしている。こういった点を踏まえつつも、私は第五章で、ケアの倫理を別の仕方で展開できることを指摘する。この新たなケアの倫理は、他者との繋がりを強調する点ではこれまでのケアの倫理と同様であるが、パターナリズムに基づく介入を容認するかに関しては、最終的には自由主義（また、上記のようなケアの倫理）と意見を異にすることになる。

だが、ここで、これまで私がパターナリズムについて述べてきたことがどのようなことを示唆するのかについて、少し触れておきたい。本書は次の問題、すなわち、「ある干渉がケアである（人間同士の繋がりにきちんと価値を置いている）と認められるためには、少なくとも、相手がその干渉を将来的には容認したり承認したりする可能性に開かれている必要があるか」という問題に、決着をつけようとしているわけではない。その場合、関係性としてのケア〔ケア関係〕が、動機としてのケア〔思いやり〕——徳としてのケア——よりも倫理的に根源的な価値を有するのかどうかについては、私は態度を明確にしようとは思ってない。ヘルドとノディングズはともに、ケア関係がもつ価値がより根源的だと信じているようだが、私はその点に賛同したくないし、本書の議論は、この問題について全体として中立的な立場をとっている。(10)（したがって、）ケアの倫理を徳倫理学の一つの形態と考えるべきかという問題についても、同様に中立的な立場をとっている。(11) 次に、本書の残りの章について述べよう。

第四章と五章で論じた、自律へのケア倫理的アプローチの特質と含意を踏まえて、第六章では、社会的正義の問題を取り上げる。その際、ケアの倫理に関するこれまでの論述から得られる豊かな知見を取り入れる形で社会的正義の構想を擁護することになる。法律と社会制度は、「共感的な思いやり」という動機を適切に表現または表示することができるし、そのことによって、法律や制度、そして社会全体を、ケア倫理の観点から評価することも可能になる。とはいえ、これまでしばしば指摘されてきたように、権利の概念は、いかなる社会的正義の議論においても当然、帰結するものなので、権利について、本書はそれほど多く論じるわけではない。もちろん、本書で扱うことができない道徳的問題は、個人また政治のいずれに関わるものであれ、数多くある。しかし私の考えでは、ケアの倫理が道徳規範の一部ではなく全体を範囲に収めるという見解は理に適っている。第六章の終わりまでに、なぜ私がそう考えるのかが明らかになればと思っている。

第七章では、カント的自由主義とケアの倫理とが広範かつ際立った仕方で対照をなしていることを明らかにするよう試みる。カント的自由主義は〔合理性・理性の有無が倫理的であるかどうかの規準となる〕倫理的な理性主義の一形態であるが、それに対して感情主義的立場をとるケアの倫理は、不道徳であるのは合理性〔ないし理性〕の欠如ゆえだとは考えない。他者を憎み、傷つける人、もしくは自分以外には誰に対しても関心をもたない人は不合理なのだ、と強く断定することはできないだろう。彼の行為は心ない（heartless）がゆえに倫理的でない、と私たちには思われるのである。他方、理性主義者が信じ主張してきた見解によれば、もし倫理的／道徳的な命法が理性による指令に合致しないなら、道徳規範は、それが有すると直観的に思われる尊厳・価値・効力を失うことになる。だが、第七章で私が論じるのは、そのような因果関係〔理性の指令からの乖離によって、道徳規範が尊厳・価値・効力を失ってしまうということ〕は全く帰結しないということだ。第七章では、この点を論じた後で、感情主義の歴史と理論に関するいささか悩ましい問題——実践理性というものはそもそも成立しうるのかという懸念——について議論する。おそらくヒュームは実践理性というものが成立しえないと考えていた。しかし、仮に感情主義がそうした見方を擁護するものだとすると、明らかに真実だと思われる事柄が、感情主義によって否定されることになってしまう。例えば、「（何らかの）将来の目標を実現する意志をもつのに、その目標の実現に役立ついかなる行為も意図しない人は、（実践的な種類の）合理性の欠如をこの上なく顕著に示している」ということが否定されることになる。こういったことが帰結してしまうので、実践理性について懐疑的または否定的な態度をとり続けるのは賢明ではない。むしろ、第七章では、ケアの倫理によって、感情主義に沿った形で実践的合理性について説明できるようになることを具体的に示そうと思う。まず自分自身の福利に対する配慮は、実践的合理性によって含意される動機の中でも最重要なものだということが判明する。そうだとすると、手段－目的の合理性および意志の弱さの回避に関わる合理性はいずれも、「自分自身の福利への配慮」という動機の観点から理解されなければならないことになる。しかし、だからといって、合理的であることと、道徳的であることの間に、何らかの基本的な対立や不整合がもたらされるわけではない。それどころか、ケア関係は、利他的な動機と自己配慮という動機、その両者の混合ないし融合によって維持されるように思われる。そこで第七章の結論部では、ケアをめぐる関係（の構築と維持）について、ケアの倫理的理念の観点から何らかの仕方で（もしくは特定の仕方で）特徴づける際に、利他的な思いやりと自己への合理的な配慮の双方についてなされた主張が、どのように組み込まれうるのかを考察する。

本書の結論は、道徳の基礎に関わる重要な問題をいくつか提起する。これまで述べてきたように、私は本書を通して、「共感における差異が、〔正／不正等の〕妥当な道徳的区別を指し示す、もしくはそれに対応する」と論じる。一般的な傾向として、行為が道徳的にいっそう悪いと見なされるに従い、その行為は、成熟した人間的共感に、いっそう相反するものになる。また、ここで私が論じている（また私が知る限りの）あらゆる事例に関して、当該の行為を道徳的に容認可能だと見なすのが妥当な場合は、その行為において、人間的な共感の欠如が示されたり露《あら》わになったりすることはない。さらには、（私が主張するように）共感が、道徳性を備えた思いやりという動機に不可欠である点を考慮すれば、共感的であることと道徳的であることが広範な事例において一致するのは、単なる偶然であるとは思われない。つまり、このような両者の然るべき対応関係があるからこそ、共感――より適切に言えば、共感による思いやり――が成立しているという事実は、多様な（個別の）道徳的要請を正当化するものとして見なされるのである。いくらか異なる言い方をすれば、共感による思いやりは、個人に関わる問題から政治に関わる問題まで幅広く、その道徳性を判断する規準として機能するのであるが、それは共感的であることと道徳的であることとの間に然るべき対応関係が成立しているからこそなのである。しかし、どうして共感が正／不正の区別と関連するのか、その理由について何らかの説明を提案できるのであれば、素晴らしいことだと思う。そこで、本書の結論部ではそのことを試みることになる。

ただし、本書で扱う必要がある――また実際扱う――いくつかの決定的な懸念を、序論を締めくくるにあたって挙げておきたい。これまでしばしば、ケアの倫理は男性よりも女性に相応《ふさわ》しいと言われてきた。また、ずっと以前から、ケアの倫理は女性を男性に従属させるような態度や活動を推奨することで、フェミニズムの目標に逆行するとたびたび言われてきた。そして、こうした二つの考えは、いくらか緊張をはらんだ関係にあるが、そのいずれの主張も、ケアの倫理が男性と女性、その両者の規範的なあり方を方向づける道徳として機能しない（あるいは十分に機能しない）という結論を導く可能性を秘めている。しかしながら、本書を通じて、私が展開するケア倫理のアプローチが、こうした可能性をいささかも含まないことを示したい。むしろ、ケアの倫理は、十全に精緻化されることで、真に人間らしい道徳として包括的な形、また満足のいく形で機能する可能性を秘めているということが明らかになるだろう。

第一章　共感に根ざすケア

1　ケアの倫理

キャロル・ギリガンは著書『もうひとつの声』[1]において、倫理をめぐる女性に特徴的な声に関して、様々な特色を述べている。だが彼女は、ケアの倫理（ケアリングの倫理）が具体的にどのような考えなのかに関しては、そう頻繁に語っているわけではない。一方、ネル・ノディングズは、著書『ケアリング』[2]において、ケアの倫理に言及するにとどまらず、その特色とコミットメントについて詳細な説明を試みている。（彼女はケアの倫理を女性に特徴的なものと考えてはいるが、「男性はケア倫理の観点から考えることができない」とか、「男性はケア倫理の観点から考えることを推奨されるべきではない」といった見解をもっているわけではない。）ノディングズこそが、ケアの倫理がどのようなものであるかについて詳細な説明を試みた最初の人物であるので、まずはノディングズの（初期の）見解の概略を簡潔に示し、その見解に対してどのような応答ができるかをいくらか提示することは有益であろう。

ノディングズの理解では、ケアの倫理は、個々人に対して思いやりのある行為を要請ないし推奨する。そして、この見方に従えば、私たちの行為において、他者に対する思いやりのある態度／動機が表現され示されるのなら、実際に私たちは正しい仕方もしくは道徳的に許容される仕方で行為していることになる。ノディングズは、思いやりのある態度、（またそれとは逆に）思いやりの欠如した態度のいずれにも該当しないような行為——例えば困惑して頭を掻くような行為——については検討していない。しかし、他者に対する思いやりのある態度と無関心で敵対的な態度、この両者の間にある違いを見いだすことができるなら、私たちは、彼女が述べていることを容易に拡充できる。もしその行為に、行為者の側の思いやりのある態度が示されているのなら、その行為は道徳的に許容されるし善いとさえ言えるだろう。しかし通常、ただ困惑して頭を掻く行為においては、思いやりのある態度は表現されていないし、またそれとは逆の態度もしくは相反する態度も表現されていない。それゆえ、この行為は道徳的には問題はないが、道徳的に善い、または称賛に値する行為であるとは言えない。一方、（当該の）他者に対する関心の欠如や悪意を露わにするような行為は、倫理的に間違っているか悪いと見なされる。このことに関連してさらに考察を付け加えることができるが、現段階では、その細部まで論じる必要はない。目下のところ私たちが扱うべき問題は、他者に対する思いやりのある態度や配慮が、その他者にどのような形で向けられているのか、ということだ。

ノディングズによると、ケアの真の作用は、個別の他者に対する感受性を備えており、その感受性は情緒的かつ動機づけ的な側面を有する。人は誰かしらをケアするとき、相手の置かれている状況について関心を抱いている。その場合、その人が注意を向けているのは、その相手個人にほかならず、その相手に対してどう振る舞うかを決定する際に参照したくなるような、抽象的または一般的な道徳原理に注意を向けているわけではない[3]。その人は、当該の状況がどのようなものであるか、また自分自身の行為が今まさに気遣っている相手の福利にどのように影響するか、そのことのみを真っ先に問題にするだろう。そして、その相手以外の人々の福利の問題は背景に退くことになるはずだ。特定の状況下では、この主張は、功利主義者や帰結主義者にとっても当てはまるかもしれない。しかし、ケアの倫理は、いかなる形態をとるにせよ、個別の相手に対する一律ではない配慮を率直に認めることになるだろう。その点で、功利主義・帰結主義一般とは決定的に異なっている。

例えば、ノディングズによると、私たちは既に知っている人に対しては思いやりのある態度を示せるけれども、出会ったことのないような人にはそういった態度を示せない。だが、ヴァージニア・ヘルドも私も、ケアリング〔思いやり〕の概念をそのように狭く限定することに十分な根拠はないと主張してきた。個人的に決して知り合うことのないだろう人々（もしくは集団）に対しても、心から相手のためを思い、相手がどういう状況にあるのかを気にかけ心配している限り、思いやりのある態度をとっていると言える。[4] 一般的に、ただ単に間接的にしか知らない人々のためになされる行為は、個人的によく知っていて親密な人に対して進んでなされる（べき）行為に比べれば、十分とは言えない。したがって人道主義的なケア（が含む道徳的要請）と個人的なケア（と私たちが呼んでいるものが含む道徳的要請）との間には明らかに違いがある。しかしながら、いずれのケアも、ケアと見なすのは自然なことであり、ノディングズ自身、最近の論文では、この点について譲歩している。[5] このことは、帰結主義と対照的に、ケアの倫理ないし道徳は、一律ではない特別な配慮を認めることを意味している。このこともまた、以前のノディングズによれば不完全ということになる。もし個人的に知りえない人々との間にケア関係をもちえないとするなら、そのとき、その人々との私たちの関係が道徳的なものであるかどうかは（例えば自国の覇権拡大を目的に他国を侵略することや、飢饉・疫病で苦しんでいる遠く離れた国の人々を助けないことが、道徳的に間違っているという事実は）、ケアの倫理に基づいてではなく、むしろそれとは（ほぼ）別個の正義に関する考慮に基づいて判断されることになってしまう。しかしながら、今まで出会ったことがない他者、もしくは遠く離れた他者に対しても、（何がしかの）思いやりのある態度をとれることを認めるなら、ケアの倫理の範囲内で、そのような人々との関係を考察することができるようになり、さらに、序論で示唆したように、ケアの観点から正義を包括的に理解する道が拓《ひら》けることになる。

ノディングズもまた、望ましいケア関係の中に含まれている相互性の重要性を大いに強調している。母親と赤ちゃんとの間に存在するケア関係は対等なケアないし互いにケアするといった関係ではない。しかしそれでも赤ちゃんは微笑んだり、喃語《なんご》をしゃべったり、乳房を探したりして、母親の愛情にあふれた心遣いを何らかの仕方で承認できる。こうした赤ちゃんの反応はケアを提供する者、つまり母親を明らかに喜ばせてくれる。だがノディングズの考えによれば、ケアが達成されるためには、ケアを受けた側の人間によって、ケアが承認され受け入れられるのでなければならない。また母親が示すケアや母子関係は、ケアを受けた側がそのような承認を示さない場合、倫理的観点からは満足のいくものではなくなるとされる。さらに、既に親密でケア的関係にある人の安寧のみを気遣うべきではなく、ケアする範囲を、よそから来た人々や（まだ）知らない人々をも含める形で拡大するように試みるべきであるとノディングズは考えている。彼女が言うケアの倫理は、ケア関係（関係性）を生み出し、構築し、維持することを推奨もしくは要求するのである。

　したがって全体として見れば、ケアの倫理は、個人の福利に対する配慮によってだけでなく、望ましい人間関係に対する配慮によっても特徴づけられてきた。しかしながら、本書では、主に前者の問題に集中しようと思う。具体的に言うと、「道徳的な態度と責務は、他の個人もしくは集団を援助したい（もしくは傷つけたくない）という欲求〔すなわち動機づけ〕を中心に据えている」ということを前提にして、議論を進めるつもりだ。また、（特定の）人間関係を構築し維持することに対する配慮は、利己主義と利他主義との間の通常の区別にとらわれない倫理的理念、つまり厳格もしくは厳密な意味での道徳性を超え出る倫理的理念を含んでいることも、後ほど示したいと思う。(6) この点については、第七章で全面的に取り上げ、そこでは道徳性を、自己利益志向的な合理性と比較・対比することになる。しかし現段階では、まずノディングズの見解の概略に戻る必要がある。

　ノディングズの主張によれば、ケアにおいては、他者に対する非利己的な（unselfish）配慮が、自己利益に対する普段のこだわりに「とって代わる」。著書『ケアリング』の中でも、他者をケアする者は、特定の個人に注意を向けているのみならず心を奪われている、とノディングズは考えている。このことは、大雑把に言えば、誰かを深く、真にケアする人は、相手が生きている現実――相手の思い・望み・不安――に心を開き、受容的になることを意味している。ケアする人が、ケアされる人のために（相手のためになろうと）行為する場合、何が一般的によいことなのか、また何が相手にとってよいことなのかについて、単に自分自身の考えを押しつけているのではない。むしろ、ケアする人は、相手を援助する過程の中で、相手がどのように周囲の世界を構造化し、またどのように周囲の世界に関わっているのかに傾注し心を奪われているのである。

ノディングズは、「心を奪われている状態」を共感から区別するのに苦心している。彼女によると、共感というあり方は、心を奪われているあり方と比べると、受容的な要素をわずかしか含まないと同時に、能動的な要素をはるかに多く含んでいる。ノディングズによれば、ある個人が共感的だと見なせるのは、自分自身の身を、相手の状況や立場へと移し入れる（すなわち感情移入）からなのである。自分自身を（おそらく自発的に）他者の状況に移入するという行為そのものは、男性に特徴的な行動様式の一部であり（この点に注意してほしい！）、ノディングズが受動的もしくは少なくとも受容的で女性的な様態として描いている「心を奪われている」というあり方とは、明らかに対照的である。しかし、共感を感情移入としてのみ捉えるノディングズの用語法は、（当時の、または）最近の共感に関する心理学的文献の動向にそれほど基づいていないように思われる。彼女が共感と呼んでいるものは、実際は、発達心理学者が研究で扱っている共感の中の一つでしかなく、それはしばしば移入的共感と言われるものに相当する。しかし、心理学者のマーティン・ホフマンが、『共感と道徳的発達』の中で――この著書では、その分野における数多くの論文が読者に有益な形でまとめられている――指摘しているように[7]、移入的共感とは異なる共感の諸形態も存在する。その中の一つで、彼が「〔言語的技能によって〕媒介された連想的共感」と呼んでいるものは、まさしく受容的な性格、（もしこう呼んでよければ）ノディングズが言うところの、より女性的な性格を含んでいて、「心を奪われている」というあり方を構成する要素になっている[8]。

実のところ、ケアの倫理を進展させるにあたって、「心を奪われている」という用語が必要不可欠なわけではない。

私たちは、その代わりにむしろ、（適切な役割を果たすような）共感について語ることができる。とはいえ、より重要なのは、共感的なあり方や心を奪われているというあり方が、ノディングズや他のケア倫理学者が認識している以上に、ケアの倫理において、より決定的な役割を担っているという点であり、またこの点を具体的に示すことが本書の主要な目標の一つにもなっている。ケアの倫理は、これまで以上に、共感についての心理学的研究の文献に注意を払う必要があるし、また私は、以降の章で、なぜそうする必要があるのかを少なくとも部分的に説明したいと思っている。まず、心理学者が共感をどのようなものとして捉え、共感の発達についてどう考えているのかについて少し述べておきたい。

2　共感の本性

心理学的研究の文献を紹介するのに先立って、「共感（empathy）」の語が何を意味するのかについて、いくらか予備的に触れておこう。'empathy' という言葉は、二〇世紀初頭、ドイツ語の '*Einfühlung*' の英訳語として初めて使われるようになるまで、英語には存在していなかった。だからといって、共感という考えや発想が、それ以前は私たちの文化には存在していなかったということになるわけではない。ヒュームは著書『人間本性論』の中で、現在私たちが共感（empathy）と呼んでも差し支えない事象について重要かつ画期的なことを論じている。しかし、彼はそういった共感に相当する事象を表現するのに 'sympathy' の語を用いている。ただし、ヒュームは同情に言及するのにも、同じように 'sympathy' の語を用いているので（特に、著書『道徳原理の研究』の中では）、そこでの描写は不鮮明あるいは不明瞭なものになってしまっている。だが今日《こんにち》、私たちは両方の言葉を用い、ごく頻繁に共感について話題にしているので、ここでは共感と同情（sympathy）を区別しておくべきだろう。口語として、両者を区別する際は、（ビル・クリントンの言う）「相手の痛みを感じること」と「痛みを感じている相手を気の毒に思うこと」の違いを考えるのが最も分かりやすいだろう。英語を話す成人なら誰もが、'empathy'が前者の事象を指し、'sympathy'が後者の事象を指すと識別できるだろう。(J・L・オースティンは「手違いで」と「偶然に」の相違に関して、私たちがどう直観的に理解しているかを論じているが、ここでの考察はその議論を想起させる。)つまり共感においては、相手が苦悩するのを見たとき、私たち自身の中に、相手が感じている感情が(非自発的に)呼び起こされるのである。それは、あたかも相手の痛みが私たちに侵入してくるかのようになのである。そして、ヒュームは、これに関連して、ある人が感じていることと、それを他の者が感じとるようになること、この二者の間にある情動伝染について述べている。しかしながら他方で、私たちは痛みを感じている人を哀れに思うこと、気の毒だと思うこともできるし、また、相手が回復することを強く願うこともできる。これは、つまるところ、相手に同情(sympathy)していることを意味する。だが同情は、相手の痛みを感じとらなくても(すなわち共感なしに)可能である。しかし、共感なしに同情することがどのように可能かを示す、さらに適切な事例となるのは、次のような状況だろう。すなわち、屈辱を受けたと感じている人を気の毒に思っていても、だからといってそういった屈辱感が伝わり自分自身に生じているわけでは決してない。

最近の心理学の文献では、共感に関する数多くの実証的研究が報告され、共感と同情の違いについても様々な議論がなされている(その中には、少数ではあるが、ここで私が述べてきた見解に反するものもある)。こういった文献を参照することで、ヒュームが手にすることができなかった先進的な知見を、私たちは手に入れることができる。だがここでは、そういった文献の概観をするつもりはない。とはいうものの、共感についての最近の心理学的研究を概説した二つの著書について触れておきたい。それはC・D・バトソンの『利他主義の問い』[9]とマーティン・ホフマンの『共感と道徳的発達』である。これらの書物が論じるところによれば、様々な研究や実験を通して示されたのは、共感によってこそ、他者に対する真正の利他的配慮の発達や、他者に対する思いやりの発達が、まさに可能になるという点である。

バトソンは、(真の)利他主義は可能かどうかを議論した膨大な研究文献を参照しつつ、自身が唱える「共感-利他主義仮説」を検討している。この仮説によれば、苦しんでおり援助を必要とする他者に対して、利他的な感情や行動を示すかどうかを左右する決定的な因子となるのは、共感なのである。そして思うに、この点を支持する根拠となるのは、以下の事実である。すなわち人々は、他者の苦しみを目の前にして、共感による苦しみを感じた場合に、相手が苦しんでいる状況から――それゆえ、共感を通して生じた自分の苦しみの原因となる相手の苦しみから――単に逃げ出すよりも、むしろ頻繁に、相手の苦しみを和らげるような行為をする。前者の行動は明らかに自己中心的もしくは利己的な動機が働いたことを示しているだろう。だが、相手の苦境から逃げることなく、その苦しんでいる相手のために行動した場合でさえも、その行動を注意深く見れば利己的なものとして説明できるかもしれない。バトソンは（ホフマンよりはるかに）その可能性を考慮している。そこで彼は著書の多くの紙幅を割いて、苦しんでいる他者のために行動する際に何が起こっているのかを明らかにする様々な研究や概念化の方法を検討している。そうすることで、数々の異なる研究・実験を通じてこれまで得られた結果に関して、利他主義が最も妥当な説明か否かを明らかにしようとした。そして最終的に、真の利他主義が存在すると想定し、共感‐利他主義仮説を採用することが、最も妥当であると結論づけている。バトソンが下したこの結論は、次のような立場のケアの倫理にとって有益であり必要不可欠でさえある。すなわち、真正のケアといったものの存在を前提にし、共感という観点から、ケアの発達と直観的に明らかな道徳的区別〔すなわち正／不正等〕との両方を理解しようとする、そういった立場である。しかしながら、共感がケア能力の発達に実際どう貢献し影響するのかをいっそう具体的に明らかにしたのは、ホフマンの著作であり、彼の研究もまた、本書の中心的な結論を支持する方向性を明確に提示している。その結論によれば、常識的に理解できる道徳的区別に最もよく適合しているのは、まさしく共感と共感的なケア〔共感に基づくケア〕に関連する区別――ケアに関する他の特徴による区別ではなく――なのである。

　ホフマンの議論によれば、個人の共感はいくつかの段階を経て発達するが、その発達の初期段階では、共感と「向社会的」、利他的、あるいは道徳的な動機との結びつきはまだはっきりしておらず、形成の途上にある。幼児は――

新生児でさえも——近くにいる他の子どもの苦痛や泣き声に遭遇すれば、苦痛を感じることができるし、自分も泣き出すことになる。この啼泣《ていきゅう》はある種の模倣を通して起こる、一種の「伝染」のようなものである。しかし子どもは、概念的／言語的な技能を身につけ、個人としての経験を豊かに蓄えていくし、また他者が生きている現実に対する感覚をより十全なものにしていく。そうなるにつれて、問題になっている状況や経験が、直《じか》に現前しておらず、それに関して単に間接的に聞いたり、覚えていたり、また本で読んだりしかしていなくても、言葉に媒介される形で共感が自ずと呼び覚まされるようになる。さらに、（普通の）子どもは自ら意識的に他者の観点を採用することができるようになり、その人たちの観点から物事を見たり、感じたりできるようになる。これらの後続する発達段階において出現する共感（また特に後者、移入的共感）は、他者への同一化を含むものとしてときに語られることもある。しかし、ホフマンらの主張によれば、ここでの同一化は、他者との完全な融合や他者への完全な溶解ではない。つまり、真正な共感や成熟した共感（fully developed empathy）においては、共感する側の人間は、自分が相手とは異なる人間である、という感覚を維持しているのである(10)。

　したがって、共感的な同一化によって、共感する側は自らのアイデンティティの喪失を味わうわけではない。ホフマンによれば、共感的な同一化が含んでいるのは、共感する人物が、自分（の状況）にではなく、相手の状況に適合した仕方で、感情や思考を体験することなのである。そして、個人の認知的把握が洗練され一般的な経験が増大するにつれて、見事あるいは精緻な共感の「妙技」がますますできるようになる。かくして、一定の発達段階に至ると、共感は表面的な外観の背後にまで到達できるほどになる。例えば、私たちはある患者ががんの末期であることを知っているものの、患者本人は、自分が死に至る状態にあるのを実際知らずに（もしくは、あたかも知らないかのように）、陽気に楽しい時間を過ごしているとしよう。そのような患者の姿を見たなら、私たちは相手の身に共感してひどく悲しむだろう。一般に、私たちは世の中で生起する行為や出来事が将来どのような結果をもたらす（またもたらしうる）のかを、より意識することができるようになるにつれて、その人が実際に感じていることに対してのみならず、私たちの行為や何らかの出来事の結果、その人が感じるようになることや感じるであろうことに対しても、共感できるようになる。同じように、思春期の若者は、様々なグループや階級の人たちの存在、その人たちを繋ぎとめている共通の目標や関心の存在を意識するようになる。このようにして思春期の若者は、ホームレスや障がい者、また不当に抑圧されている人種・国民・民族の窮状に対して、共感できるようになるし、実際に共感するようにもなる。それは人生のより初期の段階ではできなかったことだろう。

最終的にホフマンの考えによれば、十全な道徳的動機と行動の成育には、親による介入および、「共感誘発法による教示」もしくは単に「共感誘発法」(induction)と彼が呼ぶものが必要とされる。共感誘発法は、(もし子どもが言うことを聞かない場合)子どもにもっぱら恐怖を与えることで訓練やトレーニングをしたりする「力に任せた」企てとは異なっている。また、(単に)具体的な道徳原則・道徳律を引き合いに出して戒《いまし》めることで、道徳的な考え・動機・行動様式を植えつけようとする試みとも異なっている。共感誘発法による教示は、子どもが他者に対してもつ共感能力に依存している。また子どもが他の人に苦痛を与えた場合は、誰かしらが、その事態に気づき、どのような害悪を相手に対して与えたのかをその子に自覚させることを必要とする。とりわけ、相手と同じような害悪を自分が被ったら、どのように感じるかを、その子に想像させることによって、そのような自覚を促すのである。その結果、その子は(通常の共感能力をもっていれば)自分が行ったことが悪かったと感じられるようになる。ホフマンの見解では、そのようなトレーニングが一貫して継続的に行われれば、その子は、実際に相手に害悪を与えていなくても、その害悪を与えうる状況に対して、悪いと思う気持ち(罪の意識)を関連づけることができるようになる。こうした関連づけは、親や他者の実際上の介入からは自立して機能するものであり、利他的な動機を構成し裏づけるものである。(11)ホフマンは、こうして身についた習慣的な関連づけを「スクリプト」と呼ぶ。ホフマンの考えに従うなら、道徳原理または原則は、例えば「害を加える者は悪質である」といった主張において、そのような習慣的な関連づけを(私の言い方では)客体的に表現しており、そして、その道徳原理・原則(の使用)の根底にあり、それらに実効性を与えているのは、そういったスクリプトなのである。

バトソンやホフマンは最近の研究と実験をもとに次のように主張している。すなわち、共感は、他者（の安寧）に対する利他的な気遣いやケアを生み出し、維持するうえで、決定的に重要な役割を果たす。私は以下の議論でこの主張を引き継ごうと思っている。特に、共感の強度や効力の違いによって、様々な異なる状況下で、どれほど深く他者の運命を思いやることができるかが異なってくる。ヒュームは、類《たぐい》まれな識見をもっていたため、実証的な社会学的研究・科学的研究を経ていないにもかかわらず、こうした事態を理解できていた。だが今や私は、それらの（またその他の）実証的研究に基づく成果や推測が、どのように道徳性の問題に関係し、また特にケアの倫理に関連しうるのかをより明確にしなければならない。

共感および他者に対する（もしくは他者に関する）共感による思いやりという考えに依拠することで、道徳的な評価についての妥当な判断規準を提示できるようになるだろう。健全ないし成熟した共感（の強度）における相違は、直観的に明らかな道徳的評価の相違に、かなりの部分、対応している。そしてそれが事実だとすれば（もし、これが事実であると示せるのなら）、共感を取り入れたケアの倫理——共感に基づくケアの倫理——によって、公共的／政治的次元の道徳と私的／個人的次元の道徳の両方について、かなり一般的な説明を与えることができるようになるだろう。（ただし公的なものと私的なものが相互に排他的ないし無関連な領域を指すとは、私は想定していない——むしろその逆である。）共感に関する私の考察の端緒となった事例を参照して、この点を主題的に例証することにまず取り組みたい。その事例のおかげで、単なるケアを越えて、共感に基づくケアにまで踏み込むべきだ、と私は思うようになった。しかしながら、その事例とは、議論が紛糾するほどに賛否両論のある問題、妊娠中絶についての道徳的問題である。実のところ私の主張は、まだ素描的かつ暫定的なものである。それは後続する章で示される他者に対する援助の責務や、いつ・どのように援助するかに関する義務論的制約に関する主張ほど、掘り下げられてはいない。しかし、妊娠中絶のケースを取り上げることで、共感というアイデアをどのように道徳的な議論に活かせるのかを適切かつ簡潔に示すことができるので、思い切ってその問題を論じてみたい。

3　共感と妊娠中絶をめぐる道徳

大まかに言って、妊娠中絶の道徳に関する数多くの議論は、妊婦に中絶を選択する権利があるのかといった問題や、（さらに）胎児・胚・受精卵は、権利をもつ人間・人格（person）なのかといった問題を重点的に扱っている。しかし近年、選択的妊娠中絶をめぐる道徳性の問題は別の観点から取り組まれるようになってきた。ロザリンド・ハーストハウスは、論文「徳理論と中絶」の中で、「胎児の権利の有無や、女性がもつ権利は、中絶をとりまく道徳的問題を考える際には二次的なものなのか」という問題について論じている。(12) ハーストハウスの考えでは、中絶を行えば、何らかの価値あるものが失われる（彼女はこの点について多くを語っているわけではないが）。仮に、ハーストハウスが、女性は何らかの意味で中絶する権利をもつ点を進んで認めたとしよう。しかしそれでも、中絶の権利に訴えることで、中絶する所定の行為が道徳的に正しいかどうかという議論に決着がつくとまで彼女は考えているわけではないだろう。女性の中絶する権利は、他者、特にその国が女性の中絶を妨げることを許容するか否かの問題とも関係している。だがハーストハウスによれば、仮に国は干渉しないとしても、中絶を行った女性や医師が、悪徳を形作る動機ないし悪い動機を明らかに示したり呈したりした場合は、その行為は道徳的に間違っているとされるかもしれない。(13) もし女性が、「極度な貧困状態や深刻な体調不良であるがゆえに（さらに他の）子どもをきちんと世話することができない」と（よく）考えたうえで中絶を受けたのなら、それも理由の一つであり、胎児の価値を尊重したことになるとハーストハウスは考えている。他方でハーストハウスによれば、もしその女性が裕福であるにもかかわらず、「赤ちゃんの世話なんか面倒くさくて、やってられない」と軽々しく考えて中絶するのなら、その女性は、ことの重大さにそぐわない軽薄さや軽率さを示しており、それは悪徳と言うに値する。私も似たような例を挙げよう。ある女性が、夫は子どもを欲しがっているのに、もっぱら夫に対する悪意から中絶をするとしよう。国家には――もしくはおそらく夫にさえ――この中絶に介入する道徳的権利がない点を、私たちは進んで認めるだろうが、それでも彼女がとった行為は非常に間違ったものだと私たちは考えるだろう。

こういった新たな角度から考察すると、中絶に関する意思決定の是非は、文脈とは独立に存在している人間の権利や道徳原則を本人が遵守しているかどうかによって判断されるのではないことが分かる。むしろ、そういった意思決定の背後にある本人の性向や動機づけに基づいて判断されるのである。ハーストハウスの議論およびその結論を踏まえることで、私たちは、中絶を考察する際、何に対して道徳的な関心を向けるべきかについて再考を促されることになる。私が思うに、中絶をめぐる道徳的問題の所在が、まずもって権利にではなく〔行為の〕根底にある動機づけや性向にあるとする点で、ケアの倫理は、ハーストハウスの立場に当然ながら賛成することができる。しかしハーストハウスは新アリストテレス主義的な徳倫理学者であり、自らのアプローチを展開するにあたって、共感に関する相違に何ら注目していない。[1] しかしながらケアの倫理は、明らかにヒューム主義的な道徳感情説の伝統の内にある。そこで私は、なぜケアの倫理が、こうした中絶をとりまく道徳的問題を解明する端緒となるような考察を展開するにあたって、共感という考えに訴えようとするのか、明らかにしようと思う。

中絶をめぐる道徳について議論しているケア倫理学者も存在するし、[14] また、共感という発想を用いている倫理学者も数多く存在する。だが、中絶の問題を論じる際に共感概念を用いたケア倫理学者はこれまでいなかったと思う。私の知る限り、唯一この問題に関連して共感に基づく議論をしたのは、カトリック思想家（米国控訴裁判所裁判官）のジョン・ヌーナンである。彼は、不当に無視されてきた論文「人格への応答――中絶論争における道徳的論証の手法」の中でこの問題に触れている。[15] ヌーナンの議論によって、私たちは、「胎児に共感する」という考えが、中絶に関する道徳、とりわけ胎児の権利にどう関係するのかを検討するよう促される。それによって私たちは、胎児の権利に関して通常問われる事柄以外のことについても考察できるようになる。

彼は次のように述べる。「胎児がどのような体験をしているのか考えるよう求められた場合は、追体験するという観念を最大限拡張しなければならなくなるだろう。誰もが、産まれたときのことを憶えていないし、また死ぬということがどのような体験なのかも知らない。しかしながら共感は、私たちの記憶を補ってくれるかもしれない。共感によって補われるという点は、例えば、自分の体験を話して伝えることができない乳児がどのような体験をしているのか、私たちが考える場合や、また死に瀕していて再び話すことが叶《かな》わない人がどのような体験をしているのかを、私たちが考える場合と同様である。私たちは、赤ちゃんの体験や死にゆく人の体験を知りうるのと同様の仕方で〔すなわち共感能力を最大限に発揮することで〕、胎児の体験を知りうるのである」(p. 303)。ヌーナンの主張によれば、実際に、私たちは胎児に共感・同情することができるし、またそうするときには、胎児を「家族の中の一員」と見なすのである。すなわち、私たちは胎児の生きる権利を認めるのである。

しかしながら、この問題について考えたとき、まず私に思い浮かんだことは、共感という考えは、中絶の文脈では諸刃《もろは》の剣になるかもしれないということであった。たしかに、もし胎児の体験が新生児のそれと同様、私たちの理解できる範囲にあり、また私たちが両者に対して等しく共感を示すなら、ヌーナンに賛同して、胎児と新生児は同様に扱われるべきと当然思うだろう（そして、その想定のもとでは、中絶は道徳的に誤っていることになるだろう）。しかし、胎児の体験は、新生児の体験と同様にアクセス可能であるのだろうか？　実際のところ、私たちは胎児に対して、〔生まれた〕乳児に対して示すのと同じくらい共感を示すのだろうか、もしくは示すことができるのだろうか？「できない」と考えるのが理に適っているように思われる。そしてそうだとすると、中絶の議論において共感に訴えるという極めて独創的な考えは、〔胎児の体験に共感的にアクセスするのは困難なので、胎児の生命よりも〕女性のもつ「中絶選択の権利」を擁護する人々の見解を実際に支持することになるかもしれない[16]。

ヌーナンの議論によれば、胎児の生命を擁護するにあたって最も重視すべき課題は、胎児の存在を可視化することである。そして、この課題は、現在に至るまで蔑《ないがし》ろにされてきた（また今も蔑ろにされている）ような他者の存在、例えば「視界の外に置かれた」人々であるとされる黒人や他のマイノリティー、またさらには受刑者や精神科病棟の患者の生を擁護する際の課題と同様のものであり、両者の課題の違いは程度の差でしかないと、そうヌーナンは主張する。しかし、たとえ胎児を写真やフィルムで、また以前は不可能だったが、テレビモニターでまさに見ることができるようになった今でも、そのことが共感の問題に一義的に影響するかどうかは明らかではない。(同じことが中絶反対派の集会やデモで提示される、瓶に保存された胎児についても言える。)非常に初期の胎児ないし胎芽は、人間よりも魚かトカゲ、もしくは(少なくとも)人間以外の動物、下等動物にいっそう近いように見える。また胎芽は何ら体験することはできないし、脳はもちろん、四肢さえも欠いている。以上を全て踏まえると、胎芽やごく早期の胎児は、私たちに到底似つかない異質な存在であるように思えてくる一方、なぜ私たちが、実際のところは、(適切な情報や知覚的データが与えられると)妊娠初期よりも妊娠後期の胎児に、いっそう共感するのかも、いくらか説明がつくようになる。

だが、こういった点はヌーナンが決して考慮しなかった点である。しかし、以上の点を念頭に置くことで、共感を中心とするケアの道徳は、「妊娠後期の胎児よりも胎芽・初期の胎児を中絶するほうが、道徳的には適切である、もしくはましである」という主張を、一定の根拠に基づいて支持できるようになる。妊娠後期の中絶行為は、妊娠初期のそれに比べて、成熟した共感がもつ方向性にいっそう(強く)反するものとなる。そして、私たちはこの違いに訴えて、「初期の胎児や胎芽の中絶よりも妊娠後期の胎児の中絶は、より道徳的に悪く、受け入れがたい」という主張を正当化することができる。ヌーナンには失敬ながら、共感という観点に訴えることによって、中絶が誤っていることが証明されるのでは決してない。むしろ妊娠中絶を選択する権利に関する多くの反対論者のみならず、多くの擁護者にも受け入れやすいような結論を導くことが可能となるのだ。ところで、初期の胎児や胎芽よりも、後期の胎児に対して共感しやすいとするなら、乳児と(妊娠後期の)胎児との間でも、(共感の観点から)同様に区別することが可能なのだろうか?

それは不可能かもしれない。やはり、妊娠後期の胎児は生存能力をもっているし、すぐにでも産まれてくるかもしれない。また既に生まれている赤ちゃんよりも成長し、成熟しているかもしれない。そのような場合、私たちは、新生児のみならず、十分に成長した妊娠後期の胎児に対しても同様に、共感を進んで示すべきではないのか？　この点に関しては確実なことは言えない。

第一に、胎児をフィルム・写真・超音波診断機器・テレビカメラなどで視覚的また聴覚的に捉えられるようにしても、またその知覚（もしくは知覚に近似的な）レベルでの交流または接近の仕方がいかに優れていようとも、それらは間接的なものでしかない。第二章で、さらに焦点を絞って議論をするが、こうした胎児への関わりは、私たちが新生児に対してもつような関わりと比べると、それほど直接的ではない。新生児はそこに、まさに私たちの目の前に存在している。そして、私たちはその子を抱くことができ、直に見て接することができる。（第二章でより明らかにするように）こういった事情で、テレビやその他の手段を用いることによって受精卵・胎芽・胎児に関して呼び起こされる感情以上に、容易に共感が呼び起こされるのである。さらに、赤ちゃんは事実、泣くものである。赤ちゃんが泣くことで、私たちは、自分自身の弱さを思い出すかもしれない。それゆえに、また、おそらく他の様々な理由ゆえに、泣き声は私たちの心の琴線に触れ、乳児が私たちの一員もしくは仲間であると感じさせてくれる。赤ちゃんの泣き声は、（大きな泣き声は、実際は耳障りで煩わしいものかもしれないが、にもかかわらず）独特の仕方で、私たちの気持ちに語りかけ、訴えるのである。だとすると、私たちは次のように結論できると思う。赤ちゃんの泣き声は、共感的反応を呼び起こすのに寄与しており、胎児または胎芽が私たちに働きかける際は、それに匹敵するような効果的な手段は存在しない。

この事例においても同様に、ケアの倫理の観点からすれば、「新生児殺害が、胎芽や胎児の中絶に比べて、健全な人間の共感がもつ方向性や傾向性にいっそう強く反する」という事実は、新生児殺しがいっそう不正で道徳的に許容しがたい行為であることを示唆するものとして理解できる。だからといって、もちろん、このことによって、胎芽・

胎児の中絶が道徳的に容認または許容されることが証明されているわけではない。上記と同様の方向で議論を展開することが可能だと思うが、問題は複雑であり、私の見るところ、恐ろしく骨の折れる作業が求められる。だから私はここでは別の（それほど議論が紛糾しない）道徳的な主題に移ることにしたい。だが少なくとも、これまでの議論を踏まえることで、「直観的に見て、どのようなことが道徳的に善いのか／容認できるのか、あるいは道徳的に悪いのか／容認しがたいのか」といった道徳的問題を、共感における様々な相違（すなわち、成熟した共感がどれほど呼び起こされるかの相違）に基づいて解明しうることが部分的には確認できたはずだ。私は、このような共感に基づくアプローチを、他者援助の道徳的責務をめぐる問題にも応用したいと思う。そしてケアの倫理は、共感という考えを規準として活用することで、この問題に関して大きく前進できる、ということが明らかになるだろう。

本章を締めくくるにあたって、一つ述べておきたい。読者の中には、「共感に注目するという方法論を採用することで、動物に対する私たちの責務をよりよく理解できるのではないか」と思う人もいるかもしれない。だが、これは中絶に関連した問題よりも、はるかに複雑で厄介な問題である。（いずれの問題も後で探究しよう。）ケアする（大切に思う）ということを広義で理解するならば、動物・胎児・人間のみならず、理念や理想もケアの対象（すなわち大切に思う対象）になる。しかし、理念や理想が道徳的配慮を向けるのにふさわしい対象であるのかどうかは全く明らかではないし、抽象的な対象への共感というのはたしかに理解しがたい。それゆえ私が思うに、ケアの倫理は、このような広義ないし多様なケアについて気を揉むべきではない（あるいは気を揉みたくはない）。だが他方で、植物・環境・生物圏をケアする（もしくは大切に思う）ことや、場合によっては、それらに共感を示すことは、全く考察の主題になりえないというわけではないだろう。しかし、本書のプロジェクトにおいては今後も、人間やその集団に向けられる（もしくは応じる）ケアや共感についてもっぱら議論するつもりだ。

第二章　他者を援助する責務

私はこれまで次のように主張してきた。ケアの倫理によれば、行為の正・不正は、その行為において示されているものが、思いやりのある態度／動機か、それとも思いやりのない態度／動機かによって判断される。だが、もちろんこの特徴づけをさらに明確化し、その適用範囲を拡大する必要がある。一つの行為が、ある人に対しては共感を伴う思いやりのある態度を示していても、別の人に対しては、共感の欠如した思いやりのない態度、あるいは悪意さえ示しているかもしれない。したがって、ケアの倫理は、直接知っている、もしくは（単に）間接的にしか知らない、様々な人たちそれぞれに対して、思いやりのある人がどのように関わるのかを説明できなければならない。私たちは、本章において、この困難な課題に取り組むことになるが、その取り組みは、共感や共感における相違〔ないし共感の有無〕に再度、言及することによってなされるはずだ。

1　直近性と距離

共感に基づくケアの倫理（目下のアプローチをそう呼べるとして）によって、他者を援助する私たちの責務について、説得力のある一般的な説明を与えることが可能だ。この点を最も効果的に示すためには、ピーター・シンガーの古典的論文「飢えと豊かさと道徳」に関する議論から始めるのがよいだろう。(1) この論文の中でシンガーは、遠く離れた見知らぬ他者に対する責務は、近くにいて既知の仲である他者に対する責務と、同等の強さで課されると主張している。目の前で子どもが溺れていて、容易にその子を救助できるのに、そうしないのは、通常、道徳的に誤りだと言えるだろう。そして、ほぼ全ての人が、私たちにはその子を助ける道徳的な責務がある点に、同意するだろう。しかし、この責務が（例えば）オックスファムへのわずかな寄付を通じて遠く離れた子の生命を救う責務と同等のものである（同様の強さで課される）と考える人はほとんどいないだろう。にもかかわらずシンガーは、目の前で溺れている子とオックスファムへの寄付を通じて救える子の間にある最も明らかな違いは、空間的な距離の差でしかない、とその論文で指摘している。

シンガーは、相手との距離の遠近によって、援助に関する私たちの道徳的責務は影響を受けない、という点を自明視し、その結果、目の前で溺れている子を救うのと同じように、オックスファムに寄付する責務があると結論している。しかし、近年、距離を即座に度外視する彼の考えは、問題視されるようになってきた。それは、これから議論で取り上げていく諸事情によって問題視されるようになるのだが、本章では同時に次の点も示したい。すなわち、目の前で溺れている子に対する責務と、オックスファムといった組織を通して救助される子に対する責務とを、私たちを拘束する責務の強さによって区別する際に、実のところ、より確固とした論拠になるのは、相手との距離よりも、相手への共感なのである。広範にわたる事例において、相手との距離の増大と相手への共感の減少は、実際のところ互いに相関している。しかも、このように距離の増大と共感の減少が相関しているからこそ、シンガーが取り上げている目下の二つの事例において、責務の強さに関する相違を、人々が直観的また常識的に望むような形で説明する際に、共感が果たしうる役割が、かえって見えにくくなってしまったのかもしれない。だが、共感の役割についてさらに論じるためにも、まずは、シンガーが取り上げたような事例において、純粋に空間的な距離がどのような役割を果たすと考えられるのか、もう少し論じたほうがいいだろう。

相手との距離はどのような道徳的重要性をもつのか。何人かの論者は、この問題を昨今検討しており、それが以下の二つの別個の問いを実質的には含んでいると考えてきた。一つ目は、「相手との距離は私たちの責務に影響を与える、と直観的に見なせるのか」という問いであり、二つ目は、「相手との距離が異なる様々な事例——第三者の場合であれ本人の場合であれ——に対する直観的な反応の相違を参照することで、私たちの実際の責務（の相違）に関する重要な特徴が、果たして明らかになるのか」という問いである。ピーター・ウンガーは、著書『贅沢な暮らしをすること、死を容認すること』の中で、この二つの問題を考察して、いずれについても否定的な答えを擁護している。ウンガーによれば、事例に関する私たちの表面的な直観は、道徳理論においても、また私たちが実際に何に対して責務があるのかを決定する際にも、結局はたいした重要性をもたない。さらに彼の見解によれば、距離の相違がある複数の事例間で、私たちの道徳的直観が異なるのは、対象との距離を反映しているからではなく、（彼が言うには）「際立っている／著明である」（salient/conspicuous）といった対象の知覚的性質を反映しているからなのである。(2)

しかし、フランシス・カムはこうした見解に異を唱えている。彼女の考えによれば、対象との距離（距離と言っても、かなり複雑な要素を含むが）に注目することが、様々な事例について、なぜ私たちの直観が異なっているのかを説明するうえで実際に役に立つ。また、対象との距離は、どういった場合に私たちに責務が課されるのかにも実際に関連している。(3)まずシンガーは、私たちに対して次の点を検討するように促す。すなわち、わずかな危険を冒すだけで溺れている子を救える状況と、飢餓救済団体へのわずかな寄付のみで遠く離れた子を救える状況との間にある相違は何か。シンガーによれば、後者よりも前者の状況に置かれた子を救助することのほうが、道徳的に見て差し迫った責務だと、私たちはまずは考えがちなのである。シンガーはこの点に注目し、さらにそういった私たちの傾向を嘆くのである。他方でカムの見解によれば、距離という因子（または近接性）が影響することで、この二つの事例の間には――もしくは、この二つの事例の内には――道徳的に見て重要な相違がもたらされることになる。彼女は、私たちの道徳的判断に決定的な影響を与えると想定しうる他の因子（私たちの他に、援助できる人がいるか等）を除外するために、距離の因子（距離の近さ）が直観的かつ真に道徳的な効力をもつことを明らかにできるような、別の事例を案出している。

ウンガーの著書もカムの論文も、非常に内容が豊かであり、極めて入り組んだ考察を含んでいるので、ここで両者の主張について、そのあらゆる細部に至るまで、私は論評するつもりはない。だが私が興味深く、また、少し意外だと思った点は、両者ともに、私たちの共感的な傾向性や共感能力が、道徳性を考えるうえでどのような重要性をもつのかを検討していない点である。例えば、ウンガーは、距離が直観的また実際に道徳的な関連性をもつことを否定する。そして「知覚上の際立ち／著明さ」というカテゴリーを考案し、それらが、私たちの直観的な道徳的判断に直接関係していると理解している（また、彼は派手さ・興奮度といったカテゴリーも考案している。これらについてもすぐに論じるつもりだ）。しかし、直観的な道徳的判断と結びついている観念としてすぐに思い浮かぶもの――私たちが即座かつ直《ただ》ちに共感できる対象――が、道徳的判断にどう関連するのか、またどう関連すると考えられるのか。こういったことをウンガーは全く考察していない。カムもまた同様である。カムは、ウンガーが知覚上の際立ちや著明さについて主張している点を検討したうえで退け（とはいえ彼女も鮮明さ（vividness）について論じている）、以下の考えを支持している。すなわち、先述の、〔目の前で〕溺れている子の事例と〔遠く離れた〕飢餓状態の子の事例を、道徳上、区別されるものとして扱う際には、（複雑なものとして理解された）空間的距離というものが直接関係している、と考える。しかしながら、カムもどういうわけか共感という主題に関しては全く取り上げていない。(4)

しかし私が思うに、シンガー、ウンガー、カムが取り上げた事例に対する私たちの直観的な反応を整理して理解するうえで、共感という考えは、この論者たちが話題にした説明因子以上に役に立つ。そこで、この点についていくらか説明したい。溺死に至るような事例では、人が危機や窮地に陥っていることが、際立ち・著明さ・鮮明さ・直近性（immediacy）（私は「直近性」という用語を以下に示すような理由でより好むけれども、シンガー、ウンガー、カムはこの語を用いていない）を帯びて知覚され、健全な人間的共感を呼び起こすことになる（さらに、その結果、同情や思いやりのある配慮も呼び起こされる）。そして、このように共感が喚起されるさまは、単にそのような危機を間接的にしか知らない場合や――あるいはこう言ってもいいかもしれない――叙述を通してしか知らない場合とは、異なるのである。最近の発達心理学の文献はこの主張を実証的に裏づけている（そして、本質的には、同様の論点はヒュームの『人間本性論』においても指摘されている）(5)。このように、もし道徳的であることが、人間に対する共感による配慮を中心的なものとして含むのなら、「なぜ溺れている子を助けずにいることのほうが、飢饉救済に貢献せずにいることよりも道徳的に悪い、と私たちには思われるのか」を説明することができるようになる。また、それだけではなく、そこで作用している通常の道徳的直観を正当化することもできるようになる。その結果、シンガーの議論がもつ効力は削がれることになろう。

このような共感に基づいたアプローチを念頭に置きつつ、カムとウンガーが様々な事例について主張していることを検討していこう。カムは、私たちの道徳的直観（ウンガーからすれば、この道徳的直観は見当違いなのだが）を説明する際にウンガーが着目した知覚的な際立ち・著明さについて論じている。カムによれば、知覚上の際立ちは主観的なものと客観的なものに区別できる。そしてカムは、とりわけ前者の主観的な際立ちに注目して、ＳＦ（サイエンス・フィクション）的な事例、すなわち自分は自国にとどまりながらも、〔驚異的な〕遠視力を用いて、海外で苦しんでいる人を目撃できる人物の事例について、論じている(6)。驚異的な遠視力をもつ彼女にとって、相手の苦痛は知覚的に際立っており、明瞭かつ鮮明であろう。しかしカムの主張では、この人物が、それを通じて直《じか》に目にしているところのその驚異的な遠視力の「スイッチをオフ」にすることは（直観的に言って）容認される。（彼女が、遠く離れた他者に襲いかかった不幸を目撃しなかった場合、その不幸に無関心であっても許される。それと同様に、彼女が（驚異的な遠視力によって）遠く離れた他者の不幸を目撃した場合も、その不幸にさらに関心を向けなくてもよいのである。）しかし、そのように遠視力のスイッチをオフにすることが容認されるのなら、おそらく彼女が相手の苦痛に背を向け、それから目を逸らすこと自体も容認されてしまうことになる。距離の近さがもつ道徳的重要性に関して、カムが擁護している見解からは、このような帰結がまさに導き出されてしまうのである。

しかしながら、私の考えでは、このような帰結は実際のところ道徳的な直観に符合しない。共感について考察することによって、なぜこの帰結が道徳的直観と一致しないのかを容易に説明できるようになると思う。（たとえその相手との距離が非常に離れていても）直に目にしている相手に対して背を向けることは、何らかの叙述を通して間接的にしか知らない相手を無視することよりも道徳的に悪いことであるように思われる。例えば、ある人物が以下のいずれかの状況に置かれた他者の救助を、即座に実行する手段をもっているとしよう。すなわち、一方の相手に関しては、相手の危機や窮状を、遠視力を通じて直に目にできるのに対して、もう一方の相手に関しては、その相手の危機や窮状を知ることができるのは、間接的な仕方に限られている。私が思うに、私たちの多くは、相手の苦境を直に目にすることができるにもかかわらず、その相手に対して背を向け、間接的にしか知らない人々に援助することに（冷徹にも）決めることを、非人間的なことだと見なすだろう。この決断の非人間的な性格は、明らかに共感の有無と関係している。つまり、相手の窮状を知覚したにもかかわらず、その相手に対して共感的に応じなかった、ということに関連しているのである。相手の窮状を単に叙述を通して知る場合よりも、相手の窮状についての知覚が直近さや鮮明さを帯びている場合に、私たちの（健全もしくは成熟した）人間的な共感が、いっそう深くかつ強力に呼び起こされる。私がこれまで提示してきたような、共感に着目する道徳的理解は、カムのように（様々な要因が絡む）空間的隔たりと近接性に訴える道徳的理解よりも、カムが取り上げている事例に対する私たちの道徳的反応を、より適切に説明し正当化することができる。そして、「主観的な知覚的際立ちや鮮明さが、私たちの道徳的な直観に関連している」という見解にうまく反論するために、カムがこの事例をどのように用いることができるのかは理解しがたいのである。

　興味深いことに、カムは、〔驚異的な遠視力によって〕遠く海外で起きていることを直に目にすることが、私たちに援助することを求める「心理的な圧力」になるだろうとはっきりと述べている。しかし、彼女はその心理的な圧力を、私たちの道徳的直観が働く外部にある類《たぐい》のものとして退けている。というのもカムの考えでは、「自分が直に目にしていない人よりも、自分が直に目にした人に対して、私たちは、より多くの責務を負う」ということは、いかなる直観によっても示されていないからである。だが、もし私がまさに主張してきたように、そのような直観を私たちが実際にはもっているのだとしたら、彼女が単なる心理的圧力と呼んでいるものは、一つの道徳的直観にほかならず、距離を重視する彼女の見方によっては、その道徳的直観はうまく説明できない一方で、共感を取り入れた見方なら、うまく説明できるのである。

　カムは、主観的な知覚的際立ちについて論じた後、ウンガーの議論を参照しつつ、客観的な知覚的際立ちに関する事例についても考察する。カムは次のような事例を想像する。驚異的な遠視力をもつ人物が、困窮状態に置かれているグループを直に目にするが、その内の一人が道化師風の格好をすることで、他のメンバーよりも、援助の必要性をことさら派手に表現している。カムの見解によれば、このような派手なパフォーマンスによって、誰を助けるべきかに関する援助者の道徳的な感情は、決して影響を受けるべきではない。カムは、道徳的関連性を有するのは、〔派手さといった〕客観的な際立ちではなく、相手との距離であるという考えを支持するために、この事例を用いている。しかし、共感を重視する見方は、この類の事例に関する私たちの直観についても（おそらく、より十全に）説明することができる。もし溺水や飢餓の危険にある者が、道化師風の格好をして、両腕を派手に振り回したり、大袈裟な身振りをしたりしたなら、たしかに、いっそう押しつけがましく目につきやすいだろう。しかし、そうすることで、その人は、恐怖や苦痛を誇張しているような印象を与えるかもしれない一方、それほど派手にではなく、大袈裟に感情を表現していないメンバーのほうが、苦しみや不安を、その道化師風の人物より忠実に表現しているかもしれない。そして、まさにそれゆえに私たちの共感をいっそう強く呼び起こすのである。この事例によって、客観的な知覚的際立ちに基づいて道徳的直観の理解を試みるウンガー流の説明は、様々な問題に直面する。他方、共感に訴える道徳理論はそういった問題を回避できる。しかし、この事例でおしまいにせず、別の事例でも検討してみよう。

ウンガーの主張によれば、救助可能な事故被害者を近くで目撃した場合と、事故被害者が遠くにいて、その窮状をモールス信号で知った場合では、その状況間に、直観的な（また実際の）道徳上の相違は全く存在しない(7)。しかしカムは、そのようなウンガーの主張が、私たちの道徳的直観を正確に捉えていない、と考えており、この二つの状況間の道徳的な相違は、距離という因子によるものだと主張している(8)。道徳的に見て、この二つのケースに重要な相違があるという点で、私はカムに同意するが、この事例においても、共感の観点から説明したほうが、より説得力があり――おそらく、こう言ってもいいだろう――よりうまくいく可能性が高いように思われる(9)。

カムは、距離の近さが、私たちの援助義務に影響するとしても、「害を相手に加えない」という私たちの義務には影響しないとも主張している。私たちは、少なくとも、近くにいる人に対するのと同様に、遠くにいる人に対しても、害を加えてはならないとする強い義務を負っている。だが、私はこの見解は、いくつかのかなり重要な道徳的直観を、むしろ、曖昧にするのではないかと思う。〔無加害の義務といった〕消極的義務の場合と〔他者援助の義務といった〕積極的義務の場合とでは、相手との（純粋な）距離の遠近がどのように〔義務が課される強さに〕影響するのかは非常に異なっているかもしれない。しかし、消極的義務であれ、積極的義務であれ、共感に関連する考慮事項が、何らかの類似した仕方で、〔義務が課される強さに〕影響を与えるはずだと、私は考える。

例えば、ソンミ村で子どもやそれ以外の市民を射殺した者たちは、残虐なことに、怯える犠牲者の様子を眼前にしながらも殺害したのだった〔1〕。私たちは、空爆を用いて子どもたちや市民を眼前にすることなしに殺害する行為よりも、その人たちを眼前にしながら殺害する行為にいっそう戦慄と恐怖を覚えるのである。また私たちは、無辜《むこ》の人々を残虐に殺害することのほうが、〔実際にその人たちを眼前にすることなく〕空爆で殺害するよりも、道徳的に悪いはずだ、と考える傾向にある。そして、ここでの道徳的な差異は、人間として健全な応答を伴うような共感に、おそらく関係している。無辜の人々を残虐な仕方で殺害しようとする者は、空爆によってその人々を殺害する者よりも、冷酷非道に行動し、〔健全な、もしくは成熟した〕共感が著しく欠落した態度をいっそうあからさまに示している。それゆえ私の見解では、〔カムの見解と異なり〕共感に関する考慮は、〔積極的義務である〕援助する責務のみならず〔消極的義務である〕殺人をしない責務に課される強さにも関連している。しかし、カムはこの点を、距離〔に関する複雑に入り組んだ考慮〕をもっぱら強調することで見逃しているのである。

さて、むろん私たちは、安全な位置から殺人を犯すことは卑怯で傲慢なことだと思うに違いない。だが、このような卑怯さや独善的な傲慢さは、どのように敵を攻撃するかに関して選択権をほぼもたなかっただろう個々の飛行士について、当てはまるものではないだろう。むしろそれは、空爆という軍事行動がもつ特徴を表しているのである。カレイ中佐がソンミ村で行ったこと〔すなわち眼前にいる市民を殺害したこと〕は、彼自身の判断によるものだった。一方、安全な位置から市民への空爆を行った個々の飛行士は、軍の上官によって命じられ促された行為の一部として空爆を実行したのである。空爆という行為は、極めて安易に市民を殺戮する行為であり、敵国よりも軍事技術で優っている国の独善的、傲慢あるいは卑怯な態度を反映したものと見なすことができるかもしれない。空爆がソンミ村で行われたことと同程度に、あるいはそれ以上に悪であると思うのであれば、その理由は、空爆のほうが、道徳的に非難されるべき事象がより広範囲に及んでいるからであって、個々の飛行士・爆撃手が行ったことが、カレイ中佐が自らの判断で行ったことよりも道徳的に悪いと考えられるからではないだろう。(10)

これまで私たちは、胎児に対する道徳的関係の事例を用いることで、人間として自然な共感〔に基づく考慮〕が、道徳的是非を判断する規準としての側面をどのように備えているのかを具体的に示してきた。さらに、ピーター・シンガーの研究をめぐって考察を深めている文献から、よく知られている事例を取り上げ、そういった事例を理解するうえで、共感が重要な役割を果たしていることも論じてきた。そこで問題にされたのは、目の前にいる人々／目の前にいない人々、もしくは近くにいる人々／遠くにいる人々に対する、私たちの責務であった。たしかに距離の遠近に関連する事例においては、何らかの危機的状況・緊急事態が常に問題にされている。しかし、私たちは、これまで哲学者によってときおり論じられてきた、別の種類の危機的状況・緊急事態についてはいまだに検討していない。こういった事例で問題になるのは、空間的な遠近（近いまたは遠いと容易に見なせるか）ではなく、むしろ時間的な遠近である。

よく知られている事例として、（例えば崩落事故の結果）炭鉱に閉じこめられた作業員たちの例を考えてみたい。その場合、私たちが道徳的にしなければならないと感じることは、現在、閉じ込められた炭鉱作業員たちを救出することであって、（この時点で）同額の費用で安全装置を設置することによって、より多くの人命を将来にわたって救助できるようにすることではないだろう。しかし、これに反対する論者もいる。チャールズ・フライドは、著書『価値についての詳細な分析』においてこの事例について論じ、「私たち、もしくは社会は、炭鉱作業員の救命を断念し、安全装置を設置することを望むべきだ」と主張している。（彼は、もし何らかの方法で可能なら、この不幸な炭鉱作業員に直接会って、進んでこの決断を伝えるべきであるとも述べ、残酷とも言えるような議論を提示している。[11]）

この例（またこの選択）は、相手との距離が近いか遠いかの対比、あるいは相手を直接知覚する〔直に目にする〕かしないかの対比に、依存しているわけではない。というのも容易に想像できるように、誰を救助するのかを決める立場にあるのは、炭鉱から離れたところにいる人々であり、その人々は、閉じ込められている炭鉱作業員、または今後、閉じ込められる恐れがある炭鉱作業員を、全く知らないし、直接に目にする〔すなわち直接知覚する〕わけでもないからだ。例えば、炭鉱崩落について聞いたり、その報道を読んだりする〔すなわち間接的に知る〕ことで、私たちが「何とかしなければ」という思いに強く駆られることは、容易に想像できる。だから私の考えでは、閉じ込められている炭鉱作業員の救助をいっそう選好する私たちの傾向性を、「共感が作用するために、作業員たちの危機を間接的にしか知らない場合よりも直接見て知っている場合に、いっそう作業員たちの救助を望むようになる」という形で説明することはできない。

それでも、現在閉じ込められている炭鉱作業員と、将来そうなる恐れがある炭鉱作業員、そのいずれかを選ばなければならないとしたら、どうだろうか。前者の危機的状況には、何がしかの直近性が含まれ、そのため後者とは異なる仕方で、私たちの共感や同情を呼び起こすだろう。たしかに、前述の溺れている子の事例にも直近性が関わっていた。その子の苦しみは、直接目にすることができるものであった。しかし、その事例での直近性は、明らかに知覚上のものであり、直接知覚できる範囲にある空間的な距離の問題に深く関わっている。炭鉱作業員の事例で問題になっているのは、それとは異なる種類の直近性なのである。その直近性は、炭鉱作業員の危機的状況が現在形で表現できる点——すなわち、それが「今そこにある明白な危機」であるという事実——に関係しているのであって、空間的距離もしくはそれに相関した何らかの特徴に関係しているのではない。しかし、空間的、時間的、いずれの種類の直近性も、そうした直近性が関与しないような他の状況に比べて、より強く私たちの共感に作用する。（「まさに現前している」（present）という言葉が、時間と感覚的接触の様式の双方に当てはまるという事実は、この二つのあり方がともに共感に作用することを考えると、目下の考察の文脈にうまく適合しているように思われる。）

このように、現在閉じ込められている炭鉱作業員の事例においても、私たちは本人たちの様子を実際に見たり話を聞いたりするわけではないし、また本人たちを個人的に知っているわけでもないだろう。この事例では、今まさに危機的状況にある炭鉱作業員たちのことを、私たちは一人ひとり個別にではなくある集団として、あるいは記事によって間接的に知っているだけなのである。したがって、作業員たちの現在の窮状——将来、そういった窮状に陥るかもしれない場合と対比される——に対して働く共感の強さは、私たちが直に目にしているもの（の危険性）に対して働く道徳的な共感の強さとは異なっている。[12] しかし、先に扱った諸事例のみならず、現在閉じ込められている炭鉱作業員の事例においてもまた、ある種の直近性が含まれていると考えるのが自然だろう。そして直近性という用語は、特定の状況において、私たちの（主観的ないし心理的な）共感的傾向性に相関している客観的（と推定される?）事象を表現するのに、最適な用語であろう。このように相互に関連し合う直近性と共感に着目することによって、炭鉱作業員の事例とシンガーの論著で議論された事例の両者に対して、なぜ私たちがある道徳的反応を示すのかを説明することができる。こうした考察を踏まえることで、私たちは、道徳的判断に対する規準として共感が果たす役割の重要性を信じるに足る論拠を、さらに手にしたことになるのである。(13)

憐れみの情という概念に言及することで、これまでの考察を補完することができる。将来の炭鉱作業員のために安全装置の設置に投資することをいっそう望む人は（また、現在閉じ込められている炭鉱作業員に直接、その選択を告げようとする人は）、仮により多くの人命を救うことを試みているとしても、憐れみの情をもっているとは言えない。(14)というのも憐れみの情は、共感や直近性と結びついているからであり、この結びつきは炭鉱作業員の事例において明らかである。（また、この結びつきは、シンガー流の近接性・知覚可能性をめぐる諸事例においても、成立している。）すなわち、〔現在、危機に直面している炭鉱作業員を見捨てて〕将来の炭鉱作業員のために安全装置の設置を選択した人は、共感の面で明らかに欠陥があるからこそ、私たちは、そう決めた人を、現在閉じ込められている炭鉱作業員を救うことを選択する人と比べて、憐れみの情が欠けていると見なすし、またそれほど善い行いをしていないと見なすのである。(15)（より一般的に言えば――本節では、この点を論証するだけの余裕はないけれども――憐れみの情は、ある一定の部類の状況において、共感に基づく思いやりを体現している、と言えるかもしれない。）

ウンガーは（前掲書のp. 78以降で）以下のような事例を取り上げている。隕石が地球上に落下しようとしており、そのまま放っておくと、人口密度の高い地域に悲惨な結果がもたらされることになる。この帰結を避けるためには、誰かが直ちに「隕石除去装置」をその所有者から盗み出し、その除去装置を使って、その隕石を、人のいない峡谷へと投げ込まなければならない。ウンガーの考えでは、こうした状況下では除去装置を盗み出して、それを操作することは許される。しかし、ウンガーの主張によれば、ここで起きている異常事態に含まれている「驚愕的な特徴」によって、そういった行為が許容されるようになるわけではない。だが、この事例は、炭鉱に閉じ込められた作業員の事例で見たような「今そこにある明白な危機」を含んでいる。もし共感が道徳的なあり方に影響するのであれば、この事態の驚愕的な特徴（またはウンガーが述べている事例において、少なくともその事態を驚愕的なものにしている危機、すなわち、今そこにある明白な危機）は、私たちの道徳的直観のあり方に影響するのみならず、私たちの実際の道徳的責務の有無（責務の強さ）を判断する際の規準にも結びついている。

2　共感と責務の限界

これまで以下の点を主張してきた。知覚的な直近性と時間的な直近性の双方によって、相手の窮状（さらに言えば、相手に生じうる窮状）への共感がいっそう強く呼び起こされるという点。そして（シンガー、ウンガー、フライドには失敬ながら率直に言えば）、それらの直近性が、（様々な）援助に関する責務の強さを判断する際の規準とも結びついているという点である。問題となる状況が、目の届かないところにある場合（もっと一般的な言い方をすれば、直接知覚されない場合）や、現在においてではなく未来に生じる場合を考えてみよう。そういった状況は、私たちが直接知覚している問題状況や、現に今の時点で私たちの心を動揺させている問題状況と比べて、ある意味もしくは比喩的な意味で、私たちから遠く隔たっているのである。しかし、共感に影響する隔たり〔距離〕には、他にも、私たちがこれまで取り上げてこなかった部類に属するものがある。私たちはこの別種の隔たり（文字通りの空間的距離ではないが）についても検討しなければならない。この種の隔たりは、遠く離れたところにいる集団や個人的には知らない集団に対して、私たちが負う責務（の限界）について考察を試みる際に、考慮に入れる必要があるものだ。さらに、考慮すべきこの種の隔たりを、自分の家族のメンバーに対する（様々な程度の）親近感や身近さとは対比的ないし対立的な仕方で特徴づけることができる。普通「身近で大切な人」という言葉は、友人・パートナー・配偶者のみならず

〔他の〕家族のメンバーに対しても使われているが〔話を簡潔にするため、結婚とか養子縁組によって生じる家族関係は考慮しないことにする〕、家族関係は、友情・パートナーの間柄・結婚生活に含まれているものとはかなり異なりうるし、その本質において、明らかに異なっている。友人や配偶者の場合は、生活や価値観を共有するのが当たり前であるが、家族の場合は、たとえかなり身近な存在でもそうではないかもしれない。そして家族関係における親近感は、生活や価値観の共有に依存しているとは思えない。むしろ、この類の親近性は〔またそれと対をなす隔たりは〕主に、共通したルーツ〔祖先等〕をもつこと〔もたないこと〕に関わっている。

　家族の繋がりや共通のルーツを認知することで、連帯や愛着が生じるが、それらは、血縁関係にある人と生活をどれほど共有しているか〔どの程度、その人に対して精神的な形で一体感を感じるか〕といったこととは、大部分、無関係に生じているように思われる。例えば、もしあなた自身がパターソン、またはソルヴィーノという姓である場合を想像したとき、あなたは、パターソン家またはソルヴィーノ家の他のメンバー〔たまたま同一の名前であったというわけではないと想定する〕に親近感や絆を感じるだろう〔血縁関係がなく、たまたま同じ名前をもっているだけの場合はそのように感じないはずだ〕。たいてい、そうした家族の繋がりは、自分は何者であるかというアイデンティティに関して、重要な理解をもたらすと同時に、自分を特定の人間として同定するのを容易にする。私たちはこうした傾向の全てを、いくぶん強い形で、親子関係の内に見いだすことになる。親は、自分の子どもと強く結びついていると感じるが、その結びつきは、見知らぬ人に対して、あるいは、最も多くのことを共有し分かち合える友人に対してでさえ、決して感じることのないものなのである。そして、子どももまた同様に、親に対して強い結びつきや親近感を感じるのだが、それは、自分が親のことをどれほど理解しているか〔もしくは自分が親にどれほど理解されているか〕や、親とどれほど多くのことを共有しているかといったことに関する子どもの感じ方とは無関係に、そう感じるのである。こういったことが意味しているのは以下のことにほかならない。すなわち、私たちは、見知らぬ人に対してよりも、自分の子や親に対していっそう容易に同一化し共感できるということ、また、助けようとする気持ち・意欲や果たすべき責務が、家族に対していっそう強くなるのは、血縁による結びつきといった観点から理解しうるということである（ただし家族内のメンバーに対して親密さの程度は一様ではないことや、またそのように様々であることによって、家族の各メンバーに対する責務に、どのような違いがもたらされるのかを、現時点で議論するのは賢明ではないだろう）[16]。

さて友人や配偶者は、通常、価値観・行動・歴史をともに分かち合うのであるが、そこでは、見知らぬ関係の場合よりも、共感がより容易で、より深いという点は明白である。だとすれば現時点で、三つの異なる因子によって共感がより強固になるということが分かっていることになる。すなわち、⑴知覚的あるいは時間的な直近性またはその両方、⑵家族の繋がり、⑶友人や人生のパートナーとの間に生まれるような種類の共有[17]。これらの全てのケースにおいて、相手を援助する道徳的責務は、これらの因子が存在しない場合に比べて、直観的に、より強力であるように思われる。したがって、「共感の有無やどれだけ共感するかに関する相違は、道徳的評価や道徳的区別の規準として適切に機能しうる」という考えが強く支持されると思う。だが、これまで言及してきた因子が全く存在しない場合、つまり友人でも家族でもなく、これまで会ったことさえない人々の場合は、どうなるのだろうか[18]？ 私たちは、そのような人々に対しても、道徳的な責務をもっている。そして、このことを否定する道徳理論は、いかなるものであれ、大部分の人々から決して受け入れられることはないだろう。しかし、もしも道徳的責務——特に、援助を必要としている人を助ける道徳的責務——が、共感に基づくものであり、さらに共感が向けられ支援を受けることができるのが、友人・家族・身近な存在であるとすれば、そのいずれにも属さない極めて多数の人間（動物は別にしたとしても）に対して、果たして共感が働く（余地がある）のだろうか？ また、もしそれが問題だとすれば、「私たちは、友人・家族・身近な存在ではない人々に対して同情し援助するという何らかの責務を負っている」という多くの人々がもつ考えを説明するうえで、共感をどのように用いることができるのだろうか？

だが、もっと慎重に考察しよう。あるグループやそのグループがもつ根本的な価値観について知るのが文書や間接的な方法でしかない場合も、そういった人々に対して、人道主義的な関心を抱くことがあるだろう。共感の発達に関するホフマンの理論を論じた際に、以下のような彼の見解に言及した。すなわち思春期に達するまでに、子どもたちは、苦しい状況もしくは不利な境遇にあるグループやそういった種類・階級の人々に、何らかの仕方で共感することができるようになる。このような共感が――そこには空間的／時間的な直近性、生活の共有、家族関係といった共感を強める要素が欠けているとしても――働くことで、見知らぬ他者や遠く離れた他者の益になるような多様な活動へと心理的に促される、ということがありうるのではないだろうか？

もしこうした類の共感が実際に働くのだとすれば、なぜ私たちには、見知らぬ人々（集団）に対する責務があるのかを、説明することができるようになるかもしれない。また同時に、これまで論じてきた共感を強化する諸因子を踏まえることで、なぜ私たちは、直に目にする人・親しい人・関わりがある人たちに対して、そのいずれにも属さない人たちに対してよりも、援助に関するいっそう多くの責務を負っているのかも説明できるようになるだろう。もっとも、とりわけヒュームは、私たちが自分自身の国の国境を越えて責務をもつことについて懐疑的であった。彼は人類（そのもの）への愛の存在それ自体にも疑念を呈しており、「人々の寛容さは、自分の生まれた国の外にまで及ぶことはめったにない」とも述べている。(19)

しかし、こういったヒュームの見解は、人間の共感能力に本質的に備わっている限界を反映しているというより、当時の時代や環境による一定の制約を反映しているのかもしれない。ヒュームが生きた時代は、遠く隔たった地域に住む人たちと交流する機会やその人たちに対して与えうる影響力は現在と比べて、はるかに限られたものであった。今や、人類の多くが一つの（国際化された）世界、いわば「地球村」に住んでいると言えるような状況になってきた。このように状況が変化したため、おそらくヒュームの時代と比べると、遠く離れたグループや他国民に対して共感的な配慮を示す人々の存在を思い描くことは、より現実的になった。

さらに、マーティン・ホフマンが「共感誘発法による教示」と呼ぶものは、どのようにしたら遠く離れた人々への共感を（子どもが思春期に達するまでに）育《はぐく》むことが（実際に）できるのかを説明するうえで役に立つだけではない。

さらに、そういった共感を（いっそう）増大させ、強化する方法までも提示している。先に指摘したように、最も初期の段階で採用される共感誘発法においては、（年下のきょうだい、または学校の友達のように）既知の仲である人々に与えた害悪を認識するように、子どもを誘《いざな》う。そして被害者の立場に立って、自分の行動がもたらしうる害悪について考えるように教示する。しかし、それだけではない。ホフマンによれば、こういった共感誘発の技法は、より幅広く活用できるし、実際しばしばそのように活用されてもいて、他国の人々（グループ）に対する、年長の子どもの関心を喚起したり高めたりするために用いられるのである。

親も教師たちも、遠く離れた人々あるいは普段なら知りえない（グループの）人々に生じた困難や悲劇を、文学作品・映画・テレビ番組などを通じて、生き生きと子どもたちに伝えることができる。親や教師たちは「仮に同様の事態があなた自身に起こったら、あなたやあなたの家族たちはどう感じるだろうか」と子どもたちに問いかけ想像させる（そして、そのように想像する習慣を身につけさせる）。そうすることで、遠くにいる他者に対する子どもたちの感受性を豊かなものにすることができるのである。さらに、家族・学校・国のレベルで、学生の国際交流を、現在行われている以上に盛んにすることができるかもしれない。例えば現地の家族と一緒に生活したり、現地の学校に通ったりすることができる。こうしたことを通じて、学生として他国に訪問した者も、訪問された者も、そうした経験がなければ、単に名称あるいは記述のもとでしか知りえなかった人たちの実際の生活や、その人たちの真に人間らしいあり方を知るようになる。（現在、パレスチナとイスラエルの間の交換留学生プログラムが中東で進行している、という記事を、私は読んだことがある。）このようにして最終的には、親も学校も、子どもたちに、ある行動をとることや控えることによって、（また自分の家族・近隣者・政府がある行動をとることや控えることによって）、他国に住む人の生活に対してどのような影響がもたらされるのかについて考え、気にかける習慣を植えつけることができるだろう。(20)

もちろん、これら（全て）の形態の道徳教育を実現するには、多大な資源と献身的な努力を必要とするだろう。しかし、これまで述べてきた点を踏まえることで、他者に対する共感的配慮が十分に発達した場合に、どのようにそれが、個人的に知り合うことのないグループに対する強い共感や、さらには人類全体に対する強い共感的配慮さえも併せもつことになりうるのか、理解しやすくなるはずだ。

とはいえ興味深いことに、マーティン・ホフマン自身はこの可能性について、やや懐疑的である。彼は、最近の著書を締めくくるにあたって、共感が、私たちの世俗道徳全体の基盤を提供しうるかどうかについて、いくらか疑念を呈している。なぜ彼が疑念を抱くのかと言えば、その主たる理由の一つは、学生が世界の他の地域の人々（グループ）に、（もっと）共感に基づいて配慮できるようになるくらい、共感誘発の技法が広範囲にわたって実践されるのは、それほど「自然なことではない」からである。(21)

しかし、共感誘発法を活用することの一体どこが自然ではない、もしくは不自然なのだろうか？　私たちや私たちの社会が、必要な資源やエネルギーを使って、共感誘発法を広範囲にわたって積極的に用いるようになるようなことは、（目下の状況において）おそらくないだろうというのは本当だろうか？　しかし、そのように通常は考えにくいという理由でもって「不自然」ということにしてしまうのなら、親しい人々のニーズを敏感に感知できるように子どもに共感誘発法を用いることですら、不自然ということになってしまうだろう。というのも、そのような共感誘発法がごく頻繁に用いられるのは、中産階級の親に限られる傾向があり、社会的・経済的地位が低い多数の親やその大部分の親は、自らが望んでいる事柄を子どもたちがするように導く際に、子どもたちを誘《いざな》うよりもむしろ、恐怖を与えたりホフマンや他の人々が「力に任せた要求」と呼ぶものを用いたりする傾向があるからである。そして、そのような共感誘発法を用いない親による教示を排除したり、強く制限したりするために、現にある社会的影響力や物質的資源を結集しようとしても、その現実的な手段はなかなか思いつかない。しかしながら私が思うに、ホフマンは、そういった手段が思いつかないということを根拠にして、上記の状況で共感誘発法を用いるのを不自然だ（または自然でない）、と主張することを望まないだろう。したがってホフマンは、私が直前で（ごく簡潔に）述べた考え、すなわち、「共感誘発の技法を社会的に拡張して用いることによって、人類が抱える広範な諸問題に対する、子どもたちの感受性を養う」という考えを、不自然だと見なせるだけの（一貫した）根拠を、提示できたわけではないだろう。

いずれにせよ、健全な人間の能力の範囲内に何が含まれているのかは、現に私たちがそれに関して何を期待しているかによって、決定的な仕方で規定されるわけではないだろう。私たちの共感能力を呼び覚まし実現させるうえで、共感誘発法がどう用いられるかに関して、ホフマン自身が詳しくかつ粘り強く記述している。そしてそうした記述を踏まえるならば、私には以下のように考えることは極めて尤もらしい――もしくは少なくとも真実からそれほど遠くない――と思えるのである。すなわち、成熟した人間的共感――共感の全面的な発達を促進する環境下において、存在するだろうはずの共感――を身につけていれば、見知らぬ他者に対して、共感に基づいて積極的に配慮する習慣や傾向性もまたその一部として身につけているだろう。以上の点から、人類の歴史が進むに従い、そういった共感的な配慮の習慣や傾向性が、人類（の大部分）に現在において見いだされる以上に、いっそう強力かつ広範に見いだされるようになるはずだと、私は希望をもって推察する。

それゆえ私の考えでは、これまで積み重ねてきた事例や議論を踏まえることによって、行為の正・不正の一般的な規準を、他者への共感による思いやり（共感による配慮）という考えに根ざすものとして提示できるようになる。したがって、（第一章において私が大雑把に言ったように）「ある行為において、思いやりという動機の欠如が反映／表示／表現されている場合、かつその場合に限って、その行為は道徳的に悪である」という言い方をするよりも、むしろ以下のように主張したほうがよいだろう。他者に対する成熟した共感による配慮（共感による思いやり）が行為者の側に欠如（欠落）しているという点が、ある行為において反映／表示／表現されている場合、かつその場合に限って、その行為は道徳的に間違っており、道徳的責務に違反している。（ここで「他者」とは、原則として、胎児・動物、それらと同等の存在を含みうる。責務を超えた行為や道徳的称賛に値する行為または道徳的に善い行為に関する論点は後ですぐ取り上げることになる。[22]）

私が思うに、これまで私たちが論じてきたあらゆる種類の事例は、今まさに述べた道徳的規準に適合しうるし、またそれゆえに、その道徳的規準を支持しうるものなのである。私たちは身近で大切な人たちに対する配慮について、また遠く離れた見知らぬ他者に対する配慮について既に話題にしてきた。そして大雑把に言うと、上述の規準が示しているのは、以下のことである――「ある行為が、身近で大切な人々に対して、共感的配慮を明確に示すものであっても、同時に、見知らぬ人々に対する、健全もしくは成熟した共感的配慮を欠いているものであったならば、その行為は道徳的に間違っていると見なされるだろう」。（例えば、ある人は娘が学校から帰ってきたときに家にいないと娘を落胆させるからという理由で、これまで会ったことのない子どもが溺れかけているのを救助するのを拒む、という事例が、上記のケースに該当するだろう。）そして、それのみならず、この評価規準は、ある行為が、見知らぬ人を救うものであっても、それが例えば自分の配偶者・親・子どもたちに対する成熟した共感的配慮を欠いているのであれば、道徳的に正しくないと見なされる、ということもまた示している。

　しかし、この新たな道徳的規準は問題を含んでいるように見えるかもしれない。なぜなら、私たちの多くがいまだに、最も十全に発達した人間的共感を身につけるに至っていないことを考慮すると、「これまで述べてきたような理念に基づく道徳規範は、「べき」は「できる」を含意するという原理に違反するのではないか」といった疑念が生じるからである。成熟した共感を示しているかどうかが、私たちが現在の道徳上の責務を果たしているかどうかの試金石として機能するとすれば、そうした成熟した共感を（現在あるいは将来的に）示すことができない私たち――ホフマンが「国際主義者」と呼ぶような仕方で、共感誘発法による指導や教育にあずかったことがない私たち――は、たいてい、（遠く離れた）他の国々にいる人々に対する道徳上の責務に従って行為することはできない、ということにならないだろうか？

　私はそうは思わない。ピーター・シンガー、ピーター・ウンガー、シェリー・ケーガンといった、私たちの多くが信じている原理よりもはるかに厳しい道徳原理を信奉している論者を、上記と同じような仕方で非難することができるのか、まずこの点を考えてみよう。この論者たちが信奉する厳格な道徳原理から、（極めて大まかに言うと）「私たち自身よりはるかに不幸な状況にいる人々（その多くはかなり遠く離れている）を救うために、現在私たちが所有しているものの大部分（文字通り大部分）を手放すべき」という道徳的要請が導き出される。(23) 私たちの多くは、こうした厳格な原理を、はなから拒否するか、あるいは少なくとも、受け入れるのを渋るだろう。しかし、その原理を退ける際に、「その原理に対して私たちは拒否的／消極的な態度をとるので、その原理に従って行為することが不可能なのだ」という理由をもちだすのは明らかに理に適っていないだろう。このような厳格な原理を擁護する者は次のように主張できる――「たとえ、私たちがその原理を拒否するとしても、あるいは、感情的な理由や自己利益に基づく理由からその原理に従うのを渋るとしても、その原理が推奨する事柄を実行するということは、私たちの力が及ぶ範囲内に収まっている」。それゆえこの原理は、「べき」は「できる」を含意するという考えに違反しているわけではない。というのも、私たちの誰もが、世界の遠隔地（あるいは家のごく近隣）で起きている被害の軽減や予防のために、持ち金の大部分を寄付しうるからである。そこでは、まさにこういった道徳原理が、私たちに責務として課されていることになると考えられている。さらに、シンガー、ウンガー、ケーガンはいずれも、然るべき道徳的考慮と道徳教育を経ることによって、私たちがそれらの道徳原理に従うようになると信じており、またその点を示すべく様々な議論を試みている。したがってこの論者たちが採用する（様々な）アプローチは全て、「べき」は「できる」を含意するという考えが狭義に解されたとしても、その考えに合致しており、また広義に解されて、「道徳原理は一般的な人間の能力に適合していなければならない」という理に適った条件を意味した場合も――おそらくその場合はなおさら――それに合致していると言えるのである。

だが成熟した人間的共感に根ざす道徳観についても――シンガーらの議論についてと同様に（おそらくそれにもまして）――「「べき」は「できる」を含意する」という言明に関する上記の二つの解釈に適合していると信じるに足る根拠がある。「「べき」は「できる」を含意する」が狭義に解された場合は、（成人で良識のある）道徳的な行為者なら、誰であっても、不当な行いをしない（責務として課されたことを遂行できる）こと、それのみが要求されている。

ただし、私が以前に示唆したように、ケアの倫理または共感に基づくケアの倫理は、他者を思いやらない者が常に正しくない行為や責務に反した行為をしている、と主張しているわけではない。むしろ、その主張の眼目は以下の点にある。その行為に、その人の思いやりの欠如が、まさに反映ないし表示されている場合——もしくは私がこの節で言おうとしているように——その行為に、「成熟した共感的な思いやり」の欠如が反映ないし表示されている場合、その人は道徳的に誤った行為をしているのである。

そこで、（それほど発展していない世界において）人間の苦しみに対して、比較的わずかな共感的配慮しか示さない人物——Sと呼ぼう——について考えてみよう。他者に対して、成熟した共感的配慮を示す人ならばたいていは、そうした苦しみの軽減に寄与することになるだろう。この考えに基づくならば、Sが相手の苦しみの軽減に寄与するような行為を拒む場合は、Sには他者に対する、そういった成熟した共感的配慮が欠けている、ということになる。そして私が擁護している理論に従えば、そのようなSの拒否的な態度は道徳的に正しくなく、Sの責務に違反している。しかし、Sは共感や配慮には欠けているものの、それでも相手の苦しみの軽減に寄与することは、（「Sにはそうする気がない」と私たちが強く思っていたとしても）Sの力が及ぶ範囲内の事柄であるに違いない。このように〔共感に基づいていなくても〕実質的な慈善活動の責務を果たすのがSの力の及ぶ範囲内の事柄であり、さらに、もし仮にではあるがSがその責務を履行したならば、どうだろうか。その場合は、私が擁護しているケアの倫理に基づくと、その行為や行動において、Sの共感的配慮（共感的な思いやり）の欠如（に実際に該当するようなもの）が反映もしくは表示されているということにはならず〔2〕、Sの行為や行動は、道徳的に誤った行為や道徳的責務に違反した行為には該当しないことになる。[24] それゆえ私は、本書で擁護している立場が、（狭義で解された場合の）「「べき」は「できる」を含意する」という考えに背いているとは決して思わないのである。

他者に対して十分に共感的に配慮をし、然《しか》るべき心情〔感情〕を抱かなければならない、という道徳的な責務を誰もが文字通り負っている、と仮定しよう。その仮定のもとでは、共感に欠陥のある人物は、いかなる状況においても道徳的責務を履行できないことになってしまう。というのは、人は自らの意志で、自分自身の感情的な気質や性格を変えることはできないだろうからである。しかし、私が擁護する理論は、然るべき心情をもたなければならないといったような責務をいかなる意味でも含意してはいない。たしかに、然るべき心情が欠けている人は、道徳的に欠陥のある人もしくは悪い人であるとは言えるかもしれない。だが、道徳的な責務が課されるのは、〔人間の感情に対してではなく〕ほかならぬ人間の行為に対してである。既に示したように、誰もが相手を思いやる気持ちを、行為の動機としてもつという責務や、思いやりに促されて行為するという責務を負っている、と言いたいわけではない。私の理論が要求することは、思いやりのない態度に基づいて行為してはならないということ、すなわち、他者に対する共感的な配慮の欠如が反映される仕方で行為してはならない、ということにとどまる。[25] これまで挙げてきた根拠を踏まえるならば、共感や思いやりが欠如している人でさえも、少なくともその程度のこと〔共感的な配慮の欠如が反映される仕方では行為しないこと〕はできる立場にいるだろうから、狭義で解された場合の「「べき」は「できる」を含意する」という考えに決して背いているわけではないのである。[26]

その含意が広義で解された場合も、シンガーらが推奨する原理に従って行為することが私たちの能力に見合わないと考えるに足る十分な根拠があるわけでないのと同様に、私たちが道徳的能力を発達させても、遠くで暮らすグループの人々に対して共感することができないと考えるに足る十分な根拠があるわけではないのである。それどころか実際は、前者の考えよりも後者の考えを支持する根拠のほうがいっそう乏しい。人間の共感には、特定の者に対する特別な配慮が様々な形で入り込む。それゆえ他者に対する成熟した共感的配慮を身につけている人は、「〔各人の福利を〕公平一律に扱うことで得られる総体としての善」という名の下にシンガーが要求するような行為の選択に抵抗を示すと考えるのが自然であろう。したがって、共感的な思いやりに根ざす倫理からすれば、シンガーが採用するような原理は、私たちに対して道徳的な拘束力をもたないと考えるべき論拠があることになる。というのも、それらの原理が要求することは、私が支持している理論において、他者に対する私たちの義務に最も深く関連するとされる〔共感を構成している〕人間の能力や力量を、超えている事柄〔公平一律という異なる方向へ進むこと〕だからである[27]。

さて、〔遠く離れた〕他者を援助する義務の拘束力が正確なところ実際どれほど強いのかは、これまでの論述では何ら示されていない。だが、その問題を扱わなかったのには理由——私が思うに、それなりの理由——がある。もしも私たちが〔個人として、社会として、また種《しゅ》として〕、見知らぬ人々に配慮する際の共感的能力を賦活化し育むためにできる最善の努力を、実際はいまだしていないのだとすると、共感的能力を養うことによって、最終的に私たちがどのような地点に到達する、また到達しうるのかは明らかではない。私が推察するに〔またこれまで、さしあたりそのように述べてきたように〕、成熟した共感能力を身につけたとしても、シンガー、ウンガー、ケーガンらが責務と見なしているほどまでには、私たち自身〔また家族・友人〕の福利を、遠く離れた他者のために犠牲にすることが求められるのでは決してないだろう。だがその一方で、他者に対する〔いっそう〕成熟した共感的配慮は、現在、私たちの多くがそうしている以上に、また〔自分自身に固有な生き方やプロジェクトを一途に追求する〕行為者個人の統合性に関するバーナード・ウィリアムズの有名な主張が含意する〔であろう〕以上に、大きな個人的な犠牲を求めることになるだろうと私は思っている[28]。

それゆえ、私たちには見知らぬ人々や、間接的にしか知らない人々に対しても、援助する道徳的責務がある。しかし現段階では、このような責務が正確にはどれほど強いものかに関しては曖昧なままにしておこう。とはいえ私たちには、所有しているもののほぼ全てを手放して、自分より貧しい人々に与える責務があるわけではない。また表面的にしか知らない人々に対する私たちの責務は、友人や家族、また実際に目の前にいる人々に対する責務ほど強くはない。私はこういったことを前提にしているし、これまでも前提にしてきた。それでも、自分の所有している多くのものを世界の貧しい人々に——友人や家族などを援助する責務も満たしながら——進んで与えるような人も稀にいる。こういった人については、どう考えればよいのだろう？　私たちはそのような人を道徳的称賛に値する人と思わないだろうか？

当然、私たちはそういった人を称賛に値すると考えるだろう。通常、人間には自己利益への関心や自己への配慮が働くので、多くの人は多額の寄付をするのを渋るし実際嫌がるだろう。またもし誰かが、遠く離れた場所で苦しんでいる人々に対して、共感的に気遣う気持ちを驚くほど強くもっていて、その人々を救済するために、自分が手にしている全ての贅沢や快適な生活さえも諦めるとしたら、私たちはそのような人物を、責務〔義務〕を超えた行為をした人、責務遂行の要求を超えた、この上なく称賛すべき行為をした人と直観的に見なすだろう。[29] だが、このように責務〔義務〕を超えた行為（supererogation）と実際に見なされる場合に関しても、道徳的要請や道徳的区別に関する議論でこれまで採用してきたのと同じ観点から、説明し正当化することができる。

第一に、責務を超えた行為と認められるほどに寄付しない場合であっても、その人は必ずしも道徳的に誤った行為をしたわけではないし、その行為において、健全なレベルにおいて「十分に発達している〔もしくは成熟している〕」と見なされるような人間的共感の欠如が露わになっているわけでもない。結局のところ、人間の能力は、ごく普通の意味で十分に発達しうるのだが、他方で、その能力がそういった発達レベルをはるかに超えて示される場合や、また通常の期待をことごとく凌駕したり、特別な才能や天与の才を示したりするような仕方で発揮される場合もありうるのだ。例えば、私は十分に上手く車を運転することができるが、しかし、プロの運転手やスタントドライバーは、私よりもいっそうその素質があって上手く運転してみせるだろう。私は、予定を立てたり計画を練ったりすることに関して、自分には健全な成熟した能力が備わっていると思っている。だが、私や通常のレベルにある大部分の人々よりも、はるかに素晴らしい計画や予定を立てる能力を発揮できる人もいる（私は、この箇所また他の箇所で、健全さ（normality）という言葉を統計上の概念として用いている）。そして、道徳の領域でも同様のことが成立しうる。

一定の人々においてしか共感が十分に発達しないとしても、その中には（極めてわずかであるが）期待を上回るような並外れた共感的な資質、また自己配慮を抑制・制限する資質を実際に示す人がいる。そして、そういう人は、他者への共感的な配慮が（単なる健全な意味で）十分に発展しているだけである人々が寄付するだろう、いかなる金額よりも、多額の寄付をするかもしれない。(30) しかし本書の見解からすれば、その場合は、道徳的義務を履行するのに必要とされるよりも多くの額を寄付していることになるだろう。それゆえ、他者に対する共感的配慮を際立って顕著に示す人——成熟した共感能力をもつ大部分の人々が示す共感を上回る形で共感を実際に示す人——は責務を超えた行為をしたことになる。そして、まさに成熟した共感を規準として重視することによって、ケアの倫理は、「成熟した共感を上回るような共感を示す行為は、責務を超えた行為である」という主張を正当化することができるのである。

さらに言えば、目下のアプローチは以上のように道徳的責務を超えた行為を考慮に入れることができるがゆえに、倫理に対する他のアプローチよりも明白な利点がある。カント主義・功利主義・古代および現代のアリストテレス主義的倫理学はいずれも、責務を超えた行為をどう位置づけるかに関して不都合な点があり、義務〔ないし責務〕の要求を超えて行為するという可能性を除外するような前提を通常とってきた。それゆえ、これらの見解は、これまで論じてきた共感に基づくケアの倫理ほど、私たちの道徳的直観を正しく捉えていないことになる。

しかしながら現段階でも、共感を道徳的規準として用いることに対する、強力な反論を考慮しておく必要がある。これまで私たちは、共感に見られる相違が、直観的に明らかな数多くの道徳上の相違とどう相関するのかを見てきた。しかし、共感において（もしくは共感に関して）自然になされるあらゆる区別が、直観的に明らかな道徳的拘束力に関する区別に対応しているのか、という点については、当然、疑問が生じうる。そしておそらく、その最大の懸念は、自分とは異なった（または敵対している）人種・宗教・性別（ジェンダー）の人々に対して抱く共感が、自分と同じ人種・宗教・性別（ジェンダー）の人々に対して抱く共感とは、異なったものになりうるという点に関わっている。例えば、私たちが自分とは異なる人種よりも同じ人種に対して、いっそう共感する傾向性や必然性をもつとしても、そのことによって、自分と同じ人種により好意的な態度をとることが理に適ったこと、許されることに果たしてなるのだろうか？　これこそが、道徳性と私たちの「自然な偏向」とが対立しているような事例ではないだろうか。また、それゆえに、道徳の基礎を感情（共感）に置くことに対する反論が生じるのではないだろうか？

なるほどこれは価値ある問いかけである。自分が属する人種の人々に対して――性別・宗教に関してはもう少し後で論じる――実際に、いっそう共感するような根強い生来的傾向性が存在するのかどうかを検討すれば、上記の問いに答えるのが容易になるだろう。ホフマンは、そのような偏向があることを支持する「証拠は驚くほど少ない」と述べている。ただし彼は、そうした傾向性の存在を示す証拠が、少なくとも一つ、子どもに関する研究においてはあると指摘している(31)。だがローレンス・ブルムや他の論者が行ってきた議論によれば、皮膚の色（ついでに言えば、毛髪の色）が異なる人々に対する子どもたちの共感がそれほど強くないのは、いかなる生まれつきの気質ゆえでもなく、むしろ、親や社会が、皮膚の色の違いがもつ価値や、特定の皮膚の色をもつ人々から距離を置く必要性に関して、子どもたちに教えている事柄ゆえだと考えられうる(32)。

さらには、たとえ仮に幼い子どもに、そうした傾向が生まれつき見られたとしても、その生来的傾向性は、子どもの認識能力の成熟に伴い、時間とともに薄れていくだろう（社会的偏見や社会的憎悪が見られなくなるだろう）。この点は以下の成り行きと類似している。すなわち、発達初期の段階において、たいてい共感が向けられるのは、相手にたまたま生起した感情に対してであるけれども、人々の安寧に影響する諸要因に関して豊かな知識を獲得することで、そうした初期の共感的傾向性は、現時点で他者に生起している感情に限定されないような、他者の状況的側面を広く考慮する共感的傾向性に、道を譲ることになる。（例えば発達初期の子どもの場合は、ある人が何らかの活動を明らかに楽しんでいるなら、その人が喜んでいる姿を見て、自分も喜びを感じるだろう。ところが、以前に触れた例のように、この人ががんの末期であることを知っている大人の場合は、本人がじきに被ることになるだろう害悪〔死〕を知っているので、そのような一時的な喜びに、それほど陽性の感情を示さず、むしろ陰性の〔悲観的な〕感情を示すような共感的な反応をきっとするはずだ。）以上の議論を踏まえると、私の考えでは、現時点で以下のような見解を支持する根拠は乏しい。すなわち、「自分と同じ人種・同じ皮膚の色をもつ人々に対して、いっそう多くの共感が向けられるのは、生来的かつ長期にわたる傾向性によるもので、そこに〔後天的な〕社会の価値観や家族の価値観は関与しないのだ」という見解を、支持する根拠は乏しいのだ。だから、道徳哲学が共感を基盤としても、不当な差別を正当化するような憂慮すべき危険性をもつことにはならないと思う。[33]

そして、私は性別またはジェンダーによるバイアスの問題についても、同様のことを述べようと思う。ホフマンは、幼い子どもは同性の子どもに、より共感する傾向があることを示す研究に言及している。しかし同時に、（若い）男性は、〔同性である男性よりも〕女性が苦しんでいる場合に、より共感的に、または少なくとも相手の助けとなるように応じる傾向があると述べている。[34] さらに付け加えれば、男性ではなく女性が重大な犯罪で裁判にかけられている場合に、被告側の弁護士は、女性の陪審員に反対する傾向があることはよく知られている。社会的偏見やステレオタイプが原因となって、（一定の）成熟した成人が、異性の苦痛や危険により同情的になるのかどうかは、現時点では定かではないだろう。また現時点では、自分と同じ性別・ジェンダーにいっそう強く（あるいは弱く）共感する確固とした永続的な傾向性が生来的にあるのかどうか、それについてもよく分かっていない。それゆえ現状では、共感に基づく倫理の是非は、将来の生物学的研究や心理学的研究の結果に大いに左右されることになる。しかしだからといって、道徳（に関する一定の見方）を理解し、正当化する手法として、共感に基づく倫理が有望なものであるということが否定されるわけではない。（いささか異なるが、他に極めて重要な問題として、全体として女性は男性よりも共感的なのかという問題がある。これについては、後で取り上げたい。）

しかし他方で、宗教の問題は、最終的には、性別・ジェンダーや人種をめぐる問題とはいささか異なっているように思われる。宗教に関しては、性別／ジェンダーや人種に関してよりも、選択の余地がある。そして、共通の歴史をもつ宗教グループにおいては、友愛に近い間柄が生み出され体現されうるが、それは同じ人種、または性別／ジェンダーによってもたらされる以上のものである。共通の目的・利害をもつ同胞は「市民としての友愛」をもつが、この事実はしばしば道徳的責務の軽重に関連すると思われている。他国の人々よりも、同国人を援助することに対して、私たちはいっそう重い責務を負っている、という主張がときになされる。そして共感に基づく倫理はきっと次のように主張できる。「共有される歴史と伝統があるため、他国にいる人たちや他国から来た人たちよりも、同国人に共感するほうが容易だろう」と。（この問題については第六章で、より詳しく論じる。）もちろん、こうした選好はしばしば好戦的愛国主義や（本来の意味での）狂信的愛国主義に堕する。しかし、〔成熟した〕共感に基づく倫理は、こういった堕落を、道徳的に受け入れるはずがない。同様のことが宗教についても言える。

宗教は、かなりの頻度で、人々を分断し、好戦的愛国主義（この話題は第四章でも再び触れることになる）に似た状況、あるいはそれよりも悪質な状況をもたらす。だが、一つの宗教を共有する人々は、一般的に、相互の共感を強化する仕方で歴史や伝統を共有している。そうであれば、私たちは「信条に基づく友愛」について語ることも可能である。おそらく、そうした友愛は、市民的連帯によってもたらされる道徳的区別にも劣らないような、妥当性を備えた道徳的区別の基礎になり、また、それを支持することになるだろう。さらには、世界史上で実際に起こった出来事を踏まえても、特定の人種や特定のジェンダー／性別または宗教グループに属する人々は、それぞれが、共通する苦難や迫害から生まれた連帯を経験するだろう。理解しやすい例を一つ挙げれば、黒人（もしくは少なくともアフリカ系アメリカ人）は、共通して受けた差別と過酷な経験から、お互い共感し合うことが容易にできる点に気づいている。そして（後続する章で明らかになるように）共感に基づく倫理の考えによれば、黒人あるいは他の人々が負う道徳上の責務がどのようなものであるかは、（生来的な傾向性ではない）こういった歴史上の事実にも関係するのである。(35)

個人の行為の道徳性に関する考えは、通常、二つの主なカテゴリーに大別される。すなわち、与益ないし他者への援助に関する道徳的問題と義務論に関する道徳的問題の二つである。本章では、他者を援助する責務について、いくらか詳しく議論した。その際、その議論は共感に訴える感情主義的なケア倫理の枠組みに依拠していた。しかしながら、義務論は、他者（もしくは自身）をどこまで援助することが許容されうるのかに関して、道徳的な制限や制約を含んだり、課したりする。だとすると、あたかも義務論の立場は、これまで私が論じてきた、動機づけとして働く〔共感に基づく〕思いやりや共感の心理学的メカニズムと相反するもののように――明らかに――思われる。そうならば、感情主義的なケア倫理の立場から、義務論的な要件を正当に扱うのは極めて困難な試みとなるように思われるが、私は次章で、この困難な仕事に取りかかることにしたい。

第三章　義務論

1　共感と加害

私たちは、これまで共感に基づくケアの倫理が、他者への援助という問題をどう扱うのかを見てきたので、今や、その立場が、義務論にどう対処できるのかを考察すべきだろう。以降の議論では、義務論とはどういうものかを読者が知っていることを想定しているが、義務論的制約という考え方が一般に次のように見なされている点にはいくらか注意を促したい。すなわち、特定の積極的な行為や犯行——例えば、殺人・傷害・盗み・虚言・違約等——は、〔行為がもたらす帰結の善し悪しとは独立に〕それ自体において（少なくとも、さらなる反する証拠がない限り暫定的には）不正であるという想定を含むという点である。[1] 義務論で前提にされている不正性（wrongness）（議論の現段階で、この点に注目することが重要である）についての一つの捉え方は、ある害悪をもたらす積極的な行為〔その害悪を意図・意志していたという意味で積極的な行為〕のほうが、同じ結果をもたらす消極的な行為〔その害悪を意図・意志していたわけではないという意味で消極的な行為〕や不作為よりも、道徳的に悪いと考えるものである。例えば、無辜《むこ》の人を殺害することは、その無辜の人が死んでいくという状況をそのまま成り行き任せにすること以上に悪質であることになる。一方、行為帰結主義および行為功利主義は、害悪に関するこの〔積極的な行為と消極的な行為との〕区別を否定しているので、少なくともその土台となる基礎において、〔行為者の意図・意志や動機づけを重視する〕義務論の全体を拒否することになる。その際、功利主義は、いかなる道徳も、他者〔または感覚器官をもつ生物〕への援助に関する考慮事項を含んでいると見なす。さらに功利主義の見解によれば、この援助は、あらゆる個人間において〔個々人の利益を等しく考慮する点で〕公平でなければならないので、功利主義は道徳の全体を与益の問題として扱っていると考えるのが自然であろう。

しかしながら、これまで、私たちは〔空間的／時間的／知覚的な直近性等の相違によってもたらされる〕共感における相違を参照することで、直観的に妥当であるような「反一律主義的な道徳」(partialistic morality)の大枠がどのように理解され正当化されうるのかを見てきた。ところで、私には、「与益」という言葉は、身近で大切な人への行為を表現するのに適切だとは思えない。私たちがこれまで論じてきたのは、共感に基づくケアの道徳的特性についてである。そこでケアということが含んでいるのは、親しい人に対して抱く〔とされる〕態度・動機のみではない。ケアは、遠く離れた見知らぬ他者に対して向けられる、確固たる人道主義的配慮——たとえ親しい人への配慮ほどではなくても——をも含んでいるのである。(このような語の用い方は「ケアする」の通常の用法を歪曲するものではない。)それゆえ、私たちは、〔各人が等しく配慮される〕功利主義・帰結主義的な公平一律主義(impartialism)に反対する議論を展開してきた。今や私たちが取り組むべき問題は、功利主義がもつ別の側面、すなわち「功利主義による義務論の拒否」というものを拒むべきか否かということである。私の考えでは、私たちは功利主義による義務論の拒否という方向性を拒むべきであり、そうすることは、以下の二つの点で十分に理に適っている。

第一に、義務論は非常に尤もらしく、またとても説得力がある。よく知られているが非常に仮想的な例を用いるならば、五人の事故の犠牲者を救うために、一人の罪のない人をこっそり殺害して臓器を摘出し利用する、という外科医の行為は、やはり道徳的に間違っているように思われる。カント主義者が、行為功利主義に激しく反発する一つの理由は、行為功利主義が、私たちの最深部に根ざしている義務論的な直観を、実のところ否定するからである。そこで当然ながら、カント主義者の側は、定言命法をある形かまた別の形で解釈することによって、義務論の正当化を試みることになる。もし私たちが義務論を放棄するなら、ケアの倫理がもつ直観的な尤もらしさは、道徳の理論的な観点から見て、大いに損なわれてしまうことになるだろう。

　第二に、行為帰結主義が義務論を強く否定できるほどには、ケアの倫理は義務論を実際のところ強く否定できるわけではない。行為功利主義を含む意味での行為帰結主義によれば、殺人・窃盗等をしてはならないという義務論的制約に背くことは、公平一律主義者の観点から見て、それが最善とされる場合に限って容認される。そして、「こうした要件によって義務論的制約に背く論拠がいくらか与えられる」という見解は、尤もらしく思える。ところで、反一律主義的な倫理では、他の人よりも、自分にとって身近で大切な人を優先することは許容され、それが善いとされている。例えば、溺れている人を救おうとする場合、赤の他人よりも、配偶者のほうを優先するように。しかしこの事例において、もし義務論的制約を否定してしまえば、〔歯止めが効かなくなり〕いかにして、ケアの倫理のような反一律主義的倫理によって、「自身の配偶者を救うために見知らぬ人の殺害が許容されまた強制されさえする」といった〔極端な〕事態を回避できるのか、その点が理解しがたくなってしまう。そのような極端な事態に陥るとなれば、ケアの倫理の考えは、公平性を考慮してそうするのが最善であろうときには一人を殺してもよいとする〔公平一律主義の〕考えよりも、はるかに疑わしく説得力を欠いたものになるように思われる。それゆえ帰結主義が義務論に対してもつ関係とは異なり、ケアの倫理が義務論を堅持するのは極めて妥当だと私は考える。では、どのような仕方でケアの倫理は義務論を堅持すべきなのだろうか？(1)

　ケア倫理学者は、義務論を正当化することに関して、これまであまり取り組んでこなかったし、義務論を共感に基づくものにするという試みはなされてこなかったように思う。(2) だが、それこそが私が本書で試みようと思っていることである。私たちはこれまで、共感が、相手の助けとなるような様々な応答をもたらすのに貢献しているのを見てきた。しかし今や私たちは、共感が特定の状況においては、特定の仕方で援助を拒むこと——あるいは援助を渋ること——にも寄与するという点を見てみたい。もし援助行為がこれまで述べてきたような仕方で情緒的な感受性を含むならば、義務論の根底にある、援助を拒むという行為は、いくらか異なる種類の（以下で述べるような）情緒的感受性を含むことになる。そして、道徳全体をケアの倫理によって説明しようとする目下の試みにおいて決定的に重要なのは、私たちの理性的または知性的本性よりも情緒的本性に由来するものとして、義務論を理解することができるという点である。この試みによって、当初は尤もらしく思えた前提、すなわち、「私たちの本性である情緒的なありようが、その外部にある何らかの働き〔理性的または知性的働き〕によって制約されることによってしか、義務論的制約は成立しえない」という〔理性主義的〕前提が、誤りであると判明するだろう。いかにしてそう判明するのかを見ていこう。

前章では、世界と交流する行為者の特定のありようや態度を通して共感が作用することを示してきた。行為者は自らが直接に知覚した対象に対して、いっそう共感的であり、また共感に基づいて配慮する。そして、まさに意思決定や選択の際にも、今まさに起こっているとされる事態に対して、より敏感な共感的反応を示す。こうした共感上の相違は、私たちが危機的状況をどれほど空間的な隔たりなく知覚するかや、今まさに起こっている危機的状況に対して、どれほど時間的な隔たりなく関心を示すかに対応している。しかし世界と交流する際、私たちの共感が敏感に反応する要因や事実は、他にもあり、そこにおいては、上記では触れなかった形態の直近性〔すなわち因果的直近性〕が成立している。

私たちは誰かの死を因果的に引き起こした場合、すなわち誰かを殺害した場合は、単に事態を成り行き任せにして誰かが死ぬ場合よりも、因果的に見てその死にいっそう強く関与している。そして、この相違に対して、私たちの共感は敏感であり、その敏感さゆえに、義務論における（義務論に関する）いくつかの中心的な論点を解明できる。これまで論じてきた共感の役割を踏まえるならば、他者の苦痛に関して私たちに課される責務の強さは、その苦痛を知覚しているかどうか、もしくはその苦痛が今まさに生起しているかどうかに応じて変化する。しかし、私たちの共感が、様々な形態の苦痛・害悪にどれほど強く因果的に関係しているかに敏感であるのだとすれば、共感に基づくケア倫理の立場から、「誰かを殺害した場合のほうが、誰かが死んでいくという事態を成り行き任せにした場合よりも、道徳的に悪い」と主張できることになる。そしてその際、通常の義務論が含む議論の大部分は、感情主義の観点から説明できることになる。まさに示唆したような仕方で、私たちの共感が、「為すこと（doing）」と「成り行き任せにする［そのまま容認する］こと（allowing）」との区別に敏感に反応すると見なすのは直観的に尤もだと思う。

私たちの共感は、苦痛が直接知覚される場合や現在において生起している（と考えうる）場合に、より敏感な反応を示すが、もしそうだとすれば、［直近性という］同様の事情によって、私たちの共感は、苦痛（もしくは死にゆく事態）を成り行き任せにすることに対してよりも、苦痛（もしくは死）を引き起こすことに対して、いっそう敏感に反応するように思われる。他者に対して苦痛を因果的に引き起こす行為や加える行為に対しては、私たちは感情的にたじろぐが、その動揺の仕方や程度は、他者の苦痛を（単に）成り行き任せにした場合とは異なっている。したがって、私たちが他者の苦痛・害悪を（単に）成り行き任せにした場合よりも、それを引き起こした（引き起こしうる）場合のほうが、私たちは、いっそうその事態に対して因果的な直近性をもっている、そう私は主張したい。この因果的直近性は、知覚対象との知覚的直近性や、現在において生起している事象との時間的直近性に極めて相似ないし類似している。(3) このような場合、これまで論じてきた共感的な反応の重要性を踏まえると、「他の条件が等しい限り、殺害や加害は、死や被害を成り行き任せにすることよりも、道徳的に悪い」と結論するのは、一定の妥当性を有するだろう。(4) だとすれば、感情主義を採用するケア倫理によって、義務論の正当化を試みる私たちの取り組みは前進することになる。

今やよく知られているように、殺害することと、死んでいくという事態を成り行き任せにすることに対して、大部分の人がもつ直観は、絶対的に堅固なものではない。「五人を救うために一人を殺すのは悪いことだ」と私たちは思うだろうが、しかし二〇人、三〇人を救うためならどうかに関しては、私たちはそれほど強い確信をもっているわけではない。膨大な数の無辜の人々を救う唯一の方法が、誰か無辜の一人を殺害することであった場合、「その一人を殺害しないのは間違っている」と考える傾向性を私たちはいくらかもっている。共感の観点に基づき、殺害や加害に関する義務論的な考慮を説明することで、「殺害・加害を控える」という私たちの責務に相当する事柄を条件づけ制約している要因は何なのかが理解しやすくなる。この点が、共感の観点に訴える説明がもつ利点の一つなのである。例えば私たちが誰かを殺害した場合は、私たちはその作用因子として、その人が死んでいくという事態を成り行き任せにした場合よりも圧倒的に、その人の被る害悪に直接的に関与している。それゆえ殺害の場合は、死ぬという事態を成り行きに任せた場合に比べて、「回避されるべきものだ」という、共感に基づく否定的な反応が断然強い形で呼び起こされる。しかし、ときには、私たちの共感的な反応は対立する。例えば、二人を殺害するか、もしくは千人（もしくはもっと多数の人々）が死ぬという事態を成り行き任せにするのかを選択しなければならない場合、そういった共感上の対立が起こるはずだ。その場合、共感を通じて、私たちは殺害に強い嫌悪感をもつが、そうした嫌悪感は、「もし二人を殺害しないならば、大勢あるいは膨大な数の死者が出てしまう」という事態に対する共感的な反応によって、凌駕されるかもしれない。その結果、二人の殺害を選択することになるかもしれない。同様のことが、炭鉱内に閉じ込められた作業員の事例でも考えられる。将来、安全装置を取りつければ確実に一〇倍より多くの人数を救える可能性がある――そして、さらなる資金がない――としよう。そうした場合、今まさに救助を必要としているという時間的直近性に対する私たちの感受性は、安全装置を整備することで将来的に得られるだろう利益の膨大さを考慮した共感的な理解によって、打ち消されてしまうかもしれない。(5) その結果、私たちは（胸が締めつけられるような悲痛を感じながらも）現在、危険な状態にある炭鉱作業員が死ぬという事態を成り行き任せにしてしまうかもしれない。

こういった事例は、実際に生じる共感の強弱が、私たちによって妥当と見なされている道徳上の細かい（もしくはそれほど細かくない）区別に、どれほどよく相関しうるかを示している。また、これらの事例によって、義務論についてのケア倫理的な考え方、すなわち、「義務論というものは、感情と対立する意味での原理・原則・道徳的考慮を論じるものではなく、まさに感情の観点に基づくことで成立し、また理解されうる」という考え方が支持される。とはいえ、義務論に関して、これまで殺害・（身体的）加害についてのみ論じてきたものの、さらに論ずべきことが残っている。義務論は財産・約束の遵守・真実性（truthfulness）に関する問題をも考察の対象にしている。

2　所有・約束・真実性

まず、他人の所有物を盗むことの不正性が何に存するかを理解する際に、共感の観点からの考察がどう役に立つのかを議論することから始めようと思う。窃盗の多くは所有物管理に関する慣例・法律といった背景のもとで考えられているが、ここでの議論の目的を考えると、必ずしもそのことを前提とする必要はないだろう。（石器時代に）洞窟で暮らす人々が、他の集団が狩りで得た肉を盗んだとしよう。このような場合、「盗んだ」と語ることはばかげているように思われるかもしれないが、私はそうは思わない。以降では、私はこうした行動は、事実、盗みと見なされる、ということを前提にするつもりだ。

さて通常、誰かの所有物もしくは財産を盗むことで、私たちはその持ち主に害悪を与えることになる。つまり以前よりも、またそういった盗みが生じなかった場合よりも、持ち主がいっそう困窮した生活を送る、という事態を、私たちは因果的に直接引き起こすことになる。(6) そしてこの行為は、誰かが他人の財産や所有物を盗む、という状況をそのまま容認するのとは異なっている。したがって、害悪に関して、それを〔因果的に〕引き起こすことと、それを成り行き任せにすることの区別は、殺人を含む身体的苦痛による加害に当てはまるのと同様に、窃盗にも当てはまる。

そして、引き起こすことと成り行き任せにすること〔そのまま容認すること〕との相違を共感の観点から理解することによって、規準に基づいて、財産に関する作為と不作為の義務論的な区別をすることが可能になる。他者（の福利）に対する共感的配慮によって、私たちは、その人たちが所有物を失うのを目にしたくないという気持ちになる。それでも他者への共感的配慮に基づいて、いっそう強い嫌悪感を抱くことになるのは、そうした損失・害悪を引き起こす行為に対してであって、第三者の行為によって引き起こされた損失・被害や（それに抵抗できる立場にいるもの）成り行き上の損失・被害をそのまま容認することに対してではない。したがって、共感の観点によって、財産・所有物を盗むことと、そうした所有物が奪われる（もしくは盗まれる、破壊される）のを単に成り行き任せにすることとの道徳上の区別ができるようになる。私たちは後者の方は前者ほど悪質ではないと見なす。さて次に、約束することや約束を守るという行為について、私たちのアプローチによってどのような主張ができるかを考察しよう。

これまで多くの哲学者が、約束に関する道徳規範を、適切な慣習的規則や（十分に）公正な制度を引き合いに出すことで、理解しようとしてきた。それでも、他の哲学者――功利主義者のみならず――は、そうした対応には反対の立場をとってきた。ニール・マコーミックとT・M・スキャンロンはいずれも、約束に関する義務を、（極めて大まかに言えば）「ある期待をもたらしたならその期待を裏切らないようにする」という義務から派生するものと見なしている。さらに彼らは、実際にある行為を実行することを約束しなくても後者の義務〔ある期待をもたらした場合は、その期待を裏切らないという義務〕に違反することがありうると考えている。(7) マコーミックとスキャンロンの主張内容は、約束に関するケアの倫理的説明によって共感の観点から主張されるべき内容と極めて類似しているが、以下ではまず約束に関するスキャンロンの詳細な説明に注目する。

スキャンロンによれば、不正にあたるような仕方で約束を破ったり、偽りの約束を結んだりした場合、そこに含まれる不正性は、約束（もしくは約束を統制する慣習的規則）とは別の仕方でもたらされた期待を裏切る場合に含まれている不正性と何ら変わらない。したがって、もし約束履行を統制する慣習的規則や社会的慣行によって、特定の期待がいっそう生じやすくなり、さらにはそういった期待を裏切るという不正な行いがいっそう生じやすくなったとしても、それらの慣習的規則や社会的慣行は、そこに含まれる不正性を「説明するのに何ら本質的な役割を果たさないことになる」(8)。スキャンロン——またマコーミック——の議論の方向性は正しいと思う。だが、共感に基づくケアの倫理によって、こうした見方を独自の観点から理解することができるはずだ。期待を生み出したにもかかわらずその期待を裏切る、という事態がもつ道徳的な重大さを強調するという点において、私はスキャンロンとマコーミックに賛同する。しかし私の考えでは、その道徳的重大さは他の人々に対する(発達した)共感的配慮という観点から最も細部まで明らかにすることができる。偽りの約束を交わしたり、約束を破棄したりするのが不正である場合、それが不正であるという判断は、ある他者に期待を抱かせたにもかかわらずその期待を裏切るというあり方に対する嫌悪感が、その他者への共感を通して生じているということによって正当化される、そう私は主張したいのである。そして、その不正性を論証するのに、慣習的規則や背景となる公正な制度に訴える必要性は全くないのである。

さて、約束不履行の典型的な例から考察していこう。ある人がある相手に自分を援助するように頼み、そのような事態が生じるように仕向けたが、そうなったのは見返りとして、その依頼者が「私もあなたのことを援助する」と約束することによってであったとしよう。しかし、その相手〔受約者〕がその交換条件において依頼された援助を遂行したにもかかわらず、その依頼者は相手のことを援助しなかったとしよう〔2〕。これは極めて明白な不正行為のように見えるが、その不正性を、感情主義的なケア倫理の立場から説明できるだろうか? おそらく、約束を破った依頼者は、受約者には、「後で私はあなた(受約者)のために、あなたと同じように努力する」と信じ込ませ、自分のために受約者が労力を割くように仕向けたと考えられる。しかし、約束が守られなかったので、その受約者は、何ら得るものがないまま、その労力は無駄になり、負担だけを被ることになる。さらに、努力の成果は報われることなく、彼はある種の苦難に耐えることにさえなるかもしれない。それほど、約束依頼者は受約者の生活に悪影響を与えたことになる。つまり依頼者は、受約者の生活にかなりの損失をもたらす仕方で、受約者が行動するように仕向けた。議論を簡略化するために、私はさしあたりここでは、約束によって受約者が被ることになるかもしれない他の損失は無視することにしよう。

この事例における約束依頼者の状況を、その約束依頼者が見返りの約束を守る意志がないことを知っている、傍観者の状況と比較してみよう。さらに、この傍観者は、約束依頼者が受約者に約束したことを履行するよう仕向けることで、受約者を支援できるのに、そうしないと決めた（その傍観者は、支援のお返しに、自分もその受約者に援助してもらいたいとは思っていないので、そのような支援をしないと決めた）と想像してみよう。この場合、傍観者の側に非があるわけではないだろう。これまで殺人・加害・窃盗等をめぐる義務論的考慮を論じる際に活用してきた共感因子を参照することで、傍観者のそういった不実行と、約束依頼者が実際に為した不正な行為との相違は、理解可能になるだろう。たとえ傍観者は、「受約者が報われずに損失を抱える」という事態を成り行き任せにしたとしても、その事態をもたらしたのは、傍観者ではない。それゆえ、その受約者が被った損失に対して傍観者がもつ因果的な影響は、約束依頼者がもつ因果的影響よりもはるかに小さいものとなる。しかしこのように、傍観者のいかなる行為と比較しても、約束依頼者とその行為のほうが、より直接的な仕方で、受約者が被る害悪・損失に因果的に関係しているのであれば、「約束依頼者の行為は不正にあたるが、傍観者の行為はそうではない」という私たちの主張は根拠のあるものとなる。健全な仕方で共感できる者ならば、人間が被る損失・害悪に関して、事態を成り行き任せにする側に立つことよりも、その原因となる仕方で直接的に関与する側に立つことに対して、いっそう強い嫌悪感をもつだろう。そしてこの相違は、先に議論した相違、すなわち殺すことと、死ぬという事態を成り行き任せにすることとの相違と同種のものである。例を少し変更しよう。例えば約束依頼者が、彼自身の約束を守るのか、他の者が誰かのために約束したが反故《ほご》にしたことを（代わりに）実行するのか、そのいずれかを選択しなければならないとしよう。その場合も、上記の場合と同様の理由で、もし彼が彼自身の約束を守らないなら、彼は不正な行為をしたことになる。この点もまた、通常の人間的共感が、人間が被る損失・害悪・傷害により因果的に関与する行為に、より強い嫌悪感を示すという事実を考慮すれば、十分に理解できる。

しかし、これらの事例は、身体的な危害を加えるのか、それとも身体的危害の生起を成り行き任せにするのかに関する選択や、また相手を殺害するか、それとも相手が死んでいくのを成り行き任せにするのかに関する選択がなされる場合と比べると、二つの重要な点で異なっている。第一に、ある人が、相手との約束を信じていたために損害を被った場合、その事例に関して、「受約者が被った損害の原因は〔もっぱら〕約束依頼者にある」と記述するのは不自然なところがあるかもしれない。というのも少なくとも、「受約者が約束依頼者の言葉を信用した〔もっぱらの〕原因は、約束依頼者にある」と記述するのは不自然なところがあるだろうからである。出来事に対する、ある人〔約束依頼者〕の因果的な影響力が、他の人〔受約者〕の決断〔意思決定〕を媒介にして作用している場合、「その出来事の原因は前者〔約束依頼者〕にある」と言うのは不自然であり、それゆえ「約束依頼者は受約者が彼の言葉を信用するように働きかけたもしくは仕向けた（induce）」と言ったほうが、「約束依頼者がその原因になった」と言うよりも自然なのである。しかし、たとえ「受約者が被った損害の原因は、約束依頼者にある」とは言えない、あるいは言うべきではないとしても、「働きかけた」「仕向けた」といった表現はいずれも、受約者に生起した事態を単に成り行き任せにする場合以上に、強力な因果関係があったことを示唆している。

因果関係に関する二つ目の論点は、損害・被害に関して、約束依頼者がもたらす影響は二つの時間的な段階を経て生じるという事実に由来する。まず、彼〔約束依頼者〕は、受約者に自分の言葉を信用させ、受約者が自分を助けてくれるように仕向ける。そして受約者から援助を受けた後、彼はその厚意に報いることを拒む。その場合、「当該のケースと、単に損害を成り行き任せにするケースとの因果的相違がどの時点で実際生じたのか」と疑問に思うかもしれない。また最初の段階で、約束は偽りではなかったと仮定すれば、「約束依頼者が約束を守らないと決断するまでに、受約者による援助はまだなされていなかったのではないか」といった疑問が浮かぶであろう。要するに、受約者の厚意に報いるかどうか決断すべき時点よりも前に、彼〔約束依頼者〕は、受約者が自分を援助するように仕向けている。それゆえ、彼は受約者の期待を裏切るためにさらに何か別のことをする必要があるわけではない。そうだとするなら、約束依頼者が、受約者から援助を受けたにもかかわらず、そのお返しに受約者を援助しなかったということは、まさに上記のように単なる不実行や不作為〔すなわち、当該の状況を因果的に引き起こす積極的行為ではなく、事態を成り行き任せにする消極的行為〕として考えられるかもしれない。その不実行は、その約束によって生じた損失に対して直接的な強い因果的影響をもつわけではないのである。だとすればなぜ、その事態は、単に他の誰かによる約束の不履行をそのまま容認することよりも、道徳的な観点から悪いと見なされなければならないのだろうか？

だが、約束を破るということが成立するためには、まずはじめに、その人は約束をしなければならない。そしてその約束が破られるためには、その推定上、二つの異なった出来事が時間を隔てて起きなければならない。その二つの出来事が結びつくことで、受約者に生じる損害に対する因果的影響力は、約束が守られない事態を単に成り行き任せにする場合よりも、さらに強いものになるだろう。(9) 約束違反が、相手への共感という観点から見れば、避けたいと思うような一定の因果関係を含んでおり、その因果的影響は、単一の時点に限定されず、むしろ持続的であるとしよう。その場合、約束をして破るという一連の時間幅を有する行為を遂行することは、義務論の観点から見ても、やはり道徳的に間違っているだろう。このことは、いくつかのことを含意している。

まず、相手に対して思いやりのある人や共感的な人ならば、自分が守れないと思う約束をするのを嫌がるということを含意している。さらに、〔何とかすれば守ることができるにもかかわらず〕〔そもそも〕守るつもりがない約束をするのを嫌がるということも含意している。ある人が、自分は約束を守ることができないと知っていながら約束したなら、偽りの約束をしたことになる。また、ある人が誠意をもって約束をして、その約束を相手が信用するように仕向けたが、その約束が果たされず、相手の期待を裏切ってしまう場合と同様の仕方で、〔害悪をもたらす〕一連のプロセスが始まることにもなる。相手への共感が働く場合、私たちはそのような悪い状況に因果的に貢献するのを避けたいと思う。それゆえ、相手への共感に基づき、そうした約束はしないように動機づけられるだろう。このようにして、偽りの約束をすることの不正性は〈成熟した共感に基づく〉ケアの倫理の観点から理解しうるのである。

偽りの約束――すなわち、本当はその気がないのに、「後でお返しに自分も相手を援助する」という期待を相手に抱かせることによって、その相手に援助を依頼するような約束――をなぜすべきではないのか。また〈誠意からであっても〉そのような約束をしておきながら破るような一連の行為全体がなぜ道徳的に間違っているのか。これまで、以上の問いを共感や因果性の観点から説明してきた。しかし、相手が援助してくれた後でその相手にお返しの援助をしないことの不正性――つまり後になって約束を破ることの不正性――が、いまだきちんと説明されていない。また、こういった約束不履行は、害悪や損失の生起を単に成り行き任せにすることと、因果関係のうえでは同様に見える。それゆえに、〈両者の間にある〉因果的な相違に対する共感的感受性に訴えて、約束不履行の不正性について説明しようとする感情主義的なアプローチは、今や全く役に立たない、という印象を受けるかもしれない。しかし私が思うに、そのような印象は誤解を招くものだ。

私がある人Xに毒薬を投与するが、同時にその毒薬の解毒剤も利用できる状況を考えよう。また、別の人が同じ毒薬を他の人Yに投与したと想定しよう。私が解毒剤をYに投与しそこねるという事態よりも、私がXに解毒剤を投与しないという事態のほうが、道徳的により悪いであろう。この相違は本質的に義務論的なものである。つまり、もし私が解毒剤をXに投与しそこねたなら、私がXを殺したということになるだろう。一方で私が仮にYに解毒剤を投与しそこねたとしても、私はYを殺したことにはならない。なぜなら最初にYに毒薬を投与したのは私ではないのだから。しかし、このように両者を区別しても、私がXに解毒剤を投与しないことさえ、〈Xの殺害の因果的に強く結びつく積極的行為ではなく〉単なる不作為にすぎないと見なされるかもしれない。ではこの場合、実際に、義務論的考慮はどう働くのだろうか？

この問いに答えるとすれば、「ある特定の文脈においては、他の文脈では不作為のように見えることであっても、実際には犯罪の実行に相当することになり、少なくとも単なる不作為とは言えない」というものになるだろう。既に

XとY両者に毒物が投与された後に、私がXに解毒剤を投与しなかったとしても、「私は（それによって）彼を意図的に殺そうとしている」という言い方は、おそらく正確な表現ではないだろう。しかし、私がその解毒剤を投与しないなら、「私は彼を殺すことになっていただろう」という言い方はできる。そして既に前提したように、もしある行為を実行すれば、誰かに意図的に害を加えることになることを行為者本人が知っている場合、行為者は、〔相手に対する共感が働くことで〕そのような加害行為をためらうのではないか。同様に、ある行為を実行すれば、誰かに害を加えることになるだろうと行為者本人が知っている場合、行為者は、相手への共感が働くことで、その加害を嫌がることになるはずだ。たとえ、解毒剤を与えないことは不作為であるとしても、それはまだ完結していない一連の行為の本質的な部分でもあるし、またそういった行為全体に対する共感的感受性が働き、その完遂（もしくは完了）を回避できる時点において、その実行を嫌がる気持ちが生じるという事態は、十分理解できるだろう。

それだからこそ、自分がXに解毒剤を与えないと、Xに対する害悪すなわちXの死を因果的に引き起こすことになるだろうという事態に、行為者は〔Xへの共感に基づいて〕敏感に反応するのであろう。そしてその行為者は、Xに解毒剤を与えないという不実行・不作為に対して――Yに解毒剤を与えないという不実行・不作為と比べて――〔Xへの共感に基づいて〕より強い嫌悪感を抱くことになるだろう。このような仕方で、解毒剤投与の動機となる〔共感に基づく〕嫌悪感の強さの相違が、XとY両者に毒薬が与えられて以降に生ずる、XとYに対する義務論上の基本的相違の根底にあると考えることができる。そして、Xに解毒剤の投与を怠ったということは、単なる純然たる不作為というより、それ以上のものだと考えることができるようになるだろう。

以上の分析は全体として、変更すべきところを変更すれば、約束破棄の事例にも適用できる。約束を破ることは、誰かを殺したり、傷つけたりすることで生じる事態に比べれば、害悪や損失をもたらす原因としてそれほど直接的もしくは強力に作用するわけではない。だがそれでも、その因果関係は、「ある人が、他の人の約束不履行をそのまま容認することで、受約者に損失が生じることになる」という事態における因果的関係と比べると、はるかに強力である。そして、毒物の事例と同様、「自らの不作為によって、他者が害悪を被るという状況をそのまま容認することになる」という事態に対してよりも、「自らの不作為によって、他者が害悪を被るという事態が生じるように仕向けることになる」という事態に対して、彼が〔害悪を被る他者への共感に基づいて〕いっそう敏感に反応するのは尤もだろう。だとすると、上述の状況下では、彼は、「他の人の約束の不履行をそのまま容認する」という事態に対してよりも、「自分自身が〔相手がしてくれたことに対する返礼として、相手に対する援助を約束したにもかかわらず、援助を怠ることによって〕約束を破る」という事態に対して、〔相手への共感に基づいて〕いっそう強い嫌悪感を示すことになる。したがって、ここでの責務に関する義務論上の相違は、もっぱら感情主義的なケア倫理の立場から説明できるだろう。（私たちは目下の事例において、援助を怠ったことを表現する際に、ある行為の存在を示唆するような肯定的表現、すなわち「約束を破る」という表現を用いたが、そのことは、まさに当の不実行が単なる行為の欠如の問題ではなく、それ以上のものであることを示唆しているかもしれない。）

私たちはこれまで約束が問題になる単純な事例を集中的に論じてきた。つまり、議論の主題となった事例においては、ある人が、後で援助を受けられるという約束を信じて、指定されたことを先に行ったが、その約束を果たしてもらえずに、結果的に、損失を被ったのであった。だが（マコーミックやスキャンロンも指摘するように）、最初に行動することで被る負担を仮定しなくても、約束を信頼したことで、損失を被る羽目になることもありうる。相手の約束を信頼した人は、他の仕方で援助を受けることができるよう手はずを整えることを控えるかもしれない。例えば、その人は、自分がした援助のお返しに、自分のことを援助してくれる別の人を探したり、自らが望む援助を手に入れるために、別の方法を探したりはしないかもしれない。そういった場合、もし約束依頼者が約束を果たさなかったなら、受約者は時間と機会を浪費したり、失ったりしたことになる。そして、最初の事例において援助が得られなかった場合と同様の仕方で、その約束が守られ*ない*ことが原因になって、労力とエネルギーを費やすことによる損失がもたらされている。実際に、以前の例でも機会の損失が生じていた。しかし、いずれにせよ明確に主張すべきことは、受約者が先に行動しなかった場合であっても、もしも約束依頼者が偽りの約束をしたり、約束を破ったりしたなら、受約者は損失を被るということ、そしてそれゆえに、損失・害悪をもたらすような類《たぐい》の強い因果関係に対して〔相手のことを考え〕共感的に反応する人ならば、偽りの約束をしないように、また約束を破らないように動機づけられるだろう、ということである。したがって、私たちが提示した、約束破棄や偽りの約束に関する（義務の文脈における）不正性についての説明は、以下の状況にも拡張できることになる。すなわち、ある人は、相手が自分のためにしてくれることに対する返礼として、相手のために何がしかのことを約束するが、その後、その人は、相手の行為と自分の返礼行為が両方とも行われないうちに、その約束を破棄するといった状況である。

とはいうものの、一方的な約束――弁護士が「熟慮を経ずに結ばれた約束」と呼ぶような約束――も機会の損失を含みうる。もしも私が思春期の息子に劇場に連れて行くと約束したなら、彼はその時間帯に他の計画を入れられなくなる。そこで私が直前に気が変わって、彼を劇場に連れて行かないと決めたとしよう。その場合、私は、例えば妻とは異なり、そのような息子の機会喪失をもたらしたことに対して、因果的な責任があるだろう。だが、こうした脈略では、約束を破る（もしくは偽りの約束をする）ことには、別の問題も絡んでくる。（話を簡潔にするために次のように想定しよう。）そもそも息子は劇場に行けることを期待しておらず、劇場に行くことを特別な楽しみとは考えていなかったとしたら、私が彼と上記のことを約束しなかったとしても、彼は別に「残念だ」とは思わないかもしれない。しかしながら、そうではなく、実際私は息子に約束した後になってその約束を破った。その場合、彼が、私に対してがっかりするのとは別に、そういった事態に対して、とてもがっかりするだろう。私の約束を信頼して、彼はその夜、劇場で過ごすと信じ切って期待していただろうに、実際には劇場に行けなくなったことを知れば、彼はとてもがっかりするだろう。（もし彼が無理して現状に満足するような態度を見せたとしても、それは実のところ、彼の失望の深さや激しさの表れかもしれない。）

未来に生じる素晴らしいことに対する心躍る期待と確信は、ある意味で財産と言えるし、また逆に、約束の破棄によって、その期待と確信が奪われることは財産を失うようなものである。それとは対照的に、約束をしなかったということは単に（精神的な）財産を最初からもっていないということにすぎない。そして、夜に劇場に連れて行ってもらうという約束をとりつけたのに、その約束を破られた思春期の息子の一連の経験は、彼がそうした約束をとりつけなかった場合以上に、苦痛かもしれない。そのように想定するのは尤もだろう。約束をとりつけた場合は劇場に行けたときのことを思い浮かべ、彼はしばし嬉しい気持ちにきっとなるだろう。だが一方で、そういった嬉しい気持ちが持続していて強いほど、その確信に満ちた期待が覆《くつがえ》された場合は、いっそう長くかつ深く苦しむことになるだろう。これは人間の経験に関するよく知られた事実であり、劇場に息子を連れて行く約束を破ったことの不正性を、相手に対する共感との関連で説明する私たちの立場に、さらなる説得力を与えてくれる。[10] ある人〔父親〕が息子との約束を破ったとしたら、息子が抱いた期待や機会を挫くことになる。これは、そうした約束を息子としていない妻の場合とは異なっている。のみならず、その人は、苦痛を伴う失望を生み出すような強い期待を息子が抱くような状況をもたらしたことにもなる。それゆえ、彼は、妻とは異なり、息子の人生経験の質を悪くする原因となるような影響力を行使したことになる、と言えよう（仮に彼の妻が最終的には息子を劇場に連れて行ったとしても）。[11] 息子を共感的な仕方で思いやる父親であれば、これら二つの理由に基づき、息子を劇場に連れて行くことについて偽りの約束をしないようにするか、またはその約束を破らないようにするだろう。したがって、偽りの約束や約束の破棄がはらむ害悪は、いずれも、私たちがこれまで議論してきた諸因子と関連している。同様の複雑さは以前に議論してきたケースの中にも見いだしうるだろう。

私は、相手が（まず）私を進んで援助するという条件のもと、その人に対して援助を約束したとしよう。そのとき、相手は実際、援助を受けることを嬉しい気持ちで期待するだろう。しかし、援助を受けるということは、まさに、劇場に行く類のこととは異なっているし、また、援助すること、援助を受けることの実際的な側面ばかりに注意を向けてしまうかもしれない。そのため、援助するという約束が守られなかった場合は、受約者は希望が打ち砕かれ、ひどく落ち込むことになるにもかかわらず、そういった受約者が被る苦悩は、〔抽象的な哲学的議論においては〕簡単に無視されてしまう。そして、〔そこで彼が体験している感情的な浮き沈みよりも〕約束が破られることで彼が実際に失った機会、また先に行為することで彼の側が被った損失やそこで償われなかった損失を主だって考慮するように促されてしまう。

ここで期待や信頼が裏切られるということが含んでいる内容は、実のところ、通常考えられている以上に豊かなものであり、多様な側面をはらんでいるだろう。ある人が期待を裏切った場合は、その人によって行われるであろうと相手が期待し信用していた然るべきことや有益なことは、相手に対して行われないことになる。しかし、それだけでなく、その人は相手のことを裏切るのである。そしてそういった裏切り行為自体が道徳的に悪いことである。ある人が、相手が望んでいることや価値を置いていることを、自分が実行すると相手に信じ込ませたにもかかわらず、もし相手の期待を裏切ったなら、その人は相手を傷つけたことになる。たとえ最初の約束がなされた後すぐに、その期待が裏切られたとしても、またその期待が裏切られた後で、受約者が、〔再びその約束を守らせようと〕別の方法で交渉することになったとしても、やはり受約者を傷つけたことになる。たとえそういった場合でも、受約者は、何がしかの益を失うことになる。すなわち、望んでいることや価値を置いていることが自分のために実行される、という確信に満ちた期待や保障を失うことになる。それゆえに、こういった事例においてさえ、受約者に対して、「約束依頼者が約束を守ろうと思っていない」という側面に注意するように強く促すだけで事を済ませるのは間違っている。しかし、もし約束した内容もしくは強要された内容が、受約者の望んでいることではない場合、約束を守る義務は消滅するだろう。というのも、そのように強要し約束することの不正性をひとまず別にしても、約束されたことが実行されなかった場合に受約者は、心躍る期待を裏切られるという意味で、がっかりするということはないだろうからである。[12]こういった理論によれば、約束破棄の不正性は、期待をもたらしたうえでその期待を裏切るということの内に、根源的な仕方で見いだされる。さらに、この理論においては、次のような場合にも、「受約者は、その約束によって道徳的な責務を負う必要はない」という主張が好んでなされるだろう。すなわち、約束した相手は、おそらく正当な理由で受約者のことを少しも信頼しておらず、受約者がするだろう行為にもいかなる期待も抱いていないということに、受約者本人が気づいた場合である(13)。

このように、目下の議論においては、マコーミックやスキャンロンが論じなかった共感という要素が考慮されているものの、彼らが言及したのと同様のケースが取り扱われている。しかしさらに、ある種の自己利益のために約束破棄が許容される可能性があることを、私たちのいずれもが否定していない点を指摘しておきたいと思う(3)。もしある人物Aが相手Bを訪問するという約束をし、Aが実際Bを訪問したら、Aが死ぬことになると想定しよう。その場合、Aは、「約束を守れば自分が死んでしまう」という恐怖に圧倒され、自愛の慎慮(prudence)〔自分の益を慎重に考えること〕をもっぱら重視することになる。そのため、たとえ訪問を心待ちにしているBの期待を裏切るという事態に関して、Aは、損害を被るBに共感を示したとしても、その共感は脇に追いやられる。そういった場合、訪問する約束を果たさなかったAにおいて、健全に発達した共感が欠けていることが示されているわけではない。むしろ、他者に対する私たちの共感には自然な――人間に内在的な――限界が存在するのであり、ここで言及した状況は、そうした限界がありうることを明らかにする事例となっているのである。さらに同様の理由で――また殺人・加害に関連して以前に述べたのと同様の論拠で――以下のように考えることができる。ある人物Cが受約者Dとの約束を破棄することによって、受約者Dにもたらされる益が非常に大きいものであるとしよう。そしてこのようにCの約束破棄によってDにもたらされる益が甚大であるため、その約束破棄でDにもたらされる比較的小さな損失・害悪への因果的関与(あるいは因果的影響)に対して、Dへの共感的配慮に基づき、Cが感じている嫌悪感は、脇に追いやられる。その場合、Cは、〔自らの約束破棄によってDがわずかな損失を被るという事態に対する、共感による嫌悪感よりも〕Dがその損失をはるかに上回る益を手に入れるという事態に対する共感による是認に基づいて、その約束を破ることになるかもしれない。このように、共感に基づくケアの倫理は、約束を守ることや偽りの約束を控えることを、必ずしも絶対的な義務と見なすわけではない。また約束や誓約は、これまで私たちが論じてきた考慮事項とは無関係に、聖なる不可侵なもの、もしくは効力をもつものと見なされるべきではない。例えば、私があなたにあるものを提供すると約束しても、あなたがそのことに対して完全に無関心な場合は、既にそう約束したという理由のみによって、私は約束したことをすべきだ、ということになるわけではない。（スキャンロンは同様のことを論じている。）

とはいえもちろん、本章では約束するとはいかなることなのかについて説明を与えてきたわけではないし、これまで提示してきた説明全体を踏まえてもなお、約束というものが（期待を生むのに）どのように機能するのか、それは依然として謎めいている。とはいえ、約束に関してこれまで多くを述べてきたので、今や、簡潔にではあるが、真実を述べることと嘘をつくことに関して検討すべきだろう。

嘘をつくことが不正に相当しないケースもたしかにある。しかしそれが不正である場合、私は約束についての議論において言及したのと同様の要因を引き合いに出して説明することができる。人は大事な事柄であっても嘘をつけるし、また読み手や聞き手が全く利害関心や興味をもたない事柄であっても、嘘をつくことはできる。だが後者の場合でも、嘘の内容が、後になって、嘘をつかれた人の利害に影響する可能性や危険性はある。またもし嘘をつかれた人が、話された内容を信頼するならば（話を簡略化するため、その人に言ったことが実際、偽であったと仮定しよう）、そのときその人は、嘘をついた人の話を信頼した結果、損害を受けるか、損失を被ることになるだろう。一般的に（もしくは全体として）、私たちは、嘘をつくことに関して、約束を破ることほど深刻な害悪ではないと考える傾向があるかもしれない。というのは、嘘をつくことは、嘘をつかれた人の利害関心とは無関係に、頻繁にあることだし、ありそうなことだからである。その一方で、約束をして、信頼を促すことは、典型的には、誰かの利益が賭けられている重大な局面で起きる。だが、いずれにせよ、嘘をつくことの害悪と約束を破ることの害悪は類似している。すなわち、ある人は自分のことを信頼するように相手に仕向けて、相手に損害をもたらすのである。

以下の点にも留意すべきだ。嘘の内容は、〔約束とは異なり〕未来に関するものであるとは限らないし、その内容が、嘘をつかれた人が未来において受け取る有益な事柄に関わることは、さらに稀である。したがって、嘘だということが判明して期待を裏切られる場合も、嘘をつかれた人は、約束が破られたときほど苦しんだり意気消沈したりはしない。こういった事情で、嘘をつくことのほうが、約束を破ることよりも、害悪に関して、その深刻さの程度が低いという見解は、より尤もらしいものになる。より多くの害悪、より深刻な害悪といったものは、嘘をつくことよりも、むしろ約束を破ることに起因している。とはいえ、少なくともある場合には、嘘をつくことによる害悪は約束を破る場合の害悪と極めてよく似ているように見える。

もし誰かがマッキンリー山に登ろうと計画していて、私は、彼が登山する際に援助することを約束したとする。その場合、私がその約束を果たさなければ、彼を失望させ、(おそらく、さらに悪いことに)彼が登山に関連する重要な機会を断念する(もしくは登山の断念を決断する)ように仕向けたことになる。だが次のように想定してみよう。私は、「彼のために(彼とともに)登山する」という約束はせずに、誰か他の人が一緒に登山するはずだと、彼を騙して信じ込ませたとする。その場合、私はまさに上記の約束のケースと同種のことをしたことになるだろう。ここでの嘘は、約束を破ったのと同程度に悪質だと言える。なぜなら(他の条件が等しければ)共感を呼び起こす諸要因が、両方のケースで同様に働いているからである。[4] したがって、嘘をつくことと約束を破ること(または偽の約束をすること)の間には、全体として相違はあるものの、共感に基づくケアの倫理は、約束をめぐる道徳を説明する際に訴えたのと同一の考慮事項を引き合いに出すことで、真実を述べるという行為に関する道徳的問題をうまく扱うことができるのである。[14]

次章では、他者への尊重という概念に関する議論に着手したい。しばしば次のように言われてきた――「功利主義によって、他者への配慮に注目することはできる。しかし、他者への尊重という考えを、意味を成すものとして理解することはできない」。[5] そして繰り返し指摘されたところによると、このような功利主義の性格は、義務論(義務論へと動機づけるような考慮事項)を受け入れる余地が功利主義にはないという事実に起因している。しかしながら、私たちは以降で共感という要素を重視することで、他者尊重をめぐる義務論的発想および理念を、ケア倫理の観点から理解することが容易になるという点を見ていくことになる。

第四章　自律と共感

本章では、共感に基づくケアの倫理によって、自律という考えやそれに関連した尊重という考えが、どのようにして理解可能になるのかを論じたい。カント主義者がたいてい主張するところによれば、人間は理性的な存在として自律している（もしくは道徳的価値や尊厳を備えている）がゆえに、私たちは人間を尊重する義務を負っている。したがってカント主義者は、個々人に対する尊重を、その人の自律の尊重という次元で捉えることになる。(1) しかし、「私たちが人間を尊重する義務を負っている」という考えは、カント主義的な伝統に限って見いだされるわけではない。「私たちは他者を尊重し、他者の自律も（また）尊重しなければならない」という想定は、直観的に考えて尤もらしい。そして私が思うに、ケアの倫理によって、なぜその想定が尤もらしいのかが理解可能になる。だが私はカント主義者による説明の順序を逆にすることになる。〔個人の尊重が自律に先行しており、〕個人の尊重が自律（もしくは自律の能力）に対する尊重の内実なのである。まず尊重とは何かが理解できたなら、その理解を手掛かりにして、自律とは何かを明確にすることができるだろう。〔1〕

1　尊重

「他者（の福利）へのケア〔思いやり〕や配慮といった考えは、他者への尊重という考えとは異なる」という見解は、幅広く受け入れられている。ケアや配慮といった概念は、人（または動物）の福利や幸福（wellbeing）を焦点化するものとされる。他方、尊重という概念は、人間が（独自に）有する別の側面を引き合いに出すもの、もしくは含意するものと見なされる。こういった前提は、例えばロナルド・ドゥオーキンの『権利を重視する』という著書において見いだされる。その著作でドゥオーキンは、正義というものによって、国家は、全ての市民を等しく配慮しかつ尊重することを要求される、と論じている。[2] 他方で伝統的な功利主義は、道徳に対して福利指向的なアプローチをとっている。そこには、「（動物を含めた）あらゆる個人に、帰結主義的な福利算出方法を等しく適用する」といった最小限の考えしかなく、尊重という考えをさらに適用する余地は残されていない。だが、ケアの倫理も功利主義と同じように福利に重点を置いているので、ケアの倫理によって、「私たちは個々人を尊重しなければならない」という義務に関する直観的に妥当な道徳的思考を、どう考慮に入れることができるのかは全く明らかではない、と考えるのは自然である。そして、そのように考えられる理由は他にもある。

ケアの倫理は道徳感情説の一形態であるが、どのような点で、他者に対する尊重が（単なる）心情・情動・感情に根ざすと言えるのか、それを理解することは容易ではない。私は他者を憐れんだり気遣ったりするかもしれない。しかし、これらの感情は、他者の福利に焦点を当てたものであろう。尊重は、そういった感情を超えた要素や異なる要素を含んでいるだろうし、またそのようなものとして考えられてきた。実際、尊重という概念は私たちにとって直観的に理解できるものであるという事実に訴えて、功利主義や感情主義に対する反論がなされてきた。その際、功利主義や感情主義では、他者を尊重することに関して私たちほぼ全員が考えていること〔すなわち、個々人を尊重すべきだという見解〉がうまく説明できない、という点がほぼ自明視されてきた。しかし私が思うに、感情主義的なケア倫理は、それ独自の観点から、〈個人の〉尊重や自律の尊重といった考えを根拠づけることができる。むろん感情主義としてのケア倫理には、「自律こそが叡智界における人間のあり方を表現している」というカント主義的な発想は含まれていない。しかし現代のカント的自由主義者は、〈自然因果律に支配された現象の世界である「感性界」とは別に、自由による因果性からなる「叡智界」を措定する〉カント主義的な形而上学を避けている。したがって真に争点になるべきは、以下の点にある。すなわち、尊重の理念を〈単なる、もしくは純粋な〉福利への配慮を超えたもの、自律への尊重を含むものとして見なすことが妥当であるとしても、その理念は感情主義の基本的発想から導き出すことができるのか、という点にある。

前章で明らかになったのは、感情主義が、義務論的な要件を予想以上にうまく考慮できるような理論的資源を備えている、ということだ。以下では、尊重についても同様だということを示したい。義務論的な考慮だけでなく尊重という考えもまた、共感という考えを引き合いに出すことによって、理解可能になり正当化されるはずだ。その結果、自律の概念もまた感情主義の観点およびその伝統の内部において位置づけられることになる。

今や、自律についての上記の見解は、感情主義的なケア倫理の立場からすれば当然のものである。一部のフェミニストやケア倫理学者によれば、理性主義的もしくはカント的自由主義といった〈男性の／男性的な〉伝統に見いだされる自律の捉え方は、原子論的であり不十分だとされる。そしてその論者たちは、それに代わるものとして、自律に関する独自の〈関係的な〉捉え方を開発してきた。しかしながら、本章および次章で私は、他のケア倫理学者以上に議論を前進させることになる。私の知る限り、他のケア倫理学者たちは、〈自律に対する〉尊重に関して、感情主義の観点から理論的説明を与える努力をしてこなかった。そしてその論者たちは、私がこれから試みるように、〈関係的な〉自律そのものをもっぱらケア倫理の観点から理解するという課題に、真正面から取り組むことはなかった。[3] 私は他のケア倫理学者が自律に関して抱いている見解と整合するような自律の捉え方を擁護するものの、最終的にはその自律観は、従来の論者の自律観と比べて、いっそう全面的にケアの倫理に基づくものになるだろう。とはいえ、こういった最終的見解に至るには、まず尊重という考えが、いかにして感情主義的立場をとるケア倫理の観点から理解可能になるのかを明らかにする必要がある。

パターナリズム〔すなわち相手の意思を問わずに、相手の利益になるだろうという推定のもとで相手に干渉すること〕の問題が生じるがゆえに、ある人の幸福に配慮することと、その人自身を尊重することは衝突するとしばしば考えられてきた。例えば、「その人自身のためになるから」と、その人の意に反する行動をとる場合がそれにあたる。もちろん誰もが考えるように、パターナリズムが正当化される状況があることは明白だろう。親は親として振る舞わなければならないことがある。しかし本人が表明した願望や欲求に反するパターナリズムによる介入は、たとえ本人の表出した願望・欲求を挫く介入行動をとった人がそのように行為したのは、相手の幸福に対する思いやりのある配慮からであったと見なされたとしても、道徳的に間違っており正当化されないという印象を受ける。なぜ私たちがこういった行動に道徳的に反発するのかは、典型的には、また直観的にも、尊重という観点から理解できる。そのように介入した者は、自分が願望を挫いた相手のことを尊重していない。まさに相手個人の自律への尊重が欠けているのである。大まかに言えば、自律とは自分自身で意思決定し、それに基づいて行動する能力と見なされる。そして相手を尊重しないということは、少なくとも、相手のそういった能力の行使を容認しないということを含意している。しかしながら親が、行きたくないとせがむ子どもの意思に反して、子どもを医者・歯医者に何としても連れて行こうとするとき、必ずしも「親は子どものことを尊重していない」と私たちは考えない。では、パターナリズムによる介入があるのに、「相手を尊重している」と言える場合とそう言えない場合があるのはなぜだろうか？

私が思うに、この違いに最も重要な仕方で関連しているのは、共感なのである。相手の幸福への配慮があると想定できる場合であっても、そこに相手への尊重が伴わない多くの場合は（「いかなる場合も」ではないが）、相手への共感が成立していないのである。だから共感という要素を取り入れて、ケアの概念をより豊かなものにすれば、ケアの倫理は尊重という要素をも考慮に入れることができるようになるだろう。このことを理解するためにも、「相手の幸福に配慮しているにもかかわらず、その相手を尊重していない」ということがいかにしてありうるのか、その点を示す詳細な事例が必要になる。

既に指摘したように、共感を、二人の精神や人格の融合を含むものとして考えることは通常できない。相手に干渉しすぎる人は、自分自身のニーズや欲求を、相手のニーズや欲求と区別せずに混同しがちだろう。おそらくこのことが意味するのは、その人たちが相手のニーズや欲求に共感的な仕方で応答できないということだ。親が子どもに対してとりうる対応の内には、こういった過干渉の典型的な事例にあたるものが存在するだろう。自分自身にあまり自信をもてない親は、しばしば自分の人生ではなく、子どもの人生（の成功）を代わりに生きようとしてしまい、自分自身のニーズと子どものニーズを混同しがちである。実際のところ、このような親は、子ども自身の観点――子どもが必要とすること・望むこと・恐れること――に共感することが難しい。（もし子どもが、親の計画していることと違うことをしたいと言えば、親は、「あなたは本当にそうしたいとは思っていないだろう」とか「あなたにとって何が最善なのかは私がよく知っている。それはあなたにとって最善ではないよね？」といったような言い方をしたり、そう思い込んだりする。）このような親の問題は、子どもとの情緒的な繋がりの欠如にあるのではなく（こういった親たちはいわゆる「子と疎遠な父親」ではない）、むしろ子どもに密着しすぎていることにある。こうした過度の干渉や繋がりは最近、「代理成功症候群（substitute success syndrome）」と呼ばれている（以下では「代理症候群」と呼ぶ）[4]。この代理症候群の特徴は、子ども（ないし他者）の個別性や願望を認知したり理解したりすることができない点にあるとされてきた。だが、代理症候群の親は、自分の子どもを尊重できていないと述べるのが妥当であるように思われる。というのも個人を尊重するということは、個人の欲求・不安を尊重することや、個人を個別のもしくは特異な存在として尊重することを、要求するからである。

それゆえ、個人の尊重は共感の観点から解明できるという考えに私は傾いている。大まかに言えば、誰かを尊重するという態度が成立しているのは、その人への対応において、その人に適切な共感的配慮を示す場合、かつその場合に限る。付言すれば、代理症候群の親たちは、子どもたち自身の内に芽生えていく希望や向上心に対して共感を示すことができていない、ということは既に明らかであり、そして、自律とは――ここでも大まかな言い方になるが――自ら物事を決める能力を含むものと容易に理解できるので、その意味では、代理症候群の親たちには、子どもが示す自律の萌芽に対する尊重も欠けていると言うこともできる。（あるいは、「そうした親たちは、自律に向かう子どもの能力を尊重する態度が欠けている」とも言えるだろう。目下の文脈では、どちらの言い方でも構わない。）その場合、共感的ケアに基づく道徳は、他者の自律を尊重することを要求するのであって、ただ単に、あるいは単純に、他者の福利に関わるだけではない、ということになるだろう。[5]

このような立場を前提にした場合、パターナリズムが正当化されるケースに関してどのような主張をすることができるのだろうか。例えば、親が子どもの健康を守るために、子どもの願望や懇願に従わなかった場合はどうか？　尊重に関する、共感に基づく私たちの理論では、こうしたパターナリズムは子ども（の自律）への尊重が欠けていることを示唆するものではない。というのは、その親は子どもが医者に対して抱く不安に、十分に共感的であることができるのであり、そのような共感を示しつつも、子どもを医師のところに連れていかなければならない、と決断しているからである。そのような共感的な親は、我が子に対してすべきことに、表立って動揺するかもしれない。そして、ここには、代理成功症候群の親には欠けている、子ども（の視点）への感受性が示されている、と言えるだろう。それゆえ、目下の理論に従えば、本人の意思に逆らって我が子を医者に連れて行くことにおいて、子どもに対する尊重を欠いた態度や子どもの自律の発展に対する尊重を欠いた態度が示されているわけではない。（成人した子どもや他のタイプの成人に関するパターナリズムや尊重の問題は、第五章で検討する。）

だが、これまで私たちは一つの例に基づいて――すなわち親が子どもに対して、尊重の念をもって対応している（もしくは対応していない）事例に基づいて――目下の自律理論を展開してきた。そこで、こうした議論をさらに拡張しよう。尊重の欠如は社会的次元だけではなく、政治的次元でも見いだされうるし、私がここで展開する理論は、さらに広い領域にも、とても馴染む形で適用しうる。そこで、宗教的な自律、もしくは信教の自由について考えてみよう。

しばしば言われていることだが、慈善心や同胞への愛といった心情を抱くことで、ある人々や社会は、特定の人々の信教をめぐる自由と自主の様々な重要な形態を否認するような不当な行為へと動機づけられる場合がありうる。そしてその結果、信仰の領域において、ある個人や集団の自律（への権利）が尊重されないという事態が生じうる。（自律への尊重が妨げられる可能性があるという点は、ケアの文脈においても指摘できるし、既に指摘されているだろう。）例えば、〔一五世紀の〕スペイン異端審問では、異端者の宗教的行為とその信仰は国家の安定を脅《おびや》かすものだとされ、「告白と自説の撤回を強要するために拷問をすることは、誤った信仰をもつ者と堕落した者の永遠の救済と究極の幸福のために必要だ」という主張がなされた。これこそが、まさにパターナリズムであり、私たちの多くが恐怖を感じる類《たぐい》のパターナリズムなのである。しかし、ここでのパターナリズムは、善意に基づく心情から生じてきているのではないかと思われるし、また多くの場合、そのような形で生じることが容認されてきた。そのため、多くの哲学者やそれ以外の論者も、自律と自由を尊重する正義に適った社会秩序は、他者への慈善心や配慮のような感情や動機づけの次元に求められるべきではないと論じてきたし、様々な自由と自主の権利を支持する規律を、感情や動機づけの次元とは独立に、（理性的な基盤にたって）承認している。

同様の見方はJ・L・マッキーの著書『ヒュームの道徳論』[6]に見いだすことができるし、またトマス・ネーゲルの『平等と公平主義』[7]でも詳細に述べられている。しかし、実のところ私は、マッキー、ネーゲルやその他の多くの論者が推定しているのとは異なり、宗教的不寛容と迫害は、（他の点では称賛できるような）人間の感情や動機づけに起因するものではないと見なすのが妥当だと考えている。宗教裁判のような場合、他者を迫害し拷問する（ジョン・ロックの見事な表現によれば）「心ない乾いた眼差し」は、自分が虐げた相手の福利に実際のところ配慮がなく、上述の善意の心情とは異なる自己中心的理由もしくは利己的理由から、そうした行為を行っているにすぎない(8)。以上を踏まえると、次のような推察に傾くのはいくらか妥当なように思えてくる。すなわち、宗教的自由や自律の否認がどのような点で道徳的に不愉快であり不当であるのかを説明するために、感情主義の外部へと歩みを進める必要はないし、感情主義から独立した仕方で、宗教的自由や自律の権利に訴える必要性もない。

とはいえ、なぜこのような考えが支持されるのか、その主たる理由を、共感の観点から述べることができる。「他者の宗教的信条や宗教的実践を侵害・弾圧することが正当化できる」と思っている人々の行為や態度には、極めて尊大で排他的な側面がある。このような手法で迫害してきた人々は、迫害されてきた人々の立場から、物事を理解しようとはしていない。このことは明白である。そして私が思うに、他者に対する〔尊大な〕態度と不寛容な行為の最も際立った特徴になっているのは、こうした他者の観点に対する共感の欠如なのである(9)。(最も極端な、とはいえしばしば起こるケースにおいては、不寛容さは、実際にはそのように認知されないものの、他者への憎悪を伴っているし、またその憎悪は共感への強い障壁となっている。) この場合、宗教的不寛容には、他者を尊重するという態度が欠如しており、それは道徳的に批判されるべきものであるが、こういった点は、共感に基づくケアの倫理の観点から理解しうるのである。だから、宗教的自由や自律を否認することが、なぜ相手を尊重しておらず、不正また不当であるのかを述べるのに、道徳感情説や人間の諸感情の範囲の外に出る必要はないのである(10)。

もしかしたら、信教の自由への反対は、他者に対する、ある種のまたある程度の配慮と両立可能かもしれない。たしかに、他の宗教やセクトの信者を弾圧し迫害する者は、そうすることで、自分自身が、被抑圧者や被迫害者の福利にまさに配慮しているのだと、強引にも考えるかもしれない。しかし、迫害者の心ない冷たい眼差しを考慮すれば、ここにあるのは利己主義・合理化・自己欺瞞ではないかという疑念が生じる。また、迫害を受けた者への配慮は——仮にそれが配慮であると認めたとしても——明らかに道徳的に受け入れがたい結果をもたらすことになる。被迫害者への〔共感に基づかない〕配慮と呼ばれるものは、他者の観点に対する傲慢な拒絶的態度や共感の欠如を含むか、もしくは伴っている。かくして、「共感は尊重にとって必要不可欠な基礎である」という考えによって、私たちはケアの倫理の観点から、宗教的迫害や弾圧を、批判できるようになるのである。(11)

2 自律

先に約束したように、今度は自律の本性について、もっと多くのことを述べていきたい。その際、尊重についてまさにこれまで述べてきた点――ここでは尊重は自律への尊重と同義であると理解されている――を踏まえて論じることにする。(2) 自律に関する男性的（と見なされるよう）な考え方を批判もしくは非難するフェミニストは、一般に、自律の関係理論を提唱する。私が提唱する理論も、（以下で述べるように）フェミニストが「関係的」という言葉を用いる、ある特定の意味において、関係的だと言える。しかし、私が提唱する自律の理論は、ケアの倫理に（全面的に）依拠している。そして私の知る限り、この点は他のいかなる自律の関係理論にも当てはまらないものである。前節で、私は自律の尊重について、共感的要因の観点から明確化してきた。この共感的要素は、代理症候群の親には欠けているものの、適切で健全な育児には見いだされるものである。そこでまず、「一般的な傾向として、自律とは、共感的な育児によってもたらされるものであり、代理症候群の育児によって阻まれるものである」と主張することで、自律とは何であるかを述べることができる。

子どもに自分の考えを押しつけて、子どもの願望・不安・希望を完全に無視する代理症候群の親のことを考えてみよう。(12) 親がそうした子どもの願望を尊重せず、また認識することさえしないのなら、子ども自身も自分の願望を是認ないし承認することが難しくなるだろう。(13) そしておそらく、その子どもは――完全にもしくは徹底的に反抗的なのでなければ――そうした親の権威・願望・優先事項にたいてい従って振る舞うようになる。そういった子どもたちは、他の子どもたちに比べて、自ら思考し意思決定できるような大人になる可能性が低い。その場合、現代の議論で中心的話題となっている形態の自律（もしくはその一形態）が、その子どもたちには身につかなくなってしまうだろう。それとは対照的に、成長していく子どもに共感的である親は、子どもの中で育まれていく向上心や個性を大切にして、それらの促進に貢献できるが、そこでは、子どもを尊重する親の姿勢が示されているのである。また、子どもに対する共感や尊重によって、将来、子どもが物事を自律的に思考し意思決定する大人に成長する可能性はより高くなる。（ここで私は以下のことを前提にしている。親に対する反抗それ自体は、自律を体現していない。また反抗それ自体は、〔その服従にいまだに縛られている点で〕実際の親の権威や親に移譲された権威に対するある種の消極的服従に相当する。）

しかしながら、「代理症候群の親のみが、子どもの自律的な思考や向上心を脅かす」という印象を読者に与えたいわけではない。例えば、やがて多くの子どもは、例えば宗教的ドグマや宗教儀式に疑問をもつようになる。そして信仰心が篤い親の中には（全員ではないが）子どものそのような傾向を何とか阻止しようとする者がいる。そのような親の働きかけの結果、子どもは宗教が語る言葉を「鵜呑み」にして受け入れるか、もしくは他の場合は、親の宗教に逆らうか、そのいずれかになるだろう。同じように、二〇世紀においては性差別主義的な態度が蔓延していたため、多くの親は、娘が医者の道を考えるということさえ思いとどまるように仕向けた。もし能力のある若い女性が「医者になりたい」という気持ちを表出しても、「あなたは本当は医者よりも看護師になりたいのでは？」としばしば言われただろう。こうした対応は、代理症候群の親が、（親が子どもについて計画していることと、子ども自身の願望が一致しない場合に）「あなたは本当はそんなことしたくないでしょ」と、子どもに告げるやり方を強く連想させる。つまり、旧来の社会的慣例・態度・制度には、多くの少女がもつ向上心に対する共感や尊重の欠如が見いだされるのである。第六章でもっと詳しく見ることになるが、これは（性差別主義的な）不正義の一つの代表的な形態なのである。(14)

私がこれまで述べてきたことは、キャロル・ギリガンの研究におけるいくつかの主要テーマと結びついている。ギリガンは、『もうひとつの声』や他の著書で、家父長的社会によって、少女たちの考えや願望の多くは、あたかも間違っている、あるいは的外れであるかのように扱われている、と指摘した。(15) そのような性差別主義的対応により、少女たちは、自分自身の「声」を疑ったり、否定したりするようになるかもしれない。また少女たちは、自分自身が考えていることや欲していることから引き離され、その結果、様々な他者との関係性において、自己消失的（selfless）・自己否定的・自己放棄的な状態——これらは全てギリガンの使った用語である——に陥る可能性がある。もしそうだとするなら、これまでの分析を活かすことで次のように述べることができる。一部の、または多くの少女たちが自己消失的になるのは、彼女たちを尊重することなく軽んじる状況が、今も昔もあるからなのである。人々を尊重することなく軽んじることが不正にあたるのなら、少女たち自身の観点に立って彼女たちの発言や理解に耳を傾けなかったり、耳を傾けるのを拒んだりすることは、少女に対する不正な行為（不正な扱い）に相当する。そして、この不正な行為（不正な扱い）の根っこには、共感の欠如が見いだされる。ギリガン自身は、自己からの乖離や（確固たる）自己の消失に関する議論において、共感の観点を強調しているわけではないし、それらが道徳的に不正な行為によって生じているという事実を強調するわけでもない。ケアの倫理に関して、次のような批判をよく耳にする——ケアの倫理は、自分の存在を消し去るくらい他者に配慮することを奨励し、それゆえに、「過去から現在に至るまで女性に多大な不利益をもたらしてきた型にはまった因習的な行動様式・態度から、女性を解放する」というフェミニストの目標に逆行する、と。しかし、以上の議論（共感と自律への尊重とを結びつける議論）をひとたび重視すれば、この批判に応じることができるようになる。[16] もしかしたら自己消失や自己否定を推奨するような時代に逆行した形態のケアの倫理もあるかもしれない。しかし、ケアの倫理は、共感という考えを中心に据えることで、多くの女性に自己否定的で自己消失的な状態を重んじ体現するように強いてきた家父長的な（またそれと同類の）態度と行動様式を、道徳的な観点から批判する手立てを私たちに与える。これは、自己否定や自己消失を推奨することとは正反対なことであり、まさしくフェミニストの理想や目標に沿っているのである。第六章において、とりわけ社会的正義の問題との関連で、このテーマについて再び論じることになるが、ここではもう一度、自律の本性についての議論に戻ろう。

本書では、自分自身で思考し意思決定するという意味での自律が、因果的な決定に従う世界において可能であるという点を今後も前提にしていく。もちろん、この意味での自律は、程度の問題だといくらかは言える。だが私は、他者の思考・意思決定に影響されたからといって、そこに自律の欠如や不在が見いだされるわけではないと考えているし、またそう考えることが理に適っていると思っている。他者の助言を採用することが理に適っている場合があるのは明白であり、他者の助言を採用することと、他者——もしくは、ある組織——が指示する内容が何であれ、その実行やその考慮を強要されていると感じることとの間には、相違がある。前者は自律の行使を含みうるが、後者は明らかに自律の行使を含んでいない。この区別の詳細を、満足のいく形や十全な形で、明確化するのはとても難しい。だがこの区別には哲学者たちがこれまで探究してきた（もしくはずっと探究してきた）重要な要素が見いだされる。さしあたり、自律の本性について長々とした議論を続けるよりも、よく知られた、ただし哲学的には検討しがいのある特質について示唆するにとどめておこうと思う。むしろここでは、自律に関して馴染みのある考え方が、尊重・共感・ケアといった事柄、また私がこれまで取り上げてきた事柄とどのように関係しているかを明らかにすることを目指したい。

アネット・ベアは、私たちは皆「二人称」であると述べている。つまり、私たちは、自身にとって「私」になりうるのに先立って、私を養育している他者にとって「あなた」であるのでなければならない[17]。この点は、ひとたび述べられたなら明白であるように思われるが、それを明確な形で最初に指摘したのはフェミニストであり、いかに伝統的な自由主義的／理性主義的な（「男らしい」）理論や議論において、この事実が無視されてきた（と思われる）のかを、フェミニストは指摘したのである。より意義深いことに、「私たちが原初的には二人称である」という事実は、どれだけ控えめに見積もっても、自律は因果的に見れば関係的であるということを示唆しているだろう。だが、尊重とケアという考えに注目して自律を理解しようとする目下の試みによって、関係的な自律観の細部をとても具体的な形で描き出すことができるようになる。私たちの説明によれば、そうした自律は、自律への尊重——その尊重は相手に対する共感的な思いやり（思いやりのある対応）を含んでいると理解される——によってたいていい生み出されるものなのである。

さて今や、「自分自身で思考し意思決定する」という成熟した能力また行使される能力としての自律は、人間にとって価値があるのは明白である。たしかに、自律的に思考し行動することは難しいし、ときには痛みを伴うことさえあるかもしれない。もし、私たちが人間的開花に関して、極めて粗雑な（また近視眼的な）快楽主義的な見解を採用するなら、自律が果たして望ましいことなのかが問題になるだろう。しかし、自律に伴うあらゆる問題にもかかわらず（結果的に、「自由からの逃走」を試みる人も出てくるかもしれないが）、自律が、直観的には私たちの多くにとって極めて望ましいものであることには変わりはない。そして、自律は極めて望ましいものとして、私も含めた多くの哲学者によってこれまで擁護されてきた。[18] したがって私が思うに、自律が人間的な善として重要であると現時点では想定すべきだろう。そうだとすると、私たちが提示するケアの倫理においては、相手への尊重と共感による思いやりが、親の道徳的責務であると見なされると同時に、自律という極めて望ましい状態をもたらす最も確実な方法とも見なされることになる。ところで、自律とは一体何を含意しているのか、そのことについても考えてみよう。私たちは、自律が自己消失とは相容れないものだと主張してきた。このことが意味するのは、自律的な人間は、自分自身の欲求や向上心を承認できるし、そういった欲求や向上心に不安を抱いたりしないということである。このような状態は、人間がそうであるべき望ましい状態でもある。[19] だとすると今や、「私たちが一人称になるのに先立って二人称であるし、二人称でなければならない」というベアの考えを、有益な仕方で進展させることができる。事実、これまでの議論によって浮かび上がったのは、いっそう具体的（もしくは明示的）で倫理的な結論である。すなわち、二人称としてまずは適切に遇されることで、私たちは一人称としても適切に振る舞うことができるようになるだろうし、そうなる可能性が増大するのである。

これまで主として扱ってきた種類の自律は、自ら思考し意思決定する、という人生初期の人間的能力の実現を含んでいる。私は、育成され実現されるべき「能力としての自律」に関する記述と「能力の実際の行使や発揮」としての自律に関する記述との中間にあるような論述を、ときおり（願わくは）支障のない形で忍び込ませてきた。そして自律は育成されるべき、また行使されることが望ましい基本的な人間の能力でもある。しかし、ここで言及されている自律は、いずれも個々人の内に成立していると見なされるのであり、この自律が関係的だというのは、（一定の社会や環境において役割を果たす）他の人間によってもたらされた、もしくはもたらされる必要があるという意味においてのみである。フェミニストが「自律は関係的だ」と言う場合、たいてい、その関係性はこういった因果的観点から理解されている。しかし、構成的な観点から関係的だ（つまり、自律は関係性によって構成される）と主張される場合もある。[20] では「自律が関係性によって構成される」とは、どういうことなのか？　また、この考えは、これまで私が論じてきたことと、どのようにうまく整合するのだろうか？

「自律は関係性によって構成される」と主張する論者がしばしば引き合いに出すのは、自律の行使には、本人に「協力」するような制度や社会的応対が要請される、という事実である。[21] ある女性が医者になることを心から望んでいたとしても、医科大学院〔医学部〕が女性を学生として積極的に受け入れない限り、その夢は実現できない。したがってこの事例や、また他の事例でも、自律の行使がうまくいくかどうかは、外的な要因に左右されるように思われるだろう。そして、それらの外的要因は、自律の行使をもたらす原因というより、むしろその構成条件であるように思われる。この結論は正しいかもしれない。だがここで作用しているのは、自律という概念の曖昧さであるように思われる。例えば、自律ということで、自分自身で意思決定する内的な能力（の行使）を意味するのか、それとも自分の望みを実行することを妨げる外的要因の不在を意味するのか、はっきりしないのである。

ある特定の国の一部である地域が、自律〔自己統治〕性を有する場合、その国は（法律上）その地域での様々な信仰上の活動に干渉しない。そして当然ながら、信仰上の自律ということで意味されているのは、（その国家の一部である地域や特定の人々の）信教の自由の行使に対して、干渉しないということである。しかし個々人は、たとえある時点で、自ら思考し意思決定する能力がなくても、外部の干渉から自由でありうる。国家とその市民が、個人の信教の自由に干渉しない場合も、信仰が篤い人々は、親や教会が教えることに対して全面的に従順な態度をとるだろう。このような場合は、その信者は、これまで論じてきた意味においては自律的ではないが、しかし外部の干渉が不在であるという別の種類の自律を保持している（私たちはその意味での自律を、住んでいる国の地域や地方などに大規模な仕方で帰属している）。さらに言えば、この後者の自律は、関係性によって因果的に引き起こされているだけでなく、構成されているように見える。なぜなら外部の干渉からの自由とは、外部からの阻害要因や行為の単なる欠如であるように思われるからである。

関係性によって構成される種類の自律についてはもう少し述べる必要があるが、それについては第六章で論じることにしよう。さしあたり、個人の自律への干渉は、道徳的には少なくとも何らかの正当化を要するであろうことを指摘しておきたい。またどのような場合にそういった干渉が正当で、道徳的に容認されるのかについては、第六章で実質的な議論をすることになる。既に見たように、自由であるべき信仰上の活動への干渉は、相手への尊重を欠いており、それを不当なものとして非難できる。しかし第六章では、この発想をさらに拡大し、自由への干渉が不当である場合と、そうでない場合の一般的な規準を提示する必要があるだろう。

とはいえ、第六章に進む前に、自律という考えに関して取り組むべき重要な作業が残っている。私はこれまで、共感や共感的配慮あるいは思いやりの観点から、自律や自律の尊重について語ってきた。そして、こうした議論は、いくつかの十分に直観的に理解可能な結論を生み出してきた。しかし、その一方で、より伝統的で理性主義的な自律概念があり、それは自由主義的なカント的伝統において具体化されている。そして、どのような仕方や理由で、これらの二つの見方が異なっているのかを理解することが差し迫った課題となる。ケアの倫理は、自律および（自律への）尊重に関する独自の構想をきっと提示できる。しかし、総合的な視点から言って、その構想は、伝統的な見方ほど説得力があるのか、といった疑問が生じる。これまで、私たちは個人ないし社会が有する権利としての自律や権利として干渉を受けないことについては主題としてこなかった。だが、次章では、その問題を中心に据えるつもりである。

自律的な個人の選択に干渉することが正しい（また正当である）のはどのような場合か。また個人がそうした干渉に反対する道徳的な権利をもつのはどのような場合か。次章では、こういった問題こそ、自律の尊重に関する自由主義的な立場とケアの倫理に基づく立場との間で、集中的に議論が交わされるべき争点だということが明らかになるだろう。

議論の現段階では次のように想定するのも無理はない。すなわち、「まさにパターナリズムの例をめぐって干渉が問題になるが、その際、自由主義者なら、パターナリズムによる介入を不干渉の権利への侵害だと見なす場合でも、ケアの倫理の立場は、それを思いやりに基づくパターナリズムとして許容しまた要求してしまう」と。しかし、後に第五章で明らかにする点を踏まえれば、自由主義とケアの倫理はパターナリズムによる干渉について、当初そう思われる（私自身が以前そう思っていた）ほど見解が異なっているわけではないだろう。むしろ、第五章の冒頭でも述べるように、両者の最も顕著な違いは、第三者が害悪を被ることがないように、他の誰かの行動を干渉することが望まれるケースに関連している。

第五章　ケアの倫理と自由主義

1　論争点を確定する

多くのフェミニストやケア倫理学者は、自律をこれまでの伝統的な立場とは異なる観点から理解しようと努めてきた。その際、標準的な自由主義者《リベラル》あるいはカント主義者が試みなかった仕方で、個々の人間に関する自律の関係的な性格を強調してきた。〔現代の自由主義者であれば、〔自律が関係性によってもたらされるという点で〕自律が因果的な視点から見て関係的であることや、自ら思考し意思決定する能力が、これまで他者とどのように交流してきたかに、少なくとも部分的に依存していることを、否定したいとは思わないだろう。しかし、自由主義者やカント主義者は、この事実をまさに無視したり軽視したりしがちであった。〕しかしながら、自律に関して、従来の見方とは別の関係的な見方を提案してきた論者も、そういった関係的な見方をケアの倫理の内に統合する試みまではしていない。もちろんケアの倫理は、人間同士の繋がりと関係性に重点を置く。そしてそういった見方は、自律を関係的な観点から理解すべきとする発想に馴染みやすい。だが自由主義者は、私たちの自律が尊重されるべきだと考えているので、自律を重視するケアの倫理は、尊重について、とりわけ自律の尊重について何らかの実質的な主張をする必要がある。私が知る限り、このような試みはいまだになされていないが、私が前章で示したのは、共感という概念に基づくことで、どのように自律と自律尊重の両方を、ケアの倫理の内に取り込むことが容易になるのかということであった。

しかしながら、自由主義《リベラリズム》もしくはカント主義の自律の捉え方は、共感に基づくケアの倫理の捉え方と非常に異なっている。自由主義者の考えでは、個人の自律を尊重することは、〔「他者に干渉されない」という〕不干渉の原則を背景にして理解される個人の広範な権利を認めることを伴っている。だがケアの倫理は、それらの権利の内の最重要なもののいくつか（と自由主義者が考えるもの）を否定する傾向にあるだろう。これから見ていくように、こういった事柄をめぐっては、自由主義の立場とケア倫理的なアプローチに類する立場では、個別の事例に関して、相容れない見解をもつ。その点を踏まえて、私は今こそ先の約束を果たすことができればと思っている。すなわち、ケアの倫理において体現されている「ケア的思考」と、自由主義によって本質的な形で具現化されている「正義的思考」とが、うまく折り合わない、もしくは統合されえないという点を、その根拠とともに示したいと思う。私たちは、ケア〔の倫理〕と正義〔の倫理〕、そのいずれか一方のみを選択する道から逃れることはできない。そこで以下の議論では、正義の倫理よりもケアの倫理のほうが望ましいとする論拠が存在することを示したいと思う。

カント的自由主義者は、言論（および集会）の自由に関わる広範な権利を正当なものだと信じている。その論者たちは、言論の自由を阻むことやそれに干渉することは、仮にそうすることが（多くの人々を）害悪から守るのに必要である（もしくは必要であるだろう）場合でも、正しくないと考えている。そしてその多くは――例えば、ロナルド・ドウォーキン、トマス・スキャンロン、トマス・ネーゲルらは――こうした主張をする際に、その論拠として、人間の自律性（についての事実）に訴えている。(1) しかしフェミニストの多くは（また他の論者も）、この見方には賛同しない。フェミニストたちは様々な形態の「ヘイトスピーチ」に反対し、（言論の自由に関して）干渉されないという権利について、自由主義者ほど幅広く認めていない。[2] 例を挙げれば、(実際には起きなかったが)イリノイ州スコーキーでのネオナチの行進が、その町に住むホロコーストの生存者に苦しみを与えただろう(あるいは与えたかもしれない)にもかかわらず、許されるべきだったとする考えについて、この二つの陣営の論者は見解を異にする。[3] 私は洗練されたケア倫理ならば、この問題については、明確に、自由主義者の考えに反対の立場をとると思う。ケアの倫理の立場からすると、主要な問題点は、そのヘイトスピーチがもたらしうる憂慮すべき重大な害悪のほうにあるのであって、ヘイトスピーチをぶちまけたいと思う人々の自由や自律が干渉されることにあるのではない。この点については、以下でさらに明らかにしていこうと思う。

現在、スコーキーの事例やそれに類する事例は、法律上の問題点を抱えている。しかし、法律の作成・改正・裁定に関する問題がない場合であっても、上記と同様の問題で意見が対立しその対立理由も同様であるような、より個人的で個別の状況を容易に想像できるだろう。そこで、ある女性がネオナチの行進やスピーチが容認されている町に住み、彼女の父親はネオナチのリーダーである場合を考えてみよう。もし彼女が父親の入れ歯(もしくはかつら)を一時的に隠し、それが原因で父親は激しく動揺し、行進に参加してスピーチをすることができなくなり、そして――こう想定しよう――計画全体が台無しになったら、多くのホロコースト生存者たちに、大きな心の痛みを与えずにすむことになるだろう。ヘイトスピーチに関する法規定について、異なった見解があることを考慮すると、彼女が父親の入れ歯(またはかつら)を隠し、父親の言論の自由の権利を妨げる行為は、果たして、不正にあたるのかどうか意見が割れるところだろう。

この事例においても、共感に重きを置くケア倫理学者は、自由主義者以上に、娘個人の行動は道徳的に許容されると見なす傾向にある。私たちは、他者の自律を尊重する道徳的義務をおそらく負っているが、前章で提示した説明によれば、このような尊重は、つまるところ、他者に対する繊細な共感による配慮として理解される。そこで、この娘は、父親と彼のヘイトスピーチによって傷つくだろう人々の双方に対して、こうした配慮をしたのかもしれない。彼女は、父親の政治的な見解を拒否しているし、また父親がヘイトスピーチをすれば、侵襲的かつ衝撃的な仕方で、ホロコーストの生存者に忌まわしい過去を思い出させることになると敏感に察知している――そのように想像してみよう。だが、彼女は父を愛してもいるし、父（の人生観）にとって、ナチズムがどれほど重要性をもつものなのかもよく理解している。ホロコーストの生存者と父親、いずれを支持するかの選択に直面して、彼女は次のように考える。もし父親がかつらまたは入れ歯をつけてスピーチをするという状況を許容するなら、ホロコーストの生存者に深刻で甚大な害悪がもたらされることになり、そして、その被害の程度は、彼女が父のかつらや入れ歯を隠すことで、父に（他のネオナチらに）与える害をはるかに超えるものになる。他のケースでも、複数の個人間・グループ間で選択を迫られたとき、一方の側を選択することが他方の側に対する共感の欠如を含意するものであるとは限らない。例えばもし児童養護施設の子で、私が養子にできるのは一人だけだとしても、私は、養子にしないことに決めたもう一人の孤児が抱く感情（傷ついた気持ち）を、敏感かつ共感的に察知するだろう。同様に、ネオナチの父をもつ娘も、〔たとえ父親のネオナチの活動を支持しなかったとしても〕父親に対する共感が欠如しているわけではない。そこで、彼女は、父親や他のネオナチの者たちが実際に感じるだろう（もしくは実際に感じている）不満にかなり敏感になるかもしれない。だとするならケアの倫理の立場では、彼女が父親のかつらや入れ歯を隠すと決めたとしても、誰かしらを尊重しそこねるわけではないので、こうした行為は道徳的に許容できると見なされることになるだろう(4)。

対照的に、自律尊重に関する自由主義的な考えによれば、ある意見が誰かの心理的安寧を脅かしそうな場合でも、率直にその意見を述べる個人の権利――その権利はそれ自体で正当化されうる――に対して敬意を払うことが要求される。そして自由主義は、共感に基づくケア倫理の観点から正当化できる範囲を超えた、様々な事例や問題における個人の権利に関して、干渉することの不正性を力説している。また、自由主義は自律の権利を広域かつ広範に要求する際、まさにキャロル・ギリガンらの論者が指摘するように、自律と権利を、いかにも伝統的な男性的道徳観に基づいて強調している。この二つの声の相違、つまりケア的思考と伝統的な正義的思考の相違は、政治的／法学的、また個別的／個人的な事例によっても説明できる。そしてここから直接的に帰結する最も重要な結論は、この二つの思考形態——正義の（自由主義的）倫理とケアの倫理——は、事実上、折り合わないということなのである。

しかし、このいずれかを選択しなければならないとしても、（全般的なものとして）ケアの倫理のアプローチのほうが望ましいとする理由については、これまでのところ何も提示されていない。それについては、本章後半部で取り上げようと思うが、まずはジェンダーと道徳的思考に関するいくつかの問題について、明確にしておくことが重要である。そこで、精神分析家であるナンシー・チョドロウの研究について論じよう。伝統的な子育ての本質とその帰結についての彼女の見解は、ギリガンの（『もうひとつの声』の中での）結論、すなわち「概して男性と女性では道徳について異なる考え方をする傾向にある」という結論に大きな影響を及ぼしている[5]。私が序論で触れたように、これまで多くの心理学者や教育学者はこの結論について、疑問を抱いてきた。したがって、なぜ私自身がその結論に疑問を投げかけてこなかったのか、きっと不思議に思うだろう。そこで、この問題をチョドロウの考えと関連づけて考察してみよう。

チョドロウは著書『母親業の再生産』において、「なぜ（十分な教育を受けた中産階級で西洋人の）女性が、道徳的問題について、ケアや他者との繋がりの観点から考える傾向があるのか」、また「なぜ（同様のカテゴリーに分類される）男性はその問題について、伝統的着想のもとでの正義・自律・権利という観点から考える傾向があるのか」に関して、その説明となりうるような見解を提示した。彼女の議論によれば、伝統的な子育ての実践に注目することによって、「なぜ女性は人間同士の繋がりに価値を置くことになり、他方で男性はそういった親密さにいくらか恐れを感じ、自律や他者からの分離独立に価値を置くことになるのか」が、理解可能になる。以前は、また今日においてさえ、少年・少女は主として母親によって育てられてきた。このことは、少女たちが、ほぼ家庭の内部で、女性のものとして同定される行動様式とあり方〔女性のアイデンティティ〕について理解を獲得することを意味している。一方で少年たちは、もし男性的な（活動と成果の）世界へと参入し、男性としての行動様式とあり方を自らのアイデンティティとして身につけていくことを望むなら、母親と家庭との関係を断ち切らなければならない。自分の母親との心地よい繋がりを保つことは、魅惑的ではあるが、やがて少年は、そうなるのが当然だと想定されるような男性に成長することに対して、いっそう強い必要性と衝動を感じるようになる。そしておそらく、母親との親密すぎる関係に不安を感じ、そこから離脱することに高い価値を置くようになるだろう。これこそが、「男性と女性が異なる声をもつ」という仮説が示唆していることである。この説明は、道徳について男性と女性は異なる考え方を示す傾向にあるという事実を（もしそれが事実である場合は）うまく説明できているように思われる。[6] しかし、チョドロウの見方、あるいは、現在得られている証拠は、より「平等主義的」な子育てを行うことによって、男性も女性もほぼ同様の考え方をするようになる可能性を決して排除しない。「男女間に現在見いだされているような相違があるはずだ」と思ったとしても、そのことによって、ジェンダー本質主義に肩入れすることになるわけではない。またチョドロウ自身も、自著の中で、このような本質主義には反対している。[7]

しかしながらギリガンは、『もうひとつの声』出版の数年後に書かれた「道徳的方向づけと道徳的発達」と題する論文の中で、男女の差異に関する調査結果について述べ、（私が思うに）チョドロウの説明に疑問を投げかけている。[8] これまで、大部分の研究が対象としてきた、十分な教育を受けた中産階級の西洋人に注目すると、数多くの女性――すなわちケアの観点から思考する女性の人数とほぼ同数の女性――が正義の観点から思考する、ということが明らかになっている。その一方で、それと同じカテゴリーに属する男性に関しては、ケアの観点から思考する者がほとんどいないことをギリガンは明らかにしている。それでも、ここでギリガンが女性の思考法について述べていること〔すなわち、多数の女性が正義の観点からも思考するという点〕は、男女の相違についてのチョドロウの説明の妥当性を掘り崩すものである。[9] 多数の女性が伝統的な自律や正義の観点から思考するのだとすると、そうした正義による思考法を身につけることができたということに関して、「母親よりも家にいることの少なかった父親に、自身を同一化する」という男性的なニードに訴えて、説明することはできない。同じように、なぜ女性がケアの観点から思考するのかの説明は、「少女が同一化すべき母親がいつも家にいて、少女と母親との間に親密な繋がりがある」ということによって説明できるほど単純ではない。その点に訴えるだけでは、なぜ（推定上もしくはチョドロウの調査が示すように）同じような境遇にいる極めて多くの女性が、正義の思考法を実際に支持する立場をとるのかを説明することはできないだろう。したがって私が思うに、ギリガンが当初、意図したほど、チョドロウの考えを活用することはできない。だとすれば、以前にまして、ジェンダー（もしくは性別）と道徳的な声や方向性との相関関係を疑うことは理に適っている[10]。

したがって、ケア的な思考は、現段階ではほぼ女性に見られる現象なのかもしれないが、正義的な思考は女性の間にも広範に見いだされるので、自由主義を、例えば、道徳的／政治的問題への（主として）男性的／男性主義的なアプローチと見なすのは誤りであり、事態を誇張しているのである。数多くの女性が、自由主義を擁護しているし、（もしくは）自由主義が訴える自律に関する考慮に基づいて、ヘイトスピーチの容認を支持する議論をしている[11]。だからこそ、本章ではこれまでの議論において、そこで対立する見解を特徴づける際に、男性的／男性主義的あるいは女性的／女性主義的という表現を用いるのを避けてきた。しかし、このヘイトスピーチの論争において具体的に示されたように、ケアの倫理とカント的自由主義は、言論の自由に関する自律の権利については、対立する見解を採用すると主張することがきっとできる。そして、ケアの倫理を擁護しようと思うなら、その論争点（また他の論争点）に関して、自由主義者によって採用されるアプローチと比較検討のうえで、ケア倫理的なアプローチを擁護できるのでなければならない。

しかしながら、ケアの倫理が自由主義よりも優れているか否かについて検討するのに先立って、取り組むべき別の問題がある。ケアの倫理を女性の倫理として特徴づけるのは適切ではないだろう。そうは言っても、私自身が展開しているケアの倫理は共感の役割を強調しているし、また、議論の余地はあるものの、おそらく女性は、全体として、もしくは平均的に見れば、男性よりも共感的であろう。これはチョドロウが、彼女の著書の中で主張していることであるし、(12)(彼女の研究とは独立な形で)そのことを支持する、非常に多くの証拠があるように思われる。(13)そして、もし女性が男性以上に共感的であるなら、また、ケアの倫理の中心に共感を据えるということを受け入れるのならば、少なくとも現段階では、女性は男性より道徳的に優れていると言うべき一つの論拠が与えられることになるかもしれない。これは、私たち——男性と女性の双方——が甘受できる見解なのだろうか？

著書『もうひとつの声』におけるギリガンの主張によれば、女性の道徳的な声を、男性の声より劣ったものとしてではなく、むしろ異なるものとして見るべきであるとされる。そして、この著書の初版本には(私が見る限りは)、女性の声を男性の声より優れたものと実際に考えるべきとするような見解を見いだすことはできない。だが、そのような見解は、少なくとも、より後の版に序文として掲載されている「読者への手紙、一九九三年」(pp. xxvi–xxvii)の中で示唆され、そこでは、他者からの分離独立を主張する伝統的な(男性の)声は、人間同士の関係や繋がりにより大きな価値を見いだす新たな(女性的な)考えに「道を明け渡すこと」になりうるのか、そうなるのではないか、そうなるべきではないのか、と読者に問いかけている。(本書冒頭のエピグラムは、この一節からの引用である。)いずれにせよ、他の著作でも、ギリガンは、女性たちに顕著に見いだされるケアと繋がりに根ざす声を、これまで伝統的に理解されてきた「正義と自律」に根ざす声と比較して、前者が道徳的により望ましいとする考えに心地よさを感じているように思われる。(14)しかし、ケア倫理学者の全員がそのように心地よさを感じているわけではない。ローレンス・ブルムは、いずれかの性別／ジェンダーが他方のそれよりも道徳的に優れているとする考えに抵抗することは理に適っていると考えているように思われる。(15)そして、ずっと長い期間——もしかしたら私が男性だからかもしれないが——私自身も、こうした結論には抗《あらが》うべきだと思ってきた。しかし、私自身もしくは私たちが、この結論に抗うべきかどうかに関して、私は以前ほど確信をもって答えることができなくなっている。

そもそも、もし本当に女性のほうが男性よりも共感的であると想定するなら、平均的に見れば、男性は原則や普遍的原理を産み出し、それに従うということに、女性よりも熟達していると、おそらく想定しなければならなくなってしまう。したがって原則・原理・法を重視するカント的自由主義は、「男性のほうが女性よりも道徳的に優れている」と主張しなければならなくなるかもしれない（カント自身はそのように喜んで主張するだろうが）[16]。その場合は、もし自由主義とケアの倫理に関して、倫理に関する主たる理論的選択が行われるとしたら、私たちは「一方の性別／ジェンダーのほうが他方の（あるいは別の）性別よりも優れている」という主張を退けることができなくなるかもしれない。仮にそうだとするなら、そこでの問いは、おそらく以下のようになるだろう。自由主義とケアの倫理、どちらの理論が倫理的事象に関するより適切な説明を与えることができるのか？　上記の想定が仮に成り立つ場合は、この問いにどのように答えたかによって、どちらの性別／ジェンダーがより優れているかが決まることになるのかもしれない。

しかし、これでは、道徳に関する理論を、性別間の論争の一事例に変質させてしまう危険を冒すことになってしまう。仮に、その文脈で――これから本章で明確にそう論じていくように――ケアの倫理がより望ましいということを支持する議論をすれば、（少なくとも現時点では）おそらく男性が不快に思うかもしれない仕方で、女性の道徳的優位性を支持することになるだろう。だがそうなれば、ケアの倫理が、全ての人間の道徳規範として機能するとは簡単には言えなくなるのではないか。また、それゆえ、道徳性に関する包括的な（人間らしい）説明として、ケアの倫理（あるいはカント主義的倫理）がどれほど妥当であるのかに関して、私たち――男女双方――が疑問をもつのは、様々な意味で尤もなのではないか。実際、私はこの点について確信をもてないでいる。

第一に、男女間の共感的傾向性に関する全般的な違いは、これまでどのように育てられ、社会化され、教育されたかに関する男女差に大部分、基づいている[17][18]。もし共感が、基本的に、育児方法や社会化の実践によって形成されるのなら、別の実践によって、男性を全体として今よりも共感的にすることが可能だろう。とりわけ、ケア倫理的アプローチを、私たちの社会習慣や社会制度に適用できるなら、他者との関わりにおいて共感的な思いやりをもてる人物になるように、全ての人に働きかけ教育することができるかもしれない。そうなれば全体として、男性による感情表出・養育・利他的行為は、現在そうであるよりも、（男性によって）低く評価されたり蔑まれたりするようなことはなくなるだろう。[19]（過去四〇年の間に、社会はそのような方向へと既に動き出している。）おそらくこのような変化によって、男性は全体として現在よりも、もっと共感しケアすることができるようになるだろう（例えば、子育てにいっそう関わるようになる）。だが、それらの変化によって、（ケアの倫理が主張するところの）男女間に見られる「道徳上の隔たり」は完全に解消されるのだろうか、もしくは解消しうるのだろうか？

その可能性はとても低いかもしれない。少女や女性がより強い共感的傾向をもつことを示す数多くの証拠がある。そして、それらの研究によれば、様々な発達段階において、少年・男性は、血中テストステロンが高濃度であるため、少女・女性よりも攻撃的になり、社会的認知や共感性が乏しくなる。（攻撃的な態度と他者のニーズや感情に対する共感的で開かれた態度は、正反対の性格的特性のように見える。）この主題に関しては、数多くの研究論文があり、その数は現在も増え続けている。[20]それゆえ、「ケアの倫理に基づく（またはその他の）道徳的理念・道徳規範に合致するように、社会的慣習や社会的行動様式に関して、可能と思われるあらゆる改革を行ったとしても、共感的傾向に関して男女間の相違が生じるのは不可避だ」という考えには、いくらか根拠があるように思われる。仮にそうだとするなら、その推定上、ケアの倫理の擁護者は（本書での見解に従って）、道徳の分野では、基本的には女性は男性より優れているという点を受け入れて承認しなければならなくなるだろう。そこで、私たちはもう一度、次のように問うことができる。果たして、このことは、男性にとって受け入れ可能なことなのだろうか。より具体的に言えば、（より高い血中濃度の）テストステロンが分泌されるといった事情に関連する理由ゆえに、男性は、基本的に、また全体として、女性ほど道徳的な能力が優れていないと合理的かつ自発的に承認することができるのだろうか？

次の点について考えてみよう。仮に男性が、女性よりも共感の面では劣っているとしても、今日の男性はかなり共感的でありうるし、また、教育や子育てに関する実践が改善されることで、男性が全体として現在よりもはるかに共感的になる可能性を否定する論者はいない。（また今後、女性が全体として、現在の女性よりもいっそう共感的になりうることを否定する論者もいない。）そこで、極めて共感的になれる能力をもつ男性がいると仮定して、その彼に、テストステロンが男性の共感を軽減させ、性別／ジェンダーとしての女性がそうなる以上に、他者に対して常に攻撃的になる状況について、どう考えるのかを尋ねる場合を想像してみよう。彼は、テストステロンの影響による攻撃性によって危害・苦痛を被った人たちに対して共感を覚え、共感に基づいて気遣うからこそ、率直に、こうしたテストステロンの影響を嘆き、また遺憾に思うのではないだろうか。仮に十分に共感的な男性／男であるなら、誰もが、この男性に見られるテストステロンの影響を遺憾に思い、場合によっては罪の意識さえ感じるのではないかと思う。そして、もしそうだとすれば、彼は、「男性が女性よりも道徳的に劣っている」という考えに、抵抗感や憤りを覚えたりすべき根拠は全くないだろうし、そういった気持ちにも全くならないだろう。この結論によって、彼の自我は傷つき、大きな衝撃を受けるかもしれない。しかし彼は、男性のテストステロンが過剰であることでもたらされる害悪を認識し、それを遺憾に思っているので、その衝撃を受け入れるべきなのかもしれない。

さらには、このような道徳的に劣る点を受け入れることが、ある意味での利点、または恩恵をもたらすかもしれない。これまで示唆したように、男性が女性よりも道徳の面でやや劣り、またそれが事実だとすれば、男性が、テストステロンの影響さえなければしないような悪事や良からぬ事を行った場合は、彼は、その行為について何らかの道徳的釈明をすることが許容されるかもしれない。テストステロンと人間の行動に関する文献によれば、自閉症の男性（アスペルガー症候群も含めて）は相手に共感することが困難で、一般男性に比べても、血中テストステロン値がいっそう高いことが示唆されている。〔ただし、テストステロン値と共感の相関関係に関するこの仮説は、現在では疑問視されている点に注意。それゆえ、この段落の議論も、そのまま受け入れることはできないと思われる。〕自閉症の人々による道徳的な失敗を許容する傾向が私たちにあるように、一般的に男性による道徳的な失敗を――自閉症の人々の場合ほど許容されるわけではないが――いくらか許容することが理に適っていることにならないだろうか？[21]　もしそうである場合は、ケアの倫理の立場では、「男性は道徳的な責任や説明責任を、女性ほど課されない」と見なされてしまうかもしれない。また男性が、他者を攻撃するような行為をしたとき、または他者のニーズに対して共感的に応答できないとき、この理論は、「男性がとった行為は道徳的に間違っているが、ある程度はやむをえないものだ」と場合によっては主張することもありうることになる。もしそうだとするなら、そこでは、女性には認められない道徳的釈明の機会のようなものが男性には与えられることになる。仮にそうだとすると、この段階で、ケアの倫理に異を唱える可能性がより高いのは、女性の側だろう。またより一般的には、男性・女性の双方が、ケアの倫理に憤りを感じ、それを拒否することへと傾くのは尤も――それを拒否する理由は男女間で異なっているけれども――なのかもしれない。男性は、女性よりも道徳的に劣っていると見なされることを嫌がる可能性がある。一方、女性は、自らの行いに対して、男性よりも責任を負わされることを嫌がる可能性がある。しかし、男性が繊細な感受性をもっていた場合は、自分のテストステロン値が高いことによって引き起こされた（もしくは防げなかった）加害を嘆き、遺憾に思うだろうが、他方でその男性は、テストステロンの存在を知ることで、自分の行動に対して、道徳的な観点からいくらか釈明できることを知り、もしかしたら安堵するかもしれない。同様に以上の仮定のもとでは、女性は、ケアの倫理があまりに安易に男性を許すことになるという懸念をもちつつも、他方で、男性より共感能力が豊かで攻撃性も希薄であること、それゆえに男性よりも道徳的に優れており、男性が頼らざるをないような道徳的釈明に訴える必要がないことに、もしかしたら誇りをもつかもしれない。(22)〔1〕

以上のような可能性を考慮すると、共感を軸に展開するケア倫理の立場は、「女性のほうが現時点で男性より道徳的に優れている、もしくはそうであり続ける可能性が高い」とする考えと必ずしも折り合いが悪いわけではないだろう。また、こうした結論を受け入れたからといって、ケアの倫理が、男女双方にとっての道徳規範や道徳的理念として役に立たなくなるわけでは決してない。(23)さらに、ケアの倫理が、現在の様々な実践・慣習・制度・態度に対してなされるべき変革に貢献しなくなるわけではない。とはいえ、もうそろそろ、男性に対する女性の道徳的な優位性ではなく、自由主義に対するケアの倫理の優位性を示すためになされてきた（もしくはなされる可能性のある）議論のいくつかを検討することにしよう。結局、そこでなされる論証の多くはそれほど強力なものではないが、しかし、その内には、自由主義を拒否すべき論拠をいくらか与え、目下のようなケア倫理的アプローチを支持するような論証も含まれている。こういった議論をした後に、パターナリズムについて論じることにするが、本章の最後に触れるように、パターナリズムに関しては、自由主義とケアの倫理との間には、当初に想像したほど相違がないことが明らかになるだろう。

2　自由主義への反論

偉大な自由主義政治思想家であるジョン・ロールズは、『正義論』の中で、道徳理論は、その理論の適用が試みられる対象（もしくはそれに対して行動指針の付与が試みられる対象）である、個人の形而上学的な（諸）性質を考慮に入れ、反映すべきであると主張した。[24] ロールズはこの考えを用いて、功利主義を批判した。功利主義的な見方は、歴史的には道徳感情説に由来し、しかもいまだに、感情主義の原点と見なせるような特徴の多くを保持している。しかし、ケア倫理学者、フェミニスト、さらに共同体主義者《コミュニタリアニスト》は、（政治に関わる）道徳規範が適用されるところの自己や人格に関する形而上学的な本質を誤解しているのは、むしろロールズやネーゲル、そして他の自由主義者であることを指摘することで、上記の自由主義の議論を覆そうとしてきた。その論者たち（ケア倫理学者、フェミニスト、共同体主義者）が論じてきたことは、個人としてのアイデンティティや人格は、本質的に関係的であるか関係性によって構成されるものであり、自由主義者とカント主義者は、私たちのアイデンティティに関して、誤った原子論的な理解を前提にしてきたということだ。[25] 私たちは、この批判が自由主義の今後の可能性にどれほど強く影響するのかを考察する必要がある。

自己ないし人格に関する原子論的な見方とは、他の人格との関わりや関係性がその人格のアイデンティティにとって非本質的であるとする見方である。自己に関するカントの実体的な見方は、まさにその意味において原子論的である。しかしカント的形而上学を支持しない自由主義者でさえ、しばしば上記の意味での原子論的な見解を保持している。例えば『正義論』におけるロールズの主張によれば、私たちの本性は私たちの目的によってではなく、それらの目的が形成され追求される仕方を統制する権利や正義の原理によって明らかにされる。自己は私たちが設定した目的に先立って存在しており、自己の本質的統一性によって要請されるのは、道徳的に正しいことに関する理解やそれへのコミットメントでしかない、とロールズは考える。したがって、誰を愛するかや何を欲するかに関して生じた諸変化を通じて基本的なアイデンティティが保持されるために、その人に備わっている必要があるものは、合理的／批判的／道徳的能力それ自体のみなのである。(26) 他の自由主義者も同様の主張をしているし、またそうした見方は、マイケル・サンデルの著書『リベラリズムと正義の限界』の中で、極めて有益な仕方でまとめられている（そして、広範な仕方で批判が加えられている）。(27) ところで、一つ注意すべき点がある。それは、自由主義的な原子論の支持者は、「自己とは、社会的ないし対人的な特徴を欠いた最小限の（個人的／合理的）個人である」と主張する必要はないし、またそう主張してもいない点である。その論者たちも、コミットメントと人間関係によって、実際に私たちのあり方は特徴づけられていると考えている。しかし、それと同時に、他者との最も重要な繋がりでさえも、私たちのアイデンティティにとって本質的ではないし決定的でもないと考えているのである。

だが、もちろんのこと、フェミニストや共同体主義者は、コミットメントと人間関係の全てが私たちにとって本質的であると考える必要はないし、また通常、そうは考えていない。おそらく、その中でも最も重要なコミットメントや人間関係こそが、当該の人物のアイデンティティを構成できるものであり、その構成部分なのである。そして、個人のアイデンティティの本質的な構成要素と見なされるのは、例えば、親密な家族関係ないしは個人的な関係（親子関係・友情・結婚生活）、そして、コミュニティや大きな理念（例えばユダヤ人社会、あるいはフェミニズムの理念）へのコミットメントである。だが、そうしたコミットメントと人間関係が、その人格にとって本質的なものであって、単なる一つの特徴ではない、とされるとき、意味されていることはいったい何なのだろうか？

英米系の哲学で、少なくとも、個人（または他の「構成要素」）にとって何が本質的で、何が付帯的なのかを議論する際に、標準的な典拠となるのはソール・クリプキの著書『名指しと必然性』である。[28] クリプキは可能世界に結びつける形で本質的性質の観念を取り入れている。すなわち、ある性質が私にとって本質的であるのは（大まかに言って）私が存在しているあらゆる可能世界の中で、私がその性質をもつ場合であり、そして、可能世界とは（再び大まかに言えば）、たとえ、（例えば）その世界が現実世界での物理法則や史実に反したとしても、現実世界とは別に想定したり想像したりできるような世界のことである。クリプキは、例えば私たちの〔生物学的〕起源は私たちにとって本質的であると主張する。つまり、私がある特定の両親、特定の精子・卵子に由来するなら、その場合、「ある人が、私と異なる精子・卵子もしくは異なる両親を起源にもち、なおかつその人が私である」というような可能世界は存在しない。クリプキの見解では、私が大学に進むとか、あるいは私が実際の配偶者・子ども・友人をもつといった私に関わる事実は、私にとって本質的ではない。同様に、私にとって本質的と見なされるものは、私の起源が両親であるということ、そのことだけであって、私が両親を愛し、両親を私の人生における大切な存在として理解したとしても、その事実は私にとって本質的ではないのである。

たしかに、上記の事実を前提とした場合、私が両親を愛さなければ、あるいは私にとって大切な個人的な人間関係をもたなければ、私は人として（とても）異なっていただろう。しかしながら私は、両親・友人・子・配偶者に非合理的あるいは非道徳的に敵対し、別の人々との関係性を求めてその人たちを見捨てたり、世捨て人になったりしたとしても、別の人間になるわけではない。このように、これらのことを全てしたとしても、その人物は、やはり、私なのであって別の人間ではない。それゆえ、クリプキの見解に従えば、生物学的な意味と対比されるような個人的な意味での人間関係は、その人の存在にとって本質的ではなくなる。そして仮にクリプキの見解を受け入れるなら——本質的性質に関する形而上学的な考えを受け入れる人の多くは、クリプキのこうした発言におおよそ同意してきた——、その場合は、自由主義の政治哲学者が前提にする原子論的個人の考えは、人間の本性についての誤った見解を含んでいるわけではないかもしれない。私の知る限り、どのフェミニストあるいは共同体主義者も、クリプキの論証を正面から検討してこなかった。だが「自由主義の政治的および道徳的見解――また特に、言論の自由についての自由主義的な見解――は、人間のアイデンティティと人格についての欠陥のある概念に基づいている」と主張しようと思うのなら、まさにクリプキの論証を検討することこそが求められるだろう。

しかしながら、この問題から離れる前に、上記の見解に対してフェミニストあるいは共同体主義者が思いつくかもしれない応答に触れておきたい。その応答によれば、クリプキの本質的性質の概念は純粋に論理的なものだとされる。そして、「アイデンティティにとって本質的ないし構成的なもの」と「単に（あるいは、たまたま）その個人を特徴づけているもの」との相違を、論理的可能性以外の要素が混入するような人間的な観点から捉えたほうが、いっそう有益だとされる。そういった場合、その相違は当の個人が現に存在するような仕方で存在するということにとって重要である要素と重要でない要素という観点から、捉えられることになる。こういった応答は、尤もらしく魅力的であるが、私は（はるかに入念な検討をしなければ）、このことが自由主義者に対抗する十分な力になりうるかどうか、疑問に思っている。自由主義者は、愛情や親密さを含む個人的な人間関係が、私たちとは何か、私たちとは誰か、ということにとって重要であることを否定しなければならないのだろうか？

私の見解では、自由主義に対する共同体主義者あるいはケア倫理学者の異議申し立ては、別の観点、もしくは少なくともより入念に検討された観点から提示されたほうが望ましいし、またそのように提示される必要がある。ほとんどの自由主義者は、愛情のある人間関係が（コミュニティに対する関与は言うまでもなく）私たちにとって重要であること、しかもこうした見方が、自由主義の道徳観や政治的見解と全面的に整合することをおそらく主張するだろう。しかし私は以下で、自由主義者がこうした見解を全面的に正当なものとして主張することができるわけではない点を示したいと思う。なぜそうなのかを説明するのはそう簡単ではない。そこでこの点に関する議論を前進させよう。議論の出発点として、まず、とりわけカント（もしくはカント主義）に反対すべく提示された議論や考察を取り入れることが最適であろう。

カントについてはこう言えるかもしれない。カントは、個人間での愛情を決して些細なことと見なしていたわけではないが、それでも彼は、個人間での愛情と、民族的・宗教的コミュニティやその他の種類のコミュニティに対する強い個人的なコミットメント、その両方の可能性を縮小させるような傾向性や態度を、道徳的なものとして擁護していた。例えば、（バーナード・ウィリアムズの言葉を借りれば）カントが最も信頼し称賛するような仕方で常に良心的な人物であるためには、自分の妻と赤の他人が溺れていて、そのいずれかを救助すべきかの選択に直面した場合、妻の救助に実際にとりかかって助ける努力をする前に、道徳規範を引き合いに出して、道徳的見地から、妻を溺れている状態から救うことが許容（ないし要求）されるかを判断しなければならない(29)。ウィリアムズによれば、この夫は「思案過多」の状態に陥っているのである。もし妻が、自分を救う際に夫がどのように考えて決めたかを知れば、きっと自分に対する夫の愛情に関して不満に思うのは尤もだろうし、「他の多くの配偶者が愛されているのと同じように、夫は自分のことを愛していたのだろうか」と訝《いぶか》しく思うのも尤もだろう。しかし、もしこの点を認めたとしても、ウィリアムズの事例におけるこの男性が、妻を愛していないということにはならない（また、ウィリアムズも、この男性が妻を愛していないとは決して主張していない）。そこで、カント主義者は——この議論やその類の議論に直面しても——理想的な道徳規範についてのカント的見解によって、個人への愛情、あるいは大きなコミュニティへのコミットメントの可能性が損なわれると考えるに足る根拠は全くないと主張することができる(30)。

それでも、もしカントによって理想とされる道徳的な人物が、十分に深い愛情をもてないのであれば、カントの見解は実質的な問題を抱えることになるだろう。私は今や、カントのみならず、現代の自由主義者もまた、深い愛情関係を、きちんと考慮することや意味を成すものとして説明することが困難であるという点を論じたい。また夫が妻を救助するというウィリアムズの有名な事例と同様に、人格に関する自由主義的理念は、「思案過多」な個人ないし人格を含んでいることを具体的に示したい。

自由主義者は、これまで触れてきたのとはやや異なる個人の自律の理想像を支持している。私たちは、「特定の種類の外的干渉を受けずに行為する自由」を含むものとしての自律について——またそうした様々な干渉から自由でいられる個人の権利について——語ってきた。そしてさらに、個人が自分自身で思考し意思決定することを含むような（因果的かつ／もしくは構成的な意味で関係的な）自律についても述べてきた。だが、この後者の考えは、さらなる理念、つまり自身がもつありとあらゆる愛着・コミットメント・信念・プロジェクトに対する批判的な吟味を、進んで受け入れたり許容できたりするような個人の理念へと拡張できるし、また実際に拡張されることがある。こういった考えは、自分自身で思考し意思決定することを主旨とする自律の概念以上の内容を含んでいる。なぜならそれは後者が要求する以上のさらなる自己意識や反省を含むからである。また、（ときには）既になされた意思決定や形成した信念を後になって再考するということを伴うからである。それでもなお、この批判的な自律の理念は、ある意味で、自分自身で思考し意思決定するという理念と連続的である。もし考えていることや欲していること全てに関して批判的吟味を進んで遂行したり、遂行することができたりするなら、他者の考えや決断の支配下に置かれることや、自分自身の思考能力や選択能力を破壊し阻害するような（外的もしくは内的な）因果的要因によって影響を被ることは、（たとえあったとしても）ますます少なくなるだろう。私たちは、とりわけフェミニストの関心をひきつける事柄に言及することで、まさに、この批判的な自律という概念を具体的に示すことができる。

女性は時として、夫や家族をあまりに愛するばかりに、巧みに利用され、その結果、自分自身の権限やニーズを主張することをためらったり、主張できなくなったりすることがある。これは第四章で論じた家父長制や女性の自己放棄・自己消失と明らかに関係している。しかし、私たちの目下の目的にとってより重要なのは以下の点である。すなわち、一部の自由主義者が、あらゆる自分の欲求・愛着・信念・プロジェクトを自覚的に批判的吟味する能力の行使として、自律を構想し、そういった意味での自律が、男性や家族に対する女性の過度な献身や奉仕によって生じる具体的な不正義や抑圧を防ぐための安全装置として、是非とも必要なものだと考えている点である。（明らかに、男性も過度に献身的になることはありうるし、その場合は、批判的自律は男性にとっても有益でありうる。）

例えば、マーサ・ヌスバウムによれば、「自由主義の伝統的な見解では、何らかの批判的吟味を受けることなしに、感情が人生の指針として信頼されることはあってはならない」し、また「自らの感情が適切か否かを問うことが強く要求される」(31)。このような批判的な吟味や問い質しは、過度な感情的献身に伴う不正義や抑圧を、女性が回避したり根絶したりするうえで、いくらか役に立つかもしれない。またヌスバウムは、自己批判を欠いた情緒的な態度を推奨している点や、自由主義によって推奨されている批判的な態度を「思案過多」と見なしている点で、ケアに関するネル・ノディングズの見解を、批判している。ヌスバウムは、愛と深いケアが「素晴らしいのは、〔無批判かつ順応的な自己犠牲に陥らずに〕本人が自分自身のことを第一に優先して考える場合に限られる」(32)と結論している。では、果たしてノディングズとヌスバウムいずれが正しいのだろうか？

そこで、ある女性が家族——親・夫・子ども——を愛していて、そのように愛することが適切なのかどうかという疑問や、また例えばそういった相手への愛情や関わり合いが自分にとって善いものかどうかという疑問をもつことがなかったとしよう。ヌスバウムの見解では、その女性はそういった問いを提起すべきであり、しかも推察するに、もっと早い段階でそうすべきだったのである。しかし、例えば親を愛している女性がいるとして、彼女には親への愛情を疑うべき特別な事情など全くないのだとしたら、そのような問いを発するのは奇妙かもしくは、ばかげているように思われるし、実際そうではないだろうか。

しかしながら他方で、もしその女性が（いくぶん）家父長的だと言えるような状況を生きているのだとしたら、夫を愛すべきかどうかに関して、少なくとも疑念を抱くことは理に適っているだろう。もしかしたら、夫は、彼女の献身的な態度にこれまで不当につけこんできたのかもしれない。もし彼女が、その事実にこれまで気づいていなかったとしたら、今こそ彼女がその事実に目覚めるべきときである。さらに、家父長的な価値観が、彼女の父親・母親が彼女に接する仕方に、影響を及ぼした可能性は高い。もしそうであるなら、彼女は両親との関係や両親に関する心情を批判的に見る必要がある。また、彼女が自分の子どもたちに抱く感情について、批判的に見ることも同様に理に適ったことかもしれない。

しかし、ヌスバウムは、あたかも批判的吟味がその人のもつ感情のあらゆる側面に関して適切であるかのような印象を与える主張をしている。このことは女性がある時点で自分の両親を愛すべきか否か、また両親と（継続的に）そうした関わり合いをもつべきか否かを自問すべきである、ということを意味している。だが、こうした考えは、仮に彼女が家父長的な環境下に置かれているとしても疑問の余地がある。たとえ家父長的関係が家族関係を歪めたり、不正義をもたらしたりするとしても、そのことが両親を愛すべきか否かを問う適切な理由になるとは思われない。そして、同じことが、自分の子どもに関する感情に関して、より強く言えるだろう。仮に、子どもたちとの人間関係を再構築したり、改善したりする必要性があるとしても、そこにおいて「私は子どもたちを本当に愛すべきか」と自問することは、ぞっとするくらい的はずれなことのように思われる。もちろん、夫への愛情は、子どもたちに対する様々な感情や関係と比較すると、自明視できるような要素が著しく乏しいように思われるし、また、事実そうである。したがって、それが家父長的状況でのことなら、夫を愛すべきか、愛することは望ましいかを（毎日ではなくとも、少なくとも、いつかあるときに）考えるのは適切であるだろう。しかし問題は、ヌスバウムや他の自由主義者はこうした区別をしていないことである。それらの論者は全ての情動あるいは感情を、ある時点で、または何度も疑問視するべきと考えている。しかし家父長的な、あるいは他の歪んだ不当な境遇においてさえ、こうした考えが全ての感情や人間関係に当てはまるとは思われない。上記の立場をとる自由主義者はあまりに多くの思案を要求してしまっている。

さらには、こういった自由主義者は、家父長的な状況下のみならず、あらゆる境遇においても、個人の情動／感情について、批判的に検討するように強く促しているが、この主張は過度な一般化を含んでいる。家父長制のもとでは、様々な人間関係の中で起きること——警戒すべき兆候——に疑いを抱くのは理に適っている。自律的な思考がいくらか損なわれているため、警戒すべき兆候が実際にそこにあるのに、それを見逃したり、過小評価したり、別の意味で解釈したりする女性も数多く存在する。もしも夫が、妻の自己消失的な献身を悪用しているのなら、その妻は、夫との関係全体と夫に対する愛情を疑問視するのはおそらく適切なはずだ。そしてもし彼女がそのように疑問視しないのなら、おそらく彼女に何らかの自覚を促す必要もあるかもしれない。しかし、彼女が家父長的な状況下に置かれているわけではなく、また彼女に何ら自覚を促す必要がないのなら、彼女は夫との関係や他の誰かとの関係について自ら疑問を投げかけるまでもないだろう。自由主義者によれば、自分の感情と人間関係について吟味することは、状況の如何にかかわらず常に適切であり、私たちはある仕方で批判的に警戒するという態度（critical vigilance）を維持するべきとされる。しかし実際には、そうした態度によって、他者に対して抱く感情や愛情は弱まってしまう。もし、警戒すべき兆候がないにもかかわらず、現に大いに愛している自分の子・親・配偶者を、本当に愛すべきか否かを問うのなら、私たちは、理想とされる然るべき愛情、またできる限りの愛情を、相手に注いでいないということに事実上なるだろう。したがって私の考えでは、批判的に警戒するというあり方を強く要求することで、自由主義者は、愛の価値を過小評価している。もし家父長的な境遇によって、そのような警戒心が必要とされ適切なものとなるなら、その結果として（悲劇的なことに）愛が私たちの生活においてもちうる価値は、部分的に失われることになるが、自由主義者はその点にまさに気づいていないのである(33)。

批判的に警戒する必要がない状況でそのように警戒する場合は、実質的には、最も充実した理想的な愛情を妨げることになるがゆえに、少なくとも思案過多という現象がそこでは見いだされることになる。例えばウィリアムズが提示した例のように、夫が妻または赤の他人のいずれを救助するかを決める際に道徳規範や規準を参照したことを、妻自身が知れば愕然とするだろう。とりわけ、妻はこの事態を、これまで想定し期待してきたほどには夫が自分のことを愛していなかった証拠（もしくはその証拠になりうるもの）だと理解するだろう。というのも、私たちは愛情――少なくとも私たちが切望し、深く価値を置く愛情――は、ウィリアムズの事例における夫が示したような思考とは折り合わないからである。[34]

同様のことは、例えば、ある女性（もしくは男性）が、親に対して感じている自分の愛情は適切か、もしくは望ましいものなのかについて批判的に思考する場合にも当てはまる。相手への愛着や相手との関わり合いについて、重大な疑念をもつことは、最も充実した最善な愛情とは相容れないような仕方で、相手に不安や隔たりを感じることを意味しており、そして、そのような不安も隔たりも要請されないような場面で、そうした疑念を差し挟むのなら、明らかに、そこには思案過多の状態（への傾向）が見いだされるだろう。

望ましくない事態ないし展開を示すような警戒すべき兆候や危険な兆候を感知した場合は、その人は、相手への愛情を批判的に再考（もしくは検討）するべきだろう。しかし、批判的な警戒を特徴とする批判的思考の事実上の行使は、関係が悪化し始めている場合や悪化してしまった場合に批判的に思考する傾向性が単にあること――私たちが批判的な応答性（critical responsiveness）と呼んでいるもの――とは異なっている。そして状況が当初から問題含みではない場合や適切な場合は、批判的な応答性こそが最も意味を成す。そういった場合においては、批判的な警戒ではなく、批判的な応答性によってこそ、最も充実した最善の愛情を実現可能なものとして維持することができる。それゆえ、ヌスバウムのように批判的な警戒や用心深さを、あらゆる状況に一般的に適用できる態度として推奨することは不適切なように思われる。[35]

ところで、情緒的愛着に対して批判的な吟味を優先する、もしくは少なくとも情緒的愛着に批判的な吟味を加えることを推奨する自由主義者は、ヌスバウム以外にも数多く存在する。例えば、ジェラルド・ドゥオーキンは著書『自律の理論と実践』の中で、日常生活の中での（一階の）欲求・コミットメント・信念に対する批判的な吟味を、一般的に推奨され学ばれるべき自律の理念と見なしている。[36] とはいえ彼は、こうした自律は忠誠心（または愛情）とうまく折り合わないかもしれないとする懸念を取り上げているが、結局はその可能性を否定している。「愛情と、自分が理想とする自律像との間には何ら不整合は見いだされない」というドゥオーキンの見解は正しいのかもしれない。しかし、それでも私の目下の議論が正しいのなら、ドゥオーキンやヌスバウムが推奨する類の批判的な自律は、最も充実した形の愛情――すなわち私たちの多くが最善だと考え自ら切望する形の愛情――と実際に折り合わないのである。したがって、こういった批判的な態度を推奨する人は誰であれ、たとえ愛情に一定の価値を認め、愛情というものを、自らが推奨する批判的な態度〔批判的な警戒〕と適合ないし調和させるべく努めたとしても、愛の価値を過小評価しているように思われる。

カントの〔内なる〕心底からの良心という理念についても、基本的には同じことが言える。それゆえ、愛情という要素を考慮に入れていない点でカントを批判する論者の主張――先に言及した主張――は、実のところ誤っている可能性はあるものの、少なくとも、その議論は正しい道筋を辿っているように思われる。より強い言い方をすれば、自由主義者は、関係性というものを、私たち自身のアイデンティティにとって重要ではないという意味で非本質的だと見なすのだが、その点で自由主義者を批判する論者は、〔目下の議論が正しい場合〕自由主義に対するいっそう精確な反論がどのようなものになるのかを少なくとも漠然とは感知している。さらに、ヌスバウムとドゥオーキンの両者によって表明されている批判的な自律についての見解――自分の信念・愛情・コミットメント・切望に対して批判的な態度をとることがおおむね正しいとする見解――は、自由主義的な道徳的・政治的な思考のまさしく典型的見解であり、もしそのような見解が疑わしく、いっそう不適切なものだとするなら、私たちが、少なくとも自由主義的立場の一つの重要な側面に疑問を呈することは理に適っている。自由主義者は、批判的な自律を無条件に承認すること――批判的な警戒と私が呼んでいるものを擁護すること――によって、愛情〔また他者への配慮や思いやりのある態度といった情緒的なコミットメントや傾向性――これらの点に関しては第七章で再び論じる〕がもつ価値を軽んじ過小評価してしまっている。

第四章で論じたように、自分自身で思考し自らの主体性に基づいて行為するという成熟した能力としての自律は、望ましいものであり、適切な育児や相手を尊重する育児によってもたらされる。しかし自由主義者が推奨する批判的な警戒という考えは、まさにこれまでの議論を踏まえると、第四章で提示した自律概念を捻じ曲げ極端にしたものであり、もちろん私はそれを推奨しようとは思わない。さらに自由主義者は、愛情や強い情緒的愛着の価値をより広範囲にわたって軽んじ過小評価すればするほど、他の人々との繋がりの価値と重要性を低く見積もっていることになる。また、自由主義者は、他者に対する感覚や感情に対して批判的な距離をとるのを推奨することで、他者からの分離独立の重要性や、伝統的な自律の形態——少なくともその一つの形態——の重要性を過大に評価しているのである。

その場合、自由主義がヘイトスピーチについてどう語るのか疑問に思うのは尤もだろう。自由主義者の考えでは、言論の自由は干渉されてはならず、場合によっては、たとえヘイトスピーチであっても、また他者に対する実質的な苦痛や害悪を避けるという目的であっても、そうなのである。[37]〔2〕自由主義者はそう主張することで、自由な（憎悪的）言論に干渉しようとする人々やヘイトスピーチによって害悪を被るだろう人々から距離を保つことに、一定の価値を認めていることになる。これとは対照的に、ケア倫理学者は、そのような状況においては言論の自由（ヘイトスピーチ）は干渉されるべきだと考えており、他の人々との繋がりや応答責任に、より（大きな）価値を置くことになる。しかしながら、既に見たように、自分の感情よりも、それらに対する批判的な警戒をいっそう優先する自由主義者の立場は、他の人々との繋がりをまさに低く見積もっている。それゆえに自由主義者は、言論の自由が問題になるケースにおいても関係性を過小評価し、他者に対する自律を過大評価している可能性がある。少なくとも、そのような私たちの考えには、いくらか根拠があることになるだろう。他方でケア倫理学者は、「感情に対して批判的態度をとるべきか」という問いに関して、人間同士の繋がりを適切な仕方で重視する立場をとる。この事実を踏まえると、以下のように主張しうる。ヘイトスピーチの事例においても、「ケア倫理学者が他者との繋がりについて正しいことを述べている」と考えることは、それなりに理に適っている。

いずれにせよ、ここでは類比による——もしくは類比からの——論法をとることができる。その論法の説得力は限定的だが、しかし実質的な説得力を備えている。もし感情への批判的な警戒を重んじる自由主義に対する、ケア倫理の観点からの批判〔すなわち、自由主義は他者との繋がりの重要性を過小評価している、という批判〕を受け入れるなら、ヘイトスピーチに関して、ケア倫理に基づく見解のほうが、自由主義者の見解よりも望ましいと考えるのには、それなりの理由があることになる。そして、ケア倫理による道徳的判断が、自由主義的またはカント主義的な道徳判断とは異なるような様々な重要なケースにおいて、ケア倫理のほうが正しいと考えることが理に適っているのなら、自由主義やカント主義に対してケア倫理がより一般的に支持されることになるのではないだろうか？　仮にケア倫理が、自由主義や良識的な立場の双方が受け入れるような義務論の主要形態を具現化できないのだとしたなら、ケア倫理をより一般的な形で支持する論拠は、損なわれ覆されることになるだろう。もしくは仮にケア倫理学者が、自律に関して実質的な主張、興味深い主張、直観に適う主張を何らすることができないとしても、同様の事態に陥ることになるだろう。しかし、私はケア倫理がそのような事態に陥るとは全く思っていない。私たちは前章および前々章の議論を踏まえることで、「自由主義者は自律をあまりに重視しすぎているのだ」という点を、具体的な形で主張したくなるだろう。ケアの倫理は、自律や自律尊重の理念に、より限定的な重要性しか与えない。しかしそういったケアの倫理の見解こそが、主流の道徳哲学や政治哲学に見いだされるいかなる見解よりも、自律というものが一体何であるのかについて、倫理的に見て適切な捉え方を提示しているはずだ。自由主義とケア倫理の間にある相違点は、ジェンダーの相違にそれほど関連しているようには思われない。しかし、このことによって、ケアの倫理は、ヘイトスピーチをめぐる道徳規範や道徳問題一般に関して、自由主義よりも適切な説明を与えることができなくなる、というわけではない。したがってケア倫理の重要性や妥当性は、ジェンダーの相違に関して前提されている事柄に左右されるわけではない。(38)

　さてケアの倫理は、自律を独自の仕方で理解するのみならず、正義についても伝統にとらわれない独自の〔複数の〕視点をもつことになる。次章では、共感に基づくケアの倫理に依拠することで、社会的正義と法的な正義についてどう語ることができるのかを私たちは論じることになる。しかし、これまでケアの倫理が自由主義とカント主義に対してもつ利点について論じてきたが、そのことに関してさらにもう一つ気がかりな点があるので、それを検討する必要がある。そこでのケア倫理の利点は、言論の自由をめぐる倫理に関する適切な説明として私が支持している見解から導き出されるものである。そして私が暫定的な結論として導き出した見解は、「ケア倫理学者や（もしくは）フェミニストは、ヘイトスピーチに法的また個人的に介入することを擁護する点で正しい」というものだ（ネオナチの父親をもつ娘の事例を思い出してほしい）。とはいえ、ヘイトスピーチの問題について、このような具体的な解決を擁護することに対してはもっと慎重になるべきかもしれない。そこで、なぜ慎重になるべきかその理由をいくらか述べてみたい。

「ヘイトスピーチ」を明確に定義するのは難しいし、また、ヘイトスピーチのあらゆる形態がその攻撃性や（もしくは）有害さにおいて等しい、というわけではない。そこで、私たちが、もしスコーキーの行進は禁止されるべきで、その類の行進を禁止するような立法行為を主張すべきであると思うのなら、その立法行為は、どのような枠組みで、またどのレベル（連邦、州、もしくはより限定的な地域）で行われるべきかについて考慮しなければならない。アメリカ合衆国では、この問題を憲法修正条項の視野の外にとどめておく必要性は全くないが、ヘイトスピーチに対する法律あるいは条令が憲法上の要件とどのように適合するのか、そのことは考察するべきだろう。こうした問題は、判決に際して、目下の法律、地方条令、あるいは憲法上の要件に関わる争点について、どのようにすれば裁判官が容易あるいは明確に解釈し解決できるか、という問題を喚起する。

さて、スコーキーのような事例におけるヘイトスピーチの禁止を擁護する人々は、そのようなスピーチがもたらしうる深刻な害悪を一つの理由として、それが禁止されることを願うはずだ[39]。その場合、誰かに不快感や害悪をいくらか与えるものであっても、禁止されるべきでないとされるケースと、深刻なヘイトスピーチとがどう異なるのか説明できなければならない。また、ある状況下でネオナチのヘイトスピーチの禁止を望むのなら、その推定からして、同じようなヘイトスピーチ、例えば、黒人に対するヘイトスピーチの禁止も望むだろう。しかし、そうだからといって、黒人に対する偏見や憎悪が多く存在する地域で、〔黒人差別に抵抗する〕公民権運動の行進を禁止するようなことはしないだろう。こういった市民運動を原則として実行可能だとする見解は尤もであるように思われる。例えば、公民権運動の行進は、黒人に対して偏見をもつ人々を不快にさせ、苛立たせ、激怒させるかもしれない。だがそれでも、そうした行進は、黒人やホロコースト生存者に影響を及ぼすようなヘイトスピーチとは異なっており、偏見をもつ人々に対して、尊厳を傷つけることやトラウマになること、また心を蝕むことをしているわけではない[40]。それゆえ、その限りにおいて、言論の自由の制限を唱えるケア倫理学者は、擁護可能な仕方で、禁止が望まれる言論活動と許容すべき言論活動の間に境界線を引いて区別することができるだろう[41]。たとえ、ぞれぞれのケア倫理学者によって、どこに境界線を引くのかが最初は異なっていたとしても、そうした相違について議論しうるし、その相違はケアの倫理に親和的な観点から場合によっては解消しうると考えられるだろう。(もしかすると、ヘイトスピーチに関連する事実が新たに明らかになることによって、そうなるかもしれない。隔離政策が黒人に与える影響に関する研究が、ブラウン対教育委員会〔ブラウン事件判決〕での論争に、どのように影響したかを思い起こしてほしい[42])。まださらに強調すべき論点が残っている。

特定の事例に対する(もしくは、特定の事例における)法律の適用範囲は、裁判官の意思決定に左右される(また警察官や様々な政府職員の意思決定にも左右されるが、ここでは単純化しておこう)。そして周知のように、歴史的にもまた現在においても、法的判決が難しいものであることを私たちはよく知っている。しかし、ヘイトスピーチを禁止する法律の適用には、これまで他の様々な判決では提示されたことのない特別な要請が含まれており、この事実は検討に値する。裁判官は、特定の人種・民族・宗教・ジェンダーに属する人々の尊厳を傷つけることや気持ちを深く害することを意図した言論活動が、禁止するに足るのか否かを判断する必要がある場合、その言論活動をした人々の意図について、説得力や繊細さを備えた考察ができなければならないし、悪意のこもった意図と、他者への深刻な害を自覚なしにもたらすことになった意図とを見分けることができなければならない[43]。しかし、ヘイトスピーチの被害者も、この後者の相違に敏感である。そして、被害者が被る害悪の一部は、加害者が意図的に被害者のことを深く傷つけようとしたのか、それとも不注意にもそうしてしまったのかに関する被害者の側の認識に基づいて生じている。裁判官は、「困難なケース」において適切な判断を下そうと思うなら、こういった事実を認識できるのでなければならない。そして、彼女／彼〔裁判官〕がそういった事実を認識するためには、他の種類の判決では必要とされないような一定の程度の共感を必要とする。(44)

もし優れた法律を制定したいと思うなら、特定の形態のヘイトスピーチを禁止する法律を検討する議員たちは、共感的な感受性を備えていなければならない。この点はいっそう明らかだろう。次章で私は、一般的には、優れたもしくは正義に適った法律は、議員の側が他者に対して適切な仕方で共感的に配慮することによって、その構想が可能になると主張することになる。だが、私がさしあたり懸念を抱いているのは、今日の状況においては、実のところ、議員が（十分に）共感的であるとは前提できないという点にある。また、共感的な議員でさえも、政治的な圧力に晒されることで、自己の利益を考慮するようになり、ヘイトスピーチを禁止する法律を検討したり（少なくとも）制定したりするのを回避する方向へと傾いてしまうかもしれない。したがってケア倫理学者は、ヘイトスピーチを禁止する法律を擁護する場合、そうした法制化を実現することが相当難しいことに気づいていなければならない。

政治的圧力に関するこの論点は、裁判官にも当てはまり、こうした関連する問題点によって、ケアの倫理が考慮すべき検討事項がさらに生じることになる。もし擁護可能なヘイトスピーチ規制法が可決されたとしても、政治的な圧力によって、裁判官が法を誤って解釈したり、誤って適用したりする可能性は残されている。そして議員は、一定の仕方で政治活動に動機づけられることで、私たちが容認し奨励したいとさえ思う類の言論を禁止する法案を通過させることもできる。私の友人のスコット・ゲルファンドは、宗教活動をするロビイストが、キリストの神聖を脅かすようなスピーチを禁止するように立法機関に圧力をかける可能性は十分に考えられると（私に）示唆してくれた、またファインバーグが指摘するように、「〔ナチ党がシンボルとして使用した〕かぎ十字章をつけることや〔クー・クラックス・クランの儀式的行為である」十字架を燃やす行為が、十分な根拠に基づいて今、禁止されたとしても、近い将来に、さほど有害ではないシンボルが、十分な根拠なしに禁止されてしまうかもしれない」[45]。したがって、特定の種類のヘイトスピーチを禁止する立法行為を提唱する者は、誰であっても、自らが擁護している主張が、他の者によって悪用され、歪曲され、過度に拡張される可能性があることを自覚すべきである。また、このような事実を踏まえることによって、ケア倫理学者もしくは一部のフェミニストは、この問題に関して何を主張したいかが変わってくるはずだ。

しかし、以上が全て認められたとしても、ケア倫理の妥当性や正当性は揺るがない。第一に、自由主義者とケア倫理学者は双方とも、法律上もしくは司法上の手続きが抱えうる腐敗の潜在的可能性に関する考察から切り離して、ヘイトスピーチの禁止に関する問いを考察する傾向がある。自由主義者がヘイトスピーチの容認を擁護する場合、それは典型的には、ヘイトスピーチ禁止が潜在的にはらむ「滑りやすい坂道」効果〔3〕ゆえにではなく、自律を重視するがゆえにである。同様にケア倫理学者の主張は、実質的には以下のように理解できる。ヘイトスピーチ反対法案が可決されることで生じる政治的な悪影響について心配する必要がない場合は、道徳的な観点から見て、その反対法案を可決するのは理に適っている。すなわち、ケア倫理の立場からすれば、その法案は、滑りやすい坂道の問題を別にした場合、もしくはその問題がない場合、尤もなものなのである。自由主義者は、まさにこの点において、ケア倫理学者と袂《たもと》を分かつことになるように思われる。また上記の分析によって、両者の不一致が説明されるだけではなく、その一方が支持されることになる。それゆえ、政治的な腐敗が生じる可能性があるということによって、これまで示された主要な論点の妥当性が削がれるわけではない。だが、ケアの倫理が、政治的腐敗の問題について道徳的観点から何がしかを語ることができるのかどうかもまた検討に値する。語ることができると私は考える。

特定の形態のヘイトスピーチを禁止する法律が、議員や裁判官によって悪用あるいは乱用される可能性があるとした場合も、十全なケアの倫理であれば、そのような事態に関して、何がしかのことを主張できるのでなければならない。まず一方で、「政治に関連する「滑りやすい坂道」が生じる懸念がない状況において、ヘイトスピーチは禁止されるべきである」という主張——しかも十分な道徳的根拠に基づく主張——がある。だが他方で、「政治的な権力によって、反ヘイトスピーチ法が、ケア倫理学者らが保護することを望んでいるような言論までをも禁止する口実として用いられる」という極めて危険な状況に関しては、私たちは異なることを主張するのを望むだろう。ケア倫理学者は、少なくともこの点を認めるべきだと私は思うが、もしヘイトスピーチの禁止をためらい、拒否する理由として、政治に関連する「滑りやすい坂道」の存在があるとするなら、そうした理由はケアの倫理に親和的な観点からきちんと解明されうると論じたい(46)。それゆえ私の考えでは、法に基づいてヘイトスピーチが禁止されることによって、他の種類の言論が、望ましくない有害な法に基づいて禁止される結果がもたらされる可能性が高い場合は、「ケア倫理学者がヘイトスピーチに反対する法制化の擁護を拒否したり躊躇したりすることはありえない」とするだけの原理的な理由は全く存在しない。しかし、私が述べたように、ケア倫理学者と自由主義者との最も根源的な不一致は、自律の概念をめぐるものであり、自律に関する議論に関しては、ケア倫理のほうがより優れていると考えるべき理由がある点を私たちは既に見てきた。

3　パターナリズム

これまで、「ある人が第三者に害悪を与える」という事態を防ぐために、他の誰かが介入すべきかどうかという問題が生じる事例について論じてきた。そして、この類の事例に関して、自由主義とケア倫理との間には決定的な見解の相違があることを確認してきた。しかし、ある人がほかならぬ自分自身に害を及ぼすことになるとき、それを防ぐために介入すべきかどうかを決断しなければならない、というような状況も存在している。そういった状況はパターナリズムの名のもとに分類される。私はこれまで（少なくともこの章では）そうしたケースについての議論は避けてきた。その主な理由は、パターナリズムの事例に関しては、ケアの倫理が自由主義と異なる立場をとることになるのか、とるべきなのか、それほど明らかではないという点にあった。これについては少し説明が必要になる。

概して自由主義者はパターナリズムを警戒しているが、その警戒心の背後には、自律を重んじる価値観が控えている。（伝統的に理解されているところの）自律を重視することによって、第三者に対する加害防止を目的とした個人の自由への干渉を、拒むことが正当化されるように思われるかもしれない。それと同様に、（もっぱら）自分自身に害を及ぼすことや及ぼす危険性があることを行う自由への干渉を拒むこともまた、容易に正当化されるように思われる。もちろん自由主義者も、パターナリズムによる干渉が正当化されると考えられるような状況——例えば未成年の子どもの場合——があることを認める。どのような状況において、またどのような（他の）条件がそろったときに、パターナリズムによる介入が許容され、また場合によっては責務となるのかに関しては、自由主義者の間でも、いくらか見解の相違がある。[47] しかし以上のことは驚くにはあたらない。他方でもし驚くことがあるとすれば、それは、ケア倫理学者もまたパターナリズムに対して懐疑的だということだ。ただし、ケア倫理学者がそのような懐疑的態度をとる根拠は、自由主義者の議論に影響を与えている根拠と大きく異なっている。すなわちケア倫理学者は、パターナリズムへの反論を、自由主義が主張するような自律や他者からの分離独立（の価値）に関する考察に基づいてではなく、他者との繋がり（の価値）に関する考察に基づいて行うことを望むのである。私たちは、いかにしてそのような異なる根拠もしくは正反対の根拠に基づき、（大部分の形態の）パターナリズムに反対する態度が自由主義者、ケア倫理学者の双方に共通して生み出されるのかを理解しておく必要がある。

共感は、私たちと他者を望ましい形で結びつける。そして、たしかに共感は、個人道徳と政治道徳に関する私たちのこれまでの説明の中核に位置するものであった。しかし、共感という要件のみから、パターナリズムへの反論を導き出すことはできない。子どもが嫌がっていても医者に連れて行く親が、その子に対して共感を欠いているわけではないだろう。同様に、ヘルメットをかぶることなく風に髪をなびかせてオートバイに乗ろうとする人に対して、「あなた自身のためにヘルメットをかぶるべきだ」と要求しつつも、全面的に共感するということができると思う。〔このように共感的態度はパターナリズムと部分的には両立しうるので〕もしケア倫理学者（の一部）が、大部分の形態のパターナリズムに反対しようと思う場合には、共感以外の要件に訴えなければならなくなるだろう。

典型的には、ケアの倫理は、個人の責務や徳の倫理であるよりも関係性の倫理であると見なされている。例えば、母親が示す思いやりを子どもが少しも承認しないような母子関係なら、それは理想的なものとは言えないし、その点において倫理的に満足いくものではないだろう。とはいえ、以前にも触れたように、ここでの子どもの側の承認は、必ずしも（明示的な表現としての）感謝を含む必要はなく、単純に甘え声を出したり、微笑んだりすることであってもいい。また同様の理由から、ケア倫理の立場からすれば、オートバイの運転者にヘルメットの着用を強いることは、倫理的に見て不十分である。その運転者が、自身の価値観ゆえに、ヘルメット未着用での乗車を阻止する（もしくはその状態での乗車を強制的に阻止する）介入を、進んで承認もしくは容認しない場合や、またそうした介入に対して、自分の根本的な価値観への侵害だとして立腹している場合を考えてみよう。その場合、介入する側が「運転者がそのような態度をとる背景には何があるのか」を共感的に理解もしくは配慮したうえでその介入がなされたとしても、またその介入がそういった共感的理解や共感的配慮と一貫したものであったとしても、その介入は、望ましい人間関係の妨げとなると見なされて然るべきかもしれない。他方、嫌がっている子どもを親が医者のところに連れて行くことは許容されうる。というのも、「その子は成人すれば、親がそのとき無理やりしたことの内に含まれているケア的な側面を承認し容認するだろう」と想定するのは、おそらく理に適っているからだ。他方でオートバイの運転者にヘルメット着用を促した者は、（仮にヘルメット着用が、運転事故による死や重傷を予防するとしても）「自分が行った干渉を、運転者はいつか受け入れてくれる」と想定できないかもしれない。したがって、個人の行為を評価する際に、望ましい関係性としてのケアを重視するケアの倫理は、相手に承認されることのないようなパターナリズムに基づく介入を、道徳的に禁止すべきものとして主張することができる。(48)

このような関係性を規準とするケアの倫理の方向性は、共感という論点を超え出ていくものである。こうしてケア関係を中心に据える方向性で議論を展開するのであれば、尊重（自律への尊重）に関する私たちのこれまでの説明〔すなわち、動機づけとしての共感による思いやりを核とする説明〕は、以上の付加的な考察によって補完される必要がある。しかしながら私は、ケアの倫理をそのような方向で展開すべきだと完全に確信している、というわけではない。共感的で思いやりのある人物がいるとして、誰か――例えば成人した我が子や大切な人――がヘルメット未着用でオートバイに乗車しようとしており、相手を説得する可能性がもはや残されていない場合、その共感的な人物が相手の乗車阻止を試みない、というのは自明なことだろうか？　また、オートバイの運転者と介入者の関係性の価値を評価する場合、介入者が示す、徹底的にパターナリズム的でありながら全面的に共感的でもあるような配慮は、介入に対する運転者の憤りよりも重視されるのではないだろうか、もしくは少なくともその憤りと同じくらい重視されるのではないだろうか？　私には確実なことは言えない。それゆえ、ケアの倫理に基づいてパターナリズムの問題について決定打となるような回答を与えるためには、上記よりもはるかに多くのことを考察しなければならないと思われる。最終的には、ケア倫理学者は、一般的にパターナリズムに基づく介入が道徳的に望ましくないという点に関して、自由主義者に賛同することを望むかもしれない。そうであっても、その賛同は、他者との繋がりの価値に基づくものであって、その価値とは正反対であるような、自由主義者が訴える自律という要件に基づいているのではないだろう。しかし、ケア倫理学者がパターナリズムを拒否する方向で議論を進展させる場合は、他者との繋がりの価値を独自の仕方で解釈しなければならなくなる――すなわちその価値は、ケアされる側が、相手からのケアを将来受け入れる可能性があるかどうかに依存している。（この解釈は、人間同士の繋がりや人間関係の価値に関してネル・ノディングズが主張しているいくつかの見解に、極めて沿った内容になっている。）

他方で私たちは、パターナリズムに基づく介入が容認できるかどうかに関して、最終的にはケア倫理学者が自由主義者と見解を異にする可能性がある点をこれまで見てきた。もしそのように見解が食い違うとすれば、結局のところ、それはケア倫理学者が、〔動機づけとしての〕共感による思いやりを、個人ができるだけもつのが道徳的に望ましいような繋がりを体現するものと見なしているからだろう。これと類似した考えは、ギリガンの著書にも見られる。もしこの点を受け入れるのであれば、これまで様々な事例で明らかにされた〔動機としての〕共感における相違と道徳上の区別の相関関係は、パターナリズムが問題になる場面でも、同じように実証されるだろう。(49) 本書の立場からすれば、この相関関係が認められるがゆえに、「ケアの倫理は他者との繋がりを重視することによって、他者からの分離独立を重視する自由主義と、パターナリズムに全般的に反対するという点で皮肉にも一致せざるをえなくなる」という前提に、まさに抗うべきなのである。本書での議論と結論は、共感に関する事実と道徳性に関する事実（ないし直観的理解）との間に、かなり一般的な相関関係が成立しているという点に依拠しており、その相関関係がより全般的であればあるほど、より望ましいということになる。ただしパターナリズムの場面においては事態が複雑化するので、その相関関係が完全なものであり、それゆえ私たちの結論が（私の）期待するほど全面的に支持されるかは、現時点ではそれほど明らかではない。

ここでの議論と以上で提示した一般的論証の全てが、これまで本書であまり触れてこなかった次の点に関して中立であることを言い添えておくべきだろう。多くのケア倫理学者は徳倫理学の立場に反対してきたが、それは徳倫理学が、道徳的な価値というものを、第一義的には、関係性の内にではなく、個人の内部や個人が備えた特性や動機の内に見いだしているがゆえであった。そして私自身、以前の著作において個人の特性や徳としての（共感に基づく）ケアというものが、関係性としてのケアよりもいっそう倫理的に根本的であると論じた。(50) しかし、これまで論じてきた問題に関して、さらに議論を重ねるまでは、どのようなものとしてのケア〔すなわち動機づけとしてのケアか関係性としてのケアか〕やどのような種類のケアが、倫理的に第一義的あるいは根本的なのか（またはそのいずれかであるのかどうか）を決めるべきではないと私は思っている。

最後に以下の点に留意する必要がある。たとえ仮に、相手のパターナリズムによる介入を本人が承認し容認することに、極めて重要な倫理的役割を私たちが与えたとしても、そのことは、先に提示した、ヘイトスピーチの法的禁止を支持する論証に実質的に影響するわけではないだろう。あなたがある人Aの発言権を否認した場合は、おそらくAが決して許容しないような仕方で干渉したことになるだろう。しかし、もしこの事実を踏まえて、私たちがAのヘイトスピーチを許容してしまえば、A以外の他の人々に対して〔Aが行ったヘイトスピーチの標的になった人々に対して〕、その人々が決して容認しないような仕方で行為したことになる。例えば、もし私たちが、ホロコースト生存者たちの居住地の近くで、ネオナチによる言論活動やデモを容認したなら、ホロコースト生存者たちは、そのことを受け入れ難いと感じるはずだ。そのような場合、私たちは、一方の側と他方の側のどちらが容認できないのかを比較考量しなければならない。そしてネオナチもしくはホロコースト生存者との関わりのいずれかは、結局のところ、倫理的に望ましくなく、容認または承認できないものとして特徴づけられることになるだろう。こうした対立があった場合、ケアの倫理は、その立場がいかなる形態をとるにせよ、どちらを支持するのか決断しなければならない。ここで「ケアの倫理が考慮できる他の諸要因〔すなわち共感的配慮〕に基づいて、その決断はなされうる」と想定することは理に適っているだろう。たしかに、ネオナチの行進や言論活動に干渉することによって、ネオナチを苛立たせることになるが、そこでの不利益は、それがどのようなものであれ、行進が許された場合に、ホロコースト生存者がおそらく被るだろう害悪に比べれば、取るに足らないものと言ってよい。そして、スコーキーのような事例におけるあらゆる因子に対して敏感に反応できるような共感的配慮を備えた人なら、その行進を容認することは道徳的に誤りだと見なすことができるし、また、先に言及した事例のように自分の父親が行進に参加しようとしている場合に、それを阻止するような行動を何もしないのは道徳的に誤りだと見なすことができるだろう。

他方で、単純なパターナリズムの事例においては、干渉に対する容認や承認に関して検討すべき点は一意的に確定しうる。ある人がヘルメットを着用せずにオートバイに乗ることを、他の人が禁止しなかったとしよう。その場合、考慮すべき事柄は、その運転者が、その行為によって自分自身に及ぼす損害に限定されている。したがって、たとえヘルメット未着用の乗車が、彼自身の最善の利益にならないとしても、それを承認または容認するのをためらう人は誰もいない（だろう）。もちろんパターナリズムにはたいていの場合、複雑な要素が絡む。つまり、本人以外の他の人の福利や利益が絡んでいる。例えば、ヘルメットに関する法律——および車の運転手のシートベルトに関する法律——は、オートバイの運転者や車の運転手が事故を起こしたとき、市民が負う負担に注目することで、しばしば正当化されている。しかし、そうだとすれば、その法に対する正当化はもはや純粋にパターナリズムに関する正当化ではなくなる。また、ある人がヘルメット未着用でバイクに乗車したり、シートベルト未着用で車を運転したりすることで、〔大けが等の〕ある結果がもたらされたとする。仮に、干渉された本人が容認するということの重要性を強調するようなケア倫理の立場であれば、未着用によって生じたその結果が、その人の家族の幸せや益にどう関連するかを道徳的な観点から考察するという方向性をあらかじめ排除したくはないだろう。しかし、いずれにせよ、本節で検討してきた様々な可能性によって、本章またはそれ以前の章で既に出した結論が損なわれるわけではない、と私は考える。

　私たちは本章と（部分的には）それ以前の章で、政治的・法的に検討すべき事柄について論じてきた。しかし社会的正義が絡む事柄に関しては、いまだ考察しておらず、それについての一般的な見解も提示していない。今や、より包括的に政治的側面を扱うことで、ケアの倫理を進展させるべきだろう。

第六章　社会的正義

1　正義における共感

第四章において、私は自律への尊重をケアの倫理の観点から説明することを試みた。本章では社会的正義に関して、同様の試みをするつもりだ。私は以前の著作においても、こうした方向でかなり努力を重ねてきたが、正義がどのような要素を含むのかに関する理論や見解に、共感に関連する考察を取り入れるのは、今回が初めてになる。（ひとたび正義の理論が受け入れられたなら、さして問題なく権利の理論は付与されうるので、権利についてはそれほど論じないつもりだ。）

私の考えでは、法・制度・社会的慣習をめぐる正義を、個人によるケア（思いやりを体現する行為や態度）との類比に基づいて理解することは可能だ。共感に基づくケア倫理によって個人の行為を評価する場合、その評価は、共感による思いやり〔共感に基づくケア〕――もしくはそれに反するもの――が行為者の動機として働き、それが当の行為において表現・表示・反映されているかどうかという観点からなされる。[1] だが、ある社会における法・制度・社会的慣習は、その社会の行為のようなものである。というのも、個人の行為において、当人の動機（や信念）が反映・表現されているのと同様に、法・制度・社会的慣習において、その社会集団（もしくはその下位集団）の動機（や信念）が反映・表現されているからだ。ただし、社会は概して社会内部の個々の行為者よりも長く存続し、おそらくそれに対応するような形で、その反映や表現はより長期にわたるのである。それゆえ、共感に基づくケアの倫理は以下のように主張できることになる。社会的慣習や社会的慣行のみならず制度や法に関しても、その制度や法を産み出し維持することに対して責任を負う（大部分の）人々の共感による思いやりが動機として働き、その制度や法に反映されている場合は、その制度や法は正義に適った〔すなわち正当な〕（just）ものである。しかしもう少し具体的に述べてみよう。

　私たちは先に、人間の共感が、未知の人々よりも既知の人々（のグループ）に対して、より育まれる点を見てきた。だが他方で、既に触れたように、私たちは出会ったことがない遠くの人々に対しても、一定の確固たる共感と配慮を養う能力を実際にもっている。その場合も、いっそう多くの共感的配慮が自国の人々に対して育まれると期待するのは、的外れなことではないだろう。私たちは、他国に住む大部分の人々よりも、自国の人々または同胞市民と、いっそう多くの共通点をもっている。また、自国市民の多くの人々に関して、直接に知ることもなく個人的に親しいわけではなくても、私たちは自国民というグループの一員であり、それゆえそのグループ――市民の全員が成員であるようなその国のグループ――やそこで共有された文化もしくはその一般的な文化にとても親しんでいる。

　そこで、国会議員たちがある法を立案または承認する場合を考えてみよう。そして、その議員たちが承認する法律の評価に関連するのは、同胞市民に対する議員たちの動機のみであると仮定して、問題を単純化しよう。[2] その場合、まず私たちが言えるのは、その法律の承認に責任を負う議員グループにおいて〔成熟した〕共感による思いやりが動機として働き、その法律に反映・体現されているとき、その法は正義に適っているということだ。[3] とはいえ、もっと要求を弱めて言うと、もし法律を公布する側が示すべき共感的配慮の欠如が、当の法律において反映されたり露呈したりしているわけでないのなら、共感に基づくケア倫理は、「その法律は正義に適っている」という主張へと傾くだろう。悪意ある人の行為の全てが悪意を反映していると言えるわけではない。例えば、悪意ある人が、仮に自分の頭を掻いたとしても、その行為は彼の悪意を表現・反映してはいないのだから、道徳的には何ら問題にならない。また、自国の人々の福利や自国の益に対してほぼ無関心で道徳的に不埒な議員たちがいるとしよう。その場合も同様に、その者たちは、ある法律――例えば、全州において停止信号で右折を許可する法案――を、自身の欲深さや身勝手さがそこに体現・反映されることがないような仕方で、通過させるかもしれない。[1] 私が今ここで擁護している見方によれば、その法律は正義に適っているか、あるいは少なくとも不当（unjust）なものではないだろう。[4] さて今や、こうしたアプローチを重要な社会問題に具体的に適用した場合に、何が正義に適っており、また適っていないのかに関する、説得力のある判断に到達できるかどうかを検討する必要がある。

ここで関連する事柄の一部は既に考察がなされている。第四章では、宗教的な不寛容と迫害は同胞市民（または、ある国の同胞住民）への共感的な配慮の欠如を反映していることを論じ、また、それゆえに宗教的不寛容と迫害が不当なものであることを積極的に主張した。しかし本章では、社会的正義の条件を明確に論じることで、「宗教的不寛容や迫害は不正義だ」とする上記の主張が、その不寛容と迫害の基礎となるような、動機づけに関する事実――歴史的にも今日においても知られているような事実――から、どのように帰結しうるのか、その点をより明らかにする。

しかしながら、市民的自由や自由への干渉は、いかなるものであれ、不当と見なされるべきというわけではない。第五章で論じたように、特定の種類のヘイトスピーチの容認を拒否するという事態は、同胞市民に対する共感的配慮が欠如しているがゆえに生じるのではない。もしくはそういった共感的配慮の欠如を反映しているわけではない。したがって共感に基づく正義の規準によれば、そのようなヘイトスピーチへの介入や自由への干渉は、不当なもの（もしくは誰かの権利を侵害するもの）であるとは限らないことになる。他方で既に認められたように、社会における家父長的態度においては、少女や女性が抱く向上心（例えば、医者になりたい）に対する共感的な配慮や尊重の欠如が、具体的に示されている。そして、いかなる法律・習慣・制度であれ、そこにこのような家父長的態度が反映されている場合、それらは、家父長的態度それ自体（また、家父長的対応が蔓延している状況）に劣らず不当であると言える。

これと関連して、家庭の外で働く女性は、結局、全体の仕事量として夫以上に多くの仕事をこなす場合が一般的だ。これもまた不正義（または不公正）の一形態と見なすことができるだろう。というのも、家庭で必要とされるとてつもない量の仕事が、女性に実際に課された場合、女性が抱くニーズや向上心に対して共感や配慮は適切に働いておらず、その事態の内に、共感や配慮の不全を如実に示すような社会的期待・態度が反映されているからだ。例えば、「女性は、家庭の外部でどのような役割を担っていようとそれとは無関係に、子育てと家事に関して第一義的に責任を負わなければならない」といった幅広く受け入れられている見解が、それにあたるだろう。そのような社会的期待や態度は、男性にとっては好都合だろう。なぜなら、そのような期待によって、男性はそれなしでは享受することができない、より多くの自由な時間（余暇）を得るからである。しかし、このような仕方で夫が妻に過大な負担をかけることを厭わないとすれば、夫は、愛すべき妻に対して極めて利己的な態度をとっており、そのぶんだけ、妻に対する――もしくは公正さに対する――共感に基づく考慮が著しく欠如していることになる。それゆえ、共感に基づくケア倫理から引き出される正義観は、フルタイムで働く妻が、家庭内での大部分のケア労働を担うといういかなる状況をも非難する――それは、女性が伝統的に被ってきて現在においても耐え忍ぶことを強いられているような抑圧や不正義を助長するものではないし、それに加担するものでもない[5]。

ここでまさに言及した事例は、どのようにして公的な態度が、私的あるいは家族的な領域において、不当な影響をもたらしうるのかを具体的に示している（ただし、因果的影響は一方向のみでは捉えられないが）。しかし実際は、共感的ケア倫理が包括的なものである場合、個人的／私的と政治的／公的という区別全般に、それほど（もしくは全く）道徳的重要性を認める必要はない。いずれの領域も共感に基づくケアの観点から判断される。例えば、家族内での労働の不公正や不当な配分を、ケアの倫理によって政治的に検討し改善すべき事柄にしてはならないとする、いかなる論拠も存在していない。おそらく議員たちは、家事労働や子どもの世話を過大に担っている女性のために、夫またはパートナーにその償いを命じるような法律を成立させる必要があるだろう。だが、これは分配の正義に関して検討すべき課題を提起している。

2　分配的正義

社会は、その法律・制度・慣行・態度・風習が正義に適っている程度と規模に比例して、正義に適っている。そしてこれまで私たちは、共感に基づくケアの理念を、社会集団の次元に適用することを通して、法律等が正義に適っている場合の具体的な規準を提示してきた。私たちはこの規準を多数の検討課題に――願わくは成功裏に――適用してきたが、私が思うに、この規準は、社会的正義のあらゆる問題に対しても有効に機能する。これまで論じてこなかった正義をめぐる最重要課題は、貧困と平等に関するものである。私たちの理論は、富の深刻な不平等の状況のもとでの正義・不正義について、説得力のあることを語れるのでなければならない。これこそが私が本節で提案したいことである。しかしながら、それにはまず、富の分配ではなく政治権力の分配に簡単に触れておくことが有益だろう。

一部の社会においては、支配層であるエリートが、多くの人々の政治的発言や投票権を否認しているが、私たちはそれこそが不正義の典型的事例であると考える[6]。だが、この不正義は、ケアの倫理の観点から解き明かすことができる。というのは――私は実のところ常々そう思っているのだが――エリートが多くの人々の基本的な政治的人権や権利を否認するということの内には、「自らの覇権・特権、それに（概して、しかし常にではないが）富を維持したい」という、エリートの側のかなり強欲で利己的な願望が、表現・反映されているからである。このことは、他者に対する成熟した共感をもつ者であれば示すだろう共感的配慮に比べて、そのエリートたちが、著しく劣った共感的配慮しか、同胞市民（の福利）に対して示さないことを意味している。このようにして、私たちのアプローチは、そういった状況を（政治的に）不当だと見なすことになるだろう。

さて、障がい者・貧困者・失業者への（保証された）セーフティネットが欠如した能力主義的な社会（meritocracy）に関しても、同様の批判を行うことができる。仮にそうした社会が、全員に投票権を認めたとしても、権力をもつエリートが、社会的に不利な状況にある人々への経済的援助を提供するあらゆる法案に、反対することは可能である。こうした反対においても、エリートの側の利己性や強欲さが表現ないし反映されており、そのような利己性や強欲さが、その社会で最も恵まれていない成員に対して求められる――おそらく私たちが人間としてできる範囲内での――共感的配慮とは両立しないものだ、と考えるのは尤もだろう。もちろん、能力主義的社会は、君主国家が人民のあらゆる政治的権力を否定するイデオロギーをもっているように、それ自身のイデオロギーをもっている。王権神授説を引き合いに出すことで排他的政治権力を保持することが可能であるように、リバタリアン〔自由至上主義〕的理念の名のもとに、他者への援助を拒否することも可能である。ここでの私の論調は、かなりマルクス主義的な印象を与えるかもしれない。しかし、だからといって、ここで私が語っていることから注意をそらしてよいということにはならない。マルクスは、非常に多くの点で誤っていたかもしれないが、自己利益や飽くなき利己性をイデオロギーの名のもとに合理化しようとする私たちの傾向性についてマルクスが語ったことは、政治的領域に対して厳格な民主的アプローチを採用する私たちの多くにとって、真実のように思われる。そして、例えば、家父長的な行動様式と制度を正当化する目的で、これまで聖書が引用されるのを見てきたフェミニスト（および女性）にとってはとりわけ、それは真実のように思われるかもしれない。したがって私の考えでは、共感とその不在をめぐる考察を踏まえれば、「社会的セーフティネットを制度化する法律の成立を拒むことは、経済をめぐる不正義と見なされる」と結論するのをためらう必要はない。

しかし社会的セーフティネットが整備されても、経済的な不正義は依然として残ると考えうる。そこで私は、その可能性についてしばらく考察したい。セーフティネットによって、富の甚だしい格差と相当な量の貧困が解消するわけではない。そして（分配の）正義の問題に関心を向ける共感的なケア倫理の立場からすれば、おそらく正義によって、セーフティネット以上のもの、つまり、富裕層や高額所得者には、経済的に底辺にいる人々よりも高比率で課税することが要求されるだろう。実際、限界効用〔2〕についての考察に基づくならば、社会全体の経済的平等に資する累進課税を、富裕層や高額所得者に対して実施するのは望ましいことであり、それを制度化するに足る十分な道徳的根拠があることになる。

　限界効用の逓減《ていげん》〔3〕を考慮するならば、富裕層の財産に課税する場合は、貧困層の財産に課税する場合よりも、課税対象者が被る不利益を小さくすることができる。だがはるかに重要なことは、貧困層の便益のために富裕層や高額所得者に課税した場合、貧困層は、たいていの場合、富裕層が失うぶんよりもはるかに多くのものを得られる点である。この事実に注目することで、分配的な累進課税を、共感に基づく考慮に訴えて支持することが可能になる。累進課税の法制化が正義に適っていることや、そのような税制化を怠ることが不正義であることは、ケア倫理的な観点から説明できるはずだ。しかしながら、私たちはここで慎重になる必要がある。富裕層または高額所得者（あるいは他の誰か）に課税する場合、その人たちが既に保持している資産から徴収するのか、それとも今後受け取るお金を積極的に抑制するのか、そのいずれかになる。だが第三章の議論が含意するのは、単に害悪の生起を成り行き任せにすることよりも、害悪を因果的に引き起こすことに対して、私たちの共感が、より敏感に反応するということであった。私たちは、ある人を不自由にすることやその人に害悪を与えることを避けたりためらったりする。たとえ、そうすることが、それ以外の人々にとって多大な利益をもたらす唯一の手段であったとしても、である。そしてもし正義に適った政府による行為が、国民に対する共感的な配慮を体現するものであるならば、政府は、人々に対して害悪を引き起こす行為や事態をより悪化させる行為を回避すべき、控えるべきということにならないだろうか？　だとすれば結局、それは、政府が貧困層の便益のために富裕層に課税するのは控えるべきとする、ある種の理由にならないだろうか？

〔そのような反論が予想される。〕（だが私はここで、それは、政府が累進課税を控えるべき理由にはならないと考えている。）

第三章で論じた共感に基づくケア倫理の観点においては、実際、当の行為は害悪や損害を与えるという理由で控えるべきだとされた。しかし、そのことは、この理由が常に他の理由よりも優先されるということを意味しているわけではない。結局のところ、大部分の義務論者は、誰かに害悪を与えることが[4]――また誰かを殺害することでさえ――それによって得られる便益が十二分にある場合には、容認されることがありうると考えている。そして累進課税によって得られる便益は十二分にある。限界効用逓減の法則により、累進課税に基づく財の再分配によって富裕層にもたらされる損失は、その再分配によって貧困層や裕福でない人々へともたらされる莫大な効用によって凌駕されている。同胞市民への共感的配慮が働いている場合、議員たちが累進課税を様々な仕方で法制化することに「尻込みする」ことは実際のところないと私は思う。むしろ事態は逆であろう。それゆえ私たちの理論は、こうした課税を正義に適ったものとして、さらには正義によって要請されるものとしてさえ、認めることができる[7]。

とはいえ、これまで述べてきたことは、以下のことを示唆するわけではない――「社会が完全な社会経済的平等へと徐々に累進することができるように、正義の理念は、累進課税率をできるかぎり急勾配になることを要求する、または容認しさえする」（累進の語呂合わせを許してほしい！）。最大限に高い税率や急勾配の税率での課税、および富や収入の平等（への接近）に対する強い一般的要求によって、人々は一生懸命働くことのインセンティヴを奪われる可能性は十分あるし、おそらく経済的観点から見れば、社会全体として大きな損失がもたらされることになるだろう。この後者の事態こそが、共感による思いやりが敏感に反応する（だろう）ものであり、それゆえ正義に関する私たちの説においては、累進課税率を最大限高く設定する必要はなく、その代わりに、累進課税率をどのくらいの勾配にすべきかの問題は、経験的に実証される諸条件を考慮して判断されるべきものとなる[8]。だがここにおいては、触れておくべき興味深い複雑な要素がさらに絡んでくる。

功利主義者は累進課税を支持するためにしばしば限界効用の考えを用いるが、それに加えて、累進課税率は全体の経済的生産量（または社会的効用の総和）を縮小するほど急勾配にすべきではないと考えている。しかしさらに、もう既に裕福な人々（のみ）に大きな益をもたらすような法案があり、それに代わる唯一の選択肢が、貧困層の人々あるいはあまり裕福でない人々に対して、わずかな益しかもたらさないような法制化である場合、功利主義者の考えでは、正義の理念は、前者の法律を成立させることを要求するのである。このことは、私たちの多くにとって、道徳的に受け入れがたいことであろう。（『正義論』における）ロールズの格差原理は、功利主義が肩入れしている、直観にそぐわない見解を避けることをまさに意図するものであるが(9)、私はケアの倫理によって、この問題をより直観的に明らかな仕方で扱うことが可能になると論じたい。この点はいくらか説明を要する。

ある若者Zが、実際に飢餓や極度の栄養失調になるほどではないにせよ、非常に貧しく困窮しているため、常に空腹に喘いでいると想像してみよう。そこに、多大な資産を所有するXという高齢の人物が現れる。そしてXは、Zの状況を理解し、Zがそうした空腹の苦しみを今後二度と経験することがないように、現在および将来において十分な食料をZのために手配する。その後しばらくして、Yという人物が現れて、Zが実のところ非常に頭脳明晰で有能であることに気づく。そこでYはZが良いカレッジに進学できるように計らい、そのカレッジの授業料、さらに法科大学院もしくは歯科大学院〔歯学部〕の授業料も払うことになった。この物語にさらに内容を付け加えることで[5]、「YはXがしたよりもZに対していっそう多くの援助――全体としていっそう益になること――をした」と結論することが妥当であるような物語にすることができるだろう。

この事例では、二人の人物が入れ替わりで継続的に一人の人物を支援している。しかし、まさに今述べたことを念頭に置きつつも、一人の行為者が、援助を必要としている二人のうち、いずれか一人を選ぶ状況を想定することもできる。そこで、その行為者Uは（XがZにしたように）常に空腹を感じている人物Vを救うこともできる。もしくはUは（YがZにしたように）別の（空腹を感じていない）人物Wがカレッジを卒業して歯科大学院または法科大学院に通うことを支援し、またその結果Wが〔歯科医もしくは弁護士になることによって〕得られると予想される様々な恩恵全てを手にするよう支援することができる。

私が思うに、もしUの立場に置かれたら、私たちの多くは（他の条件が等しければ）Wのような状況にいる人ではなくて、Vのような状況にいる人を援助したくなるだろう。その理由は共感と関係している。私たちは、置かれている状況や境遇が単に素晴らしくないだけである人よりも、劣悪な状況や境遇に置かれた人のほうに、いっそう共感を覚え、共感に基づき配慮したい気持ちになる。そして、共感におけるこの相違が意味しているのは、もし前者に対して、後者に対してよりも多くの益をもたらすことができる立場にいたとしても、私たちが後者のほうを助けることをより望むということだ。[10] そこで、私たちの共感に基づくケアの倫理は、何が道徳的か、もしくは正義に適ったものなのかを判定する際に、限界効用と（極めて雑な表現になるが）境遇の絶対悪の双方を考慮に入れることが必要になる。議員（法案の起草者）は、成熟した共感を備えているのであれば、（援助なくしては）劣悪もしくは悲惨な社会的境遇にいる（だろう）人々に、いっそう深い共感と特別かつ多大な配慮を示すであろう。それゆえ、私たちの正義論〔すなわち成熟した共感に基づく正義論〕は、功利主義が提供する経済的平等よりも、徹底した経済的平等を義務づけることになる。

別の言い方をすれば、私たちの見解では、憐れみの情の欠如を反映しないような法制化と制度化が要求されるのである。というのも憐れみの情が、私が（個人にとっての）絶対悪と呼んでいる事態に敏感に反応するのは明白だからである。[11]（当人がどのくらい空腹を感じているか、またそれ以外に、当人にとって劣悪な事態とは何なのかは、他の人々の行動との比較に部分的に依存しているかもしれない。しかし、そうであっても、ここで絶対悪について語ることによって、私が何を言わんとしているのか、読者は理解できるだろうと思う。）私たちは、ひどい状態や劣悪な境遇にいる人々に対して、いっそう共感を覚えるし、その人々の益になるように行動する傾向がいっそう強い。そして「憐れみの情」という言葉は、共感のそういった側面を取り込んでいる。もしある人が、整った環境下にある人々にとって有益なことをしたいと思いつつも、最悪な環境下にある人々に有益なことをしたいとは思っていないなら、私たちはその人のことを憐れみ深いとは言わないだろう(12)。

しかしながら、憐れみの情は、自分のまさに近くで――ここでの「直近性」は知覚的・時間的な近さの両方を意味する――危機的状況もしくは惨状にある人々に対して、より強く反応するような共感的な傾向性をも、その一部として含んでいる。私が先に触れたように、例えば、閉じ込められている炭鉱作業員を救助するよりも、〔未来の炭鉱作業員のために〕安全装置を導入することを（第二章で言及したフリードのように）優先したならば、その人は、自らが十分には憐れみ深くないという点を示したことになるだろう。さらにここで私が主張したいのは、憐れみ深い人が、時間的・知覚的な直近性に敏感に反応するのみならず、他者が置かれている著しく劣悪な状況に対して応答的でなければならないという点だ。しかし、時間的・知覚的な直近性や劣悪な状況といったもの全ては、それに対して私たちの共感が敏感に反応する因子であり、したがって憐れみの情は、共感が応答する諸因子を部分的に特徴づけている、と結論できる(13)。かくして私たちは、次のように言うことができる――「ある種の社会的な憐れみの情が、あるいは少なくともそういった憐れみの情が欠落していない法律や制度が、ケアの倫理に基づく社会的正義の条件として不可欠である(14)」。

これまで私たちは、自国の人々に対する議員らの動機について、いくらか集中的に取り上げてきた。しかし、多くの人は、正義に適った法律や制度を備えた正義に適った社会は、他国の人々の益に対して無関心あるいは敵対的な態度をとってはならないと考えるだろう。そしてそれはもちろん正しいように思われる。とはいっても、共感を重視する正義論は、これらの課題に難なく対処できる。さて道徳的に真っ当な人々は、（個人的に知らない）他国に住む人々に対する共感的な配慮を育むことができる。それと同様に、議員の側の共感が成熟したものであった場合は、その共感は、他国の人々の安寧を考慮に入れるものとなるだろう。そうした議員であっても、他国の市民に対しては、自国の市民に対してほど気遣わないだろう――すなわち共感に基づくケアの倫理は、功利主義のような公平一律主義ではない。しかし、成熟した共感を備えた議員が支持する法制化（例えば、その議員が支持する人道主義的な対外援助のレベル）の内には、少なくとも、他国の人々の福利（そして総計の点で考察されたそれらの国全体の福利）に対する相当な配慮が反映されるべきである。私がこれまで提示してきた理論によって、〔成熟した共感に基づく〕正義を根拠として、なぜそうであるべきなのかを説明することができる。(15)

他にも、ケアの倫理が対処することが望まれる政治的／法的問題がある。その中でも最も注目すべき問題は、犯罪と不法行為をめぐる正義に関するものであるが、私たちはこれまでこの問題を扱ってこなかった。

しかし、私が思うにこれらの問題は後日、別の機会に取り上げるのがよいだろう。いずれにせよ、本章のこれまでの論述を踏まえることで、そういった今後の課題にケアの倫理がどう取り組むのかに関して、それなりに良い見通しを与えられるだろう。ケアの倫理の問題関心は、個人をめぐる道徳や関係性に限定されるべきものではない。ケアの倫理によって、（法的・経済的正義、もしくは分配的正義を含む）社会的正義に関して、独自の観点から語ることができる。そして、もし個人的もしくは一人の個に関わる道徳性に対するケア倫理的なアプローチが説得力をもつと見なされるのなら、ケアの倫理が社会的正義について述べることもまた、説得力をもつように思われる。それどころか、ケア倫理の基本的なアプローチが、個人的な問題に狭く限定されることなく、より規模の大きい道徳的な問題にも拡張できることが示されることによって、ここで粗描された制度や法律をめぐる正義についての説明は、個人のケアについての倫理をいっそう説得的なものにするように思われる。

しかしながら、ケアの倫理がもつある重要な側面に関しては、これまであまり論じてこなかった。ケアの倫理は感情主義の一形態であり――本書で既に多くを語ってきたように――明らかに理性主義の一形態ではない。しかし「ケアの倫理の立場から、道徳的に行為することが合理的であると言えるのか」という具体的な問題に関しては、これまで検討してこなかった。そこで第七章では、この問題を取り上げて、「合理的に行為する（もしくは振る舞う）ということがどのようなことを意味するのか」という、より一般的な問題について考察したい。

第七章　ケアと合理性

ネル・ノディングズといったケアの倫理の提唱者たちは、ケアを感情に根ざすものとして理解している。彼女たちは、自身のアプローチの先駆者としてヒュームに注目しているので、彼女たち（もしくは私たち）を道徳感情説の支持者と見なすのは自然だろう(1)。しかし大部分のカント主義者や自由主義者と異なり、初期の感情主義者は、自らの見解によって道徳性や道徳的な振る舞いが合理的な観点から正当化される、とは考えていなかった。ハチスンとヒュームはいずれも、不道徳な行為は不合理（irrational）ではないし理性に反するものではないと考えていた。しかも彼らは、より一般的に、実践的合理性といったものは存在しないと考えている。ケアの倫理が感情主義に基盤や親和性をもつとしても、ケア倫理学者はこうしたさらなる前提のいずれか一方を、あるいは双方を受け入れるのだろうか、または受け入れるべきなのだろうか？（私は「さらなる」と述べたが、その理由は、「道徳的な行為が感情に依存している」、「道徳判断は、感情についての事実を引き合いに出すことによって正当化される」と主張したからといって、合理性に関するハチスンとヒュームの強い主張に肩入れすることになるわけではないからである。）

以下で私はこう論じたい。共感に基づくケア倫理は、「道徳性の欠如は不合理である（と見なされる）わけではない」というヒュームやハチスンの前提の回避を試みる必要は全くない。この前提ないし結論は、多くの倫理的理性主義者がこれまで思ってきたほど、危険なわけでも説得力を欠いているわけでもない。なぜそう私が考えるのかを以下で説明したい。だがその一方で、私の考えでは、「理知的合理性の対極にあるような、実践的合理性といったものは存在しない」という極端な感情主義の主張に抗うことは、理に適っている。そして本章の後半では、私たちのケア・アプローチとうまく調和する形で、実践的合理性に関する積極的な説明を描き出したい。最終的には、ケア倫理全体の中で、理性や合理性がどう位置づけられるのかに関して、またケア関係を育むというケア倫理的な理念が、これまで述べてきたことやこれから述べることとどううまくかみ合うのかに関して、いくらか説明したい。

1　道徳的であることは必ず合理的なのか？

私の理解では、「道徳的な行為が合理的に要請される」という主張は、「道徳的であるべき理由が存在する」という主張とは異なっている。後者の主張は以下のように解釈できる——「何を為すことが正しいのか、責務なのかについての一定の判断・信念は、十分な理由によって、すなわち正しさや責務に関する判断・信念を正当化するような考慮事項によって、支持できる」。そして、この点については、ケア倫理の立場からすれば、あまり異論の余地はないだろう。しかし、たとえある道徳的要請を正当化できたとしても、「その道徳的指令に従わないのなら不合理である」という帰結が導かれるわけではない。人を拷問するのは不正にあたるという事実——そのように想定しよう——から、「拷問するのは不合理である（もしくは不合理であろう）」と直ちに結論することはできない。その場合、道徳的であることは合理的か（私たちに合理的に要請されているのか）という疑問は、依然として決着がついていない。そして、私たちのケア倫理の立場から述べると、「ある人が他者への共感的配慮の欠如を表現もしくは反映するような仕方で行為しても、それが不合理な行為であると考えるべきとは限らない」ということになる。そこで問題は、ケア倫理学者がこのような結論を受け入れることができるのか、または受け入れるべきなのか、ということになる。(2)

今日の理性主義者の多くがこの結論を受け入れようとしないことは明らかだ。しかし、目下のアプローチが、多くの点で理性主義に異議を唱えてきたことを考えれば、私たちがこの結論を受け入れるのを躊躇《ちゅうちょ》すべき理由は、本質的に存在しない。(3)私たちは、倫理的理性主義を前提としない形で、道徳性を合理的な要請と見なすことを支持する論証がありうるのかどうかを検討しなければならない（ただし、その論証は、理性主義を支持するために使われる可能性があるのだが）。そのような論証の一つの例は、良心に関するバトラー司教の議論から浮かび上がってくる。(4)

バトラーの主張によれば、良心は、合理的に権威あるものとして自ずと立ち現れてくる。もし当該の事象について彼の見解が正しいのなら、良心の指令に逆らうことは不合理であるという考えには一理あることになる。おそらく、特別な事情がない限り、「実際の物事は、そのように見える通りである」という考えには常に尤もらしいところがある。その場合、良心が私たちの責務に関して間違ったことを告げていないのだとすると、私たちは道徳的に行為するように合理的に要求されるし、また、ケア倫理は——どのように物事が感じられるかに重点を置く以上——その点に反対するのはかなり困難だろう。

しかし果たして良心は、もしくは良心に従った判断は、バトラーが考えているように合理的な権威性をもつものとして、またそれを告げるものとして立ち現われるのだろうか？　ある人が、良心によって行動するように影響されたり、駆り立てられたりしたとき、それは、「行為せずにいることは不合理である」という警告の形でもたらされるのだろうか？　もしあることをしなかったことで、ある人が良心に苛《さいな》まれている場合、その良心の声は、誰かがその人に「あなたは不合理である」と告げるような形でもたらされるのだろうか？　バトラーには失敬ながら、これら全ての問いに対しては、「そのようなことはない」と答えなければならない。(5)良心は不安、恐れ、罪悪感、自己嫌悪をもたらす傾向をもってはいる。しかし、良心の志向性の内に、合理性あるいは不合理性の観念が含まれているようには思われない。（良心とその合理的権威についてのバトラーの見解に関して、スティーヴン・ダーウォルもまた、最近の議論の中で、実際に良心が合理的な権威として私たちに立ち現れるのかどうかに関して疑念を表明している[6]。）

それゆえバトラーは、道徳的であることが合理的に要求されるという考えについて、何ら説得力のある論拠を私たちに提示していない。ここで私はむしろ、バトラーとは正反対の結論を提示しようと思う。この論証は、現象学に基づくものではなく、むしろ、道徳的であることが何を含意するのかに関する、直観的に尤もらしい（または常識的な）前提に基づいている。少なくとも直観的には、「道徳的であることを合理的に要求されているわけではない」という考えには、一理あるはずだ。そして、道徳性に対するケア・アプローチを支持するこれまでの議論やさらに展開可能な議論によって、この直観を補強することができると私は考える。説明しよう。

通常、自分自身の福利に配慮しないのは不合理だと考えられている。だが、私たちは他者の福利に配慮しないことを不合理とは考えない。それゆえ、「あなたは、自分が彼からの援助を必要とすることを十分に分かっている以上、彼の身に何が起きたかを気にしないというのは、不合理であり愚かである」という言明は、すぐに直観的に理解できる。だが「彼の身に何が起きたとしても、あなたに良い影響や悪い影響を及ぼすことは全くないが、彼の身に何が起きたかをあなたが気にかけないとすれば、それは不合理であり愚かである」というような言明がなされたなら、通常は、聞き手を困惑させたり、もしくはさらに詳しい説明が求められたりすることになるだろう。それは、合理性と自己の利益との結びつきのほうが、合理性と他者の利益との結びつきより、直接的で、直観的に明らかだからである。しかし、もちろん他者の利益・福利に対する私たちの配慮は、ほぼいかなる道徳性にあっても、その中心的な側面である。つまり、他者を援助することが道徳的責務であるような場面が数多く存在するし、またそうでなくても、その援助によって少なくとも道徳的称賛が与えられるといった場面もまた数多く存在する。したがって、少なくとも直観的には、不道徳な行為やあり方は不合理であるわけでない一方で、自己の益に反して行為することや自身の幸福に対する配慮を欠いていることを、合理的だと見なすのは妥当性を欠いている。（実際、私たちは、長期的な自己の益・幸福・幸せに関心を払わないのは、直観的に不合理だと見なしている。だが以下では、「長期的な」という修飾句による限定化や明示化は、多くの場合、省略することになる。）

上記の議論それ自体は、道徳性が合理的に要請されない点や、自己の益を志向する自愛の慎慮が合理的に要請される点を証明しているわけではない。だがそれは、こうした見解がそれなりに尤もらしいものであり、真剣に考慮するに値するものであることを示している。後に、自分自身の（長期的な）幸福や幸せに対する関心は、合理的であること（合理的な人格であること）の条件になっているという考えをさらに擁護するつもりだ。しかし現時点では、どのようにすれば「不道徳な行為やあり方は、それ自体で不合理であるわけではない」という直観的に明らかで常識的な考えが、共感に基づくケアの倫理という私たちの立場とうまく調和するのか、それを考えることが重要だろう。

これまで述べてきたように、ケアの倫理は感情に極めて重要で基本的な役割を与えるため、感情主義の一形態と見なされる。さて、ケア倫理はケアを推奨し、思いやりの欠如した行為を道徳的に誤りだと見なすだろう（ここでは大雑把に述べている）。しかし、もしケアの倫理が「思いやりを欠く動機や行為は不合理である」という主張を伴わないとすれば、果たして、その倫理的立場は、不道徳なあり方（不道徳だと解されるあり方）への反対論を展開するだけの資源をもっていると言えるのだろうか？　実のところ、ケア倫理学者は、思いやりの欠如を非難すると同時に、他者に対する特定の種類の無関心や敵対心を（示す行為を）心ないものとして批判することができるし、またそれはとても強力な批判になっている。[7] むろん、その批判が強力だと言っても、そこにおいて、「ある人がばかなことをした」という主張がなされ、その人の合理性が疑われる、というわけでは決してない。にもかかわらず実際、そういったケア倫理に基づく批判は、多くの点で不合理性に対する非難以上のものを含んでいるように感じられる。しかし重要な点は、私たちが今や以下のように想定できるということだ。すなわち、ケア倫理学者は、「（認められた真の）道徳的要請が、合理性に縛られているわけではない」という主張や、「不道徳な人や不道徳な行為をする人に反対して私たちが言えることは、せいぜい、その人たちが心ない人々だということだ」という主張へと傾くことになる。実際は、これは強力な主張かもしれない。しかし、道徳性をめぐる哲学的問題を踏まえると、これで十分だと言えるのだろうか？

道徳哲学者は道徳的判断の規範性について頻繁に論じており、道徳的要請や道徳的判断は規範的であるという点に関して、哲学者間で広範な見解の一致が見られる。しかし、規範性は合理的な効力や合理的な権威性を有するものと考えられているものの、私は、道徳が合理的な次元において規範的であるとする考えを既に拒否した（もしくは少なくとも、それに疑問を呈してきた）(8)。それでは、規範性について、何らかの別の仕方で適切に理解することを通して、「道徳的判断が（何らかの重要な意味において）規範的である」という考え――十分な説得力を備え、幅広く認められてもいる考え――を支持することはできないだろうか？「道徳的要請が、真に価値評価を含んだ要請であり、実践に関わる形で推奨されるものであるという事実の内に、道徳性の規範性は存する」ととりあえず主張する人もいるかもしれない。だが、私はそういった主張で十分だとは思っていない。主張可能であるべき事柄は、道徳的要請が定言的〔例えば「人を殺害するな」といった要請のように、行為者が実際にどのような欲求をもっているかとは独立に、行為者に対して要請されるという意味〕であること、すなわちカント的な意味で定言命法であることであり、もしケア倫理学者がそのようなことを主張可能であるならば、適切な次元や意味において道徳の規範性というものを支持することになるだろう。しかしケア倫理学者はそのように主張可能だろうか？

ヒュームや一八世紀の感情主義者たちには、仮言命法〔「もしXしたいならYせよ」といった形で、行為者が任意の欲求Xをもつ限りにおいて成立する命法〕と定言命法の区別というカント的視点が欠如している。それゆえ、「ケアの倫理においては、道徳の規範性を定言的なものとする主張は可能ではない」と考えてしまうかもしれない。実際に、私の知る限り、ヒュームはそのような区別をしておらず、カントが初めて、その区別を明示化したのである。しかし、このことは、道徳性に関するヒュームの主張に、そのような区別が暗に含まれているということを否定するものではない。それは、普通の人々が定言命法と仮言命法とを明示的に区別していないからといって、その人々の道徳的思考や実践において、その区別が潜在していないということにならないのと同様である。結局、定言命法と仮言命法の相違を明らかにするのに、カントは、道徳規範（の強力さ）についての私たちの普段の日常的理解を頼りにした。つまり、彼の区別は、そうした理解と私たちの実践の内に潜在するものを、単に明るみに出したものにすぎない。そして同様の理由で以下のように考えるべきだろう。ヒュームは、道徳的要請や道徳的言明を、カント的な意味での定言命法だと実際に見なしている、もしくは見なすことができる。ヒュームに関するこの論点は、デイヴィド・ウィギンズによって極めて雄弁に語られているので、ヒュームの道徳的見解が、「道徳的言明は定言的な性格を有する」と認めることと整合的であるかどうか、という個別の問題について、私はここで探究しようとは思わない。[9] だがそれでも私が言いたいのは次のことだ。ケア倫理学者は、自らが支持する道徳的判断が、カント的な意味で定言的である可能性を否定すべきではない、もしくは、否定することを望んではいない。その可能性を否定すべき（またはその否定を望むべき）理由は全く存在しないのだ。

カントに従えば、仮言命法を提示された者は、その遂行に関連する欲求や動機を自分がもっていないことを理由に、その命法から尤もらしい仕方で逃れることができる。[11] しかしカントの見解では、定言的な道徳命法の場合は、その遂行に関連する欲求・動機・意図をある人がもっていなかったとしても、その人が、その命法の適用範囲から外れるということはない。すなわち仮言命法のように、その人にその命法が適用されなくなるということはない。さてケアの倫理によれば、例えば、仮に私は「自分の娘を助けたい」という欲求をもたなかったとしても、自分の娘を助けないのは道徳的に間違っている（もしくは間違いでありうる）。だが、もし責務に関連した道徳的判断が私に適用され、私が、その責務の実行に関連する欲求をもっていなかったとしても、道徳的批判が向けられる存在となるなら、その道徳的判断は、ケアの倫理の内部において定言命法として機能することになる。[10] したがって、感情主義、特にケアの倫理は、道徳的判断が理性に根ざすことや合理性に拘束されることを否定しながらも、なお道徳性を真に規範的なものとして扱うことができるのである。

だが、道徳的であることに対して私たちが合理的正当化を与えることができないなら――ケア倫理学者はそのように考えているように思われる――そうした事態は遺憾なことではないだろうか？　不道徳な行為をする人に、何とかして、その行為が不合理であると示すことができるなら、そのほうが適切で望ましいことではないだろうか？　たしかに、ある点においては、そのほうが望ましいに違いない。というのは、不道徳な者を説得することで、行いを改めさせ、他の多くの不道徳な者よりも、道徳的に適切な仕方で行為させるようにすることができるからである。そしておそらく、私たちの多くは、そうした人たちの道徳的改善に利害関心を有し、そこから何がしかの利益を得ることになる。同様の理由で、もし「道徳的に真っ当な個人が、道徳的なあり方によって自己利益を得られる」という点を、私たちが示せるなら、それもまた望ましいことだろう。またこのような結論は、もしそれを説得力のあるものにできるなら、単に「不道徳なあり方は不合理である」と不道徳な者たちに確信させるよりも、その者たちの生き方を変えるのにいっそう有益かもしれない。

しかし、「道徳的に善い、または道徳的に真っ当だ」とケアの倫理が見なす人々の視点からすれば、自己利益の増大を示唆する上記の結論は、道徳性にとって全く非本質的であり、何ら重要性をもたない。よく知られているように、プリチャードは、自己利益をもちだして道徳を正当化する試みは、私たちを通常の道徳的思考（および行動）から遠ざけるものであり、またある意味で、道徳的思考に相反するものだと論じた(11)。通常、自分はあることを為す道徳的責務を負っていると考えている人は、自分が為すことが自分のためになるのか、自分の利益になるのかを、心配したり案じたりしているわけではない。かくして私は、「道徳的な責務を自覚している人は、不道徳な行為が不合理であるかどうかを通常、案じてはいない」という点を付け加えることで、プリチャードの論点を拡張ないし拡大したい。ある人が、ある行為を自分の明白な義務や責務として理解しているとき、その人は、合理的な考慮や自己利益になるかどうかの考慮を、非本質的なものとして、またおおよそ取るに足らないものとして扱うのである。

さらにプリチャードの論点を再度拡張して、ケアの倫理が称賛する、本人によって意識されない態度や動機を取り込もう。そうすることで私たちは以下のように主張できるようになる。すなわち、愛情や友情、またその他の思いやりのある態度によって動機づけられて、相手のために行為する場合も、その人は、上記の合理的な考慮や自己利益に関する考慮を非本質的で取るに足らないものとして扱う。実際に、もし彼女がそういった考慮を重視し、相手に対する自分の行為が、自分の益になるか、自分に合理的に要請される何らかの理由に基づいているのかを真剣に心配したり案じたりしているのだとすれば、「彼女は相手を愛している、もしくは深く思いやっている」という前提は、一定の範囲にせよ重大な仕方で損なわれるだろう。相手に対する彼女の愛情や思いやりの強さは、そのような合理性や自己の益に関する考慮や問いが、彼女の関心や懸念の対象にならない場合と比べて、劣っていると見なされるだろう。（これは実のところ、第五章で論じた点の継続ないし拡張にほかならない。）したがって私は以下のように結論する。「不道徳なあり方を改善することは自己の益に適い、合理的なことである」と不道徳な者を説得することができたなら、それは素晴らしいことかもしれないが、「道徳性が自己の益に適う、もしくは合理的に課されている」という考えは、道徳的な個人が道徳的な生を営む際に、何ら本質的な役割を果たさない。さらに、それは道徳教育においても何ら役割を果たさない。というのも、ホフマンが描く共感誘発法は、親が実践的合理性や自己利益をめぐる問題を持ち込むことを必要とせず、主として子どもが諸概念と共感を育むことを当てにしているからである。だが他方で、今や私たちは次の点を検討しなければならない。ケア倫理の立場をとることによって、道徳性の領域の外部において、実践的合理性について何か前向きなこと、または建設的なことを主張できるのだろうか、また主張すべきなのだろうか？

2　実践的合理性についての諸見解

歴史的には、道徳感情説は、（理性主義者がこれまで前提してきたような）実践理性や合理性の役割について懐疑的であり、それを空虚なものだと考えてきた。既に言及したように、ヒュームとハチスンは道徳性を実践理性に根ざすもの、あるいは実践理性の要請を示したものだとは考えておらず、さらに両者ともに、いかなる形であれ実践的合理性といったものが果たして存在するのかどうかを疑っている。彼らは、道徳的な領域の外部においてさえ、実践的合理性の存在を疑っているのである。二人とも理性が極めて理知的であること（真偽の決定に関わること）には同意しているが、ヒュームのほうがより一貫しており、より懐疑的ないし偶像破壊的であるように思われる。というのもハチスンは、本能が私たちを導く対象を可能な限り獲得するように試みることが理に適ったことであり、そうしないのは理に適っていないとも主張しているからである[12]。対照的にヒュームは、個人的な益の増大よりも減少を望むことに関して、何ら理性に反していないと考えており、不合理なのは動機でも行為でもなく、判断のみであると考えている[13]。ヒュームが支持している考えによれば、〔手段‐目的の関係に関わる〕道具的合理性についてさえも、「目的となる行為を意志（または意図）しているにもかかわらず、その適切な手段となる行為を選択（または意図）しないことによってもたらされる誤りは、せいぜい、知性に関わるものにすぎない[2]」。

それゆえ、ヒュームが実践理性についての道具主義的見解を支持している[3]――多くの人がそう解釈してきたのだが――という見解は、おそらく誤りである。また、このことはケア倫理のような現代の感情主義者を戸惑わせることになるだろう。（大まかに言って）〔目的遂行のために必要となる〕手段を意志せずに目的を意志することの不合理性〔道具的不合理性〕は、通常、単なる〔理知的ないし知性的〕判断の不合理性の問題と見なされているわけではない。そしてこの見方が、実践理性／実践的合理性が成立しえないというヒューム主義的な見解と結びつかざるをえないとすると、〔その不合理性が何に存するのかが説明困難になり〕感情主義やケア倫理を擁護する議論に対して、再起不能なほどの打撃を与えることになると私は思う。しかしながら、もしも手段を意志せずに目的を意志することの実践的不合理性が、〔理知的な〕判断に関するある種の整合性の欠如〔例えば複数の信念間における整合性の欠如〕へと還元できる（もしくは解消できる）なら、私たちはこの問題に直面せずにすむし、そうした窮地に陥らずにすむだろう。最近、R・ジェイ・ウォラスはそういった見解を擁護している[14]。そこで、「実践的合理性についてのヒューム主義的見解は、最初に想定したほど、発展可能性がないわけではない」という主張が、ウォラスの論証によって、私たちにとって納得できるものになっているのかを検討してみよう。

ウォラスによると、道具的合理性は、整合性を欠いた信念の組〔すなわち整合性を欠いた理知的判断の組〕をもつことに存するにすぎない〔つまり、そういった理知的不合理性に、実践的不合理性とされているものは還元できる〕。あなたがXしようと思っていて〔すなわちXすることを意図していて〕、Xするためには Yすることが必要な手段となると信じているのに、Yしなかったとしよう。ウォラスの考えでは、あなたの不合理性は、以下のような整合性を欠いた信念の組を保持しているという、その事実に存している。

(1)私がXすることは可能である。
(It is possible that I do X.)
(2)Yしようと思う場合に限って、私はXする、ということが可能である。
(It is possible that I do X only if I also intend to do Y.)
(3)私はYしようとは思わない。
(I do not intend to do Y.)

しかし、道具的合理性に欠けた人は、こうした内容の信念の全てにコミットするだろうか？　また、それらの信念（彼女／彼がコミットしている信念）は本当に不整合なのだろうか？　最初に(2)の信念について見てみよう。道具的合理性に欠けた人が不整合な信念の組にコミットするかどうか論じるのに先立って、(2)の命題は、様相演算子〔「可能である」〕が及ぶ範囲がどこまでかに関して曖昧さを含んでいるという点を明確にしておこう。その範囲を広く解釈すると〔すなわち、「可能である」に先立つ部分全体にかかるとすると〕、(2)の命題は、「Yしようと思わずに私がXするということは、可能ではない」ことを意味している。そして、「偶然あるいは何らかのミスによってXする」ということがありえないような通常の状況であるなら、その場合、この広い解釈のもとでは、(2)の命題は真で、道具的合理性に欠けた行為者はそれを信じるだろうと推定される。また一方で、様相演算子の範囲を狭くとり、(2)について別の解釈をすることもできる。その場合、(2)は以下のような意味になる。「もし私が、Yしようと全く思わないなら、Xという行為は、私にとって（決して）可能なものではない」。しかし、この読み方では、(2)は誤りのように思われるし、道具的合理性に欠けた者が、それを信じなければならないとする理由はない。通常の状況では、たとえ私はあることをしようと全く思っていなくても――またその実現の唯一の手段となることを遂行しようと思っていなくても――その行為は、私にとって可能なものでありうるし、私の力の及ぶ範囲でありうる。例えば、これまで私は風鈴を購入しようと思ったことは一度もないが、風鈴を購入すること自体は、ずっと私の力の及ぶ範囲内にあった。

そこで、もし(2)の演算子「可能である」の及ぶ範囲を狭くとれば、私が述べたように、道具的合理性を欠いた行為者は(2)を信じることにコミットしないだろう。だが、もし(2)の演算子が及ぶ範囲を広くとれば、その人は(2)を信じることにコミットするだろうけれども、(1)から(3)までの中には不整合は何ら見いだせないだろう。この三つの命題は全て、実際には真であろう。「風鈴を購入するためのいかなる手段も講じる（例えば風鈴が売っている店に行く）ことなく、私が風鈴を購入する」ということは可能ではない。しかし、それでも私が風鈴を購入することは（私の力の及ぶ範囲内にあるという点では）可能である。ウォラスは、(2)の命題における様相演算子の範囲に曖昧さがある点を、見落としている。しかし、ひとたびそこに曖昧性を見てとるなら、道具的合理性に欠けた人が、その不整合な信念の組にはコミットしないのは明らかなはずだ[4]。ウォラスの新ヒューム主義的なアプローチが、うまく機能するとは思えない。そして、（ヒューム流に）実践的合理性の成立可能性をあからさまに否定する、ということが妥当性を欠くと見なされるなら、ケア倫理学者、またより一般的には感情主義者は、ある興味深い選択肢を採用することができるようになる[15]。

（ケア倫理を採用する）感情主義者は、例えば、道徳性が理性主義的観点から理解しえないことを論証しつつも、「実践理性と呼ぶにふさわしいものが、道徳性とは（ある程度）独立に存在していて、それは理性主義に馴染み深い観点から最もよく説明できる」という点を論証することができるかもしれない。この主張は、理性主義にそれなりの持ち場を与えるものだと言えるだろう。しかし、それは、ヒュームが許容した以上の持ち場を理性主義に与えることにもなるだろう。仮にそうだとするなら、ケア倫理的な道徳感情説は、まさに以下のように要約されることになるかもしれない――「道徳性を支えるようないかなる合理的な基礎も存在しないが、道徳性以外の（諸）領域（例えば行為者自身にとっての益に関わる領域）では、理性主義的観点から実践的合理性を理解する可能性は残されている」。

そのような場合、総体としての倫理は、感情主義的なケア倫理の道徳的見解を含んでいるものの、道徳性に関与しない実践的合理性に関する理性主義的な説明によって補完される必要があることになるかもしれない。しかし今や読者は、「実践的合理性が道徳性の外部に、もしくは道徳性とは独立に存在しているのだとすれば、なぜそれを、感情主義の観点から理解しえないのだろうか」と思うだろう。道徳性と合理性は異なるもので、互いに独立したものであろう。しかしそのこと自体は、合理性は感情の観点から理解できないということを含意しない。つまり、せいぜいそれが意味しうることは、実践的合理性の理解が感情主義的な観点からなされる場合は、その感情主義的観点は、道徳性の本性の理解に資する感情主義的観点とは異なっていなければならないということである。道徳性は「共感による配慮や思いやり」の観点から理解可能だとすれば、実践的合理性は、例えばそれとは異なる、自己の益を志向する感情に結びついている可能性もあるのではないだろうか。

事実、そうだろう。しかし、ここでの問題はやや複雑である。もし実践的合理性といったものが存在するなら、そこでは、合理的ないし人間的な行為者が、満たしたり満たさなかったりするような規準や要請が設定される必要がある。したがって、ケア・共感・愛情等以外の心情（感情）の観点から、実践的合理性に関する説明をしようとするならば、その説明においては、「合理性は、自分が最もしたいと思うことや欲していることを実行するかどうかの問題だ」という主張にとどまるわけにはいかない。もし理性が、こうした意味で、徹頭徹尾、各自の実質的な情念の奴隷であるなら、情念・欲求やそれらに根ざす行為によって充足される、また充足されないこともあるような規準を、理性によって設定することはできないことになる。その場合、実践的合理性といったようなものは存在しなくなる。実践的合理性それ自体は、本人の欲求が何であれ無制限の自由を与えるものであるよりは、むしろ、それによって現実を批判できるような規準を具体的に示すものでなくてはならない。したがって、実践的合理性の捉え方が、実際に生じている心情に終始一貫して縛られたものになると、道徳分野に関するケア倫理の主張を補完しうるような形で、実践的合理性の感情説を提示することができなくなってしまう。

　この点は、道具的合理性との関連において具体的に説明できる。ある人は、必要な手段を講じる意志・意図もないのに、ある単一の目的——そのこと以外にその人が目的にすることはない——を「意志する」かもしれない（そう仮定してみよう）。広く知られているように、カントはこれを不合理であると考えた。しかし、実際の欲求が、（理性が情念の奴隷であるように）実践的合理性の尺度になるのなら、そのとき、心情の結びつきやその不在を、不合理として批判することはできないだろう。推定上、私たちは、そういった実際の欲求／態度の結びつきを批判しようとしているのだから、実際に生じている欲求を尺度にする（ヒューム主義的な）規準以上のものを手に入れなければならない。そして、いかにして実践的合理性に関する感情主義的な規準によって、手段‐目的の不合理性を批判することが実際に可能になるのか、それを理解するのはたやすいことではない[16]。

　次のように述べることができるかもしれない。ある人は目的に対する欲求をもちつつも、その手段に対する欲求をもっていない場合、ここにはある種の対立が存在している。だがこのような対立は、実のところ、いかなる種類の心情にも還元することはできない。というのは、ここで話題になっている対立は、心理的な葛藤について語るときに生じているような二方向に引き裂かれた心情〔感情〕といったものではないからである。また、手段となる行為を意図せずに目的だけを意図したとしても、その人は実際にはいかなる心理的な葛藤も感じていないかもしれない。きっと私たちは、そのことでその人を批判したいと思うだろうが、その批判は、「目的を意志しているのに、その手段となることを意志しないような人は、そのことに矛盾を感じるべきである」という考えを根拠にしているのではない。むしろ逆に、そうした感じ方は、このような事例に含まれている不合理性を軽減するのには（ほとんど）役立たないだろう。なぜなら、道具的不合理性が絡む事例において、私たちが主だって不合理性を見いだすのは、目的については意志しているのに、手段については意志していないというその事実に関してだからである。私たちがまずもって反対しているのは、その事実に対して葛藤を示す感情的反応の欠如ではなく、その事実そのものに対してなのである。

例えば、「誰であれ、ある目的を意志しているにもかかわらず、その手段を意志しない者は、（ある意味において）実践的に不整合だ」と私たちは言いたくなる。だが、こうした主張は、実践的合理性に関する感情説に親和的ないし有益なものというよりはむしろ、道具的合理性に関する理性主義的見解を表現したものなのである。実践的不整合性に対する論難こそが、カント主義の道徳的論証の主要部となっている。ここでの不整合性が、実際に生起した（または生起しなかった）心情によって構成されているのではない点に留意しよう。私たちは、その不整合性に対する論難の内に、理性主義へと向かう傾向を見てとることができる。何かを意図すること〔～しようと思うこと〕や欲求すること〔～したいと思うこと〕は、ある意味で、心情であるかもしれない。しかし、「あることを欲求／意志／意図しつつも〔その手段となる〕別のことを欲求／意志／意図しないことの内には不整合性が存在する」という主張は、何らかのさらなる心情に言及することでなされるのではない。むしろ、明らかに理性主義的と言えるような観点から、その心情〔欲求／意志／意図〕の論理的結びつきを批判することによってなされる。そうだとすると、そこでの不整合性は、何よりもまず（もしくは最も馴染み深い見方によれば）、認知や理知に関する悪徳であり、信念（形成）の領域において回避すべきものだとされることになる。それゆえ、以下のように言うことができるかもしれない。ある目的を遂行しようと思っているにもかかわらずその手段を遂行しようと思っていない人物を批判する立場がとられ、かつ、「その人物の誤謬は、不整合性の一形態として適切に特徴づけられる」と考えられる場合は、道具的合理性の実質的内容について、感情主義的な見解ではなく理性主義的な見解が採用される。

もしかしたら私たちは理性主義的な見解に満足すべきなのかもしれない。ケア倫理として理解される感情主義は、道徳については最善の説明を提供できるが、一方で理性主義こそが、（道徳的領域とは独立に機能するとされる）実践的合理性を理解する最善の方法を提供するのかもしれない。仮にこれが、本書において到達すべき興味深い結論であっても、それは決して読者を落胆させるものではないだろう。私がこの点に言及する理由は部分的には、たとえ、これから私が提案する実践的合理性に関する感情主義的なアプローチが最終的に頓挫したとしても、この立場が、私たちが依拠したい、もしくは依拠すべき重要な事柄を表現しているからなのである[17]。とはいえ、暫定的なものであれ、実践的合理性に関する感情説を提案したい。感情説は、ある特定の種類の心情に実践的合理性を繋ぎとめるものだが、そこで注目される〔自分自身の幸福への配慮という〕心情は、道徳性にとって決定的に重要であった〔共感による配慮という〕心情とは別のものであり、実践理性を理解する際に、整合性や不整合性を主要な要素として扱う理性主義的な思考の筋道を辿りはしない。

3　合理的な自己配慮と道具的合理性

もし道徳性が、他者への共感による配慮という心情／動機を中心にして展開するのであれば、他方で実践的合理性は、自己への配慮という心情／動機に由来することになるだろう。後者は、いかなる種類の共感にも根ざしていないし基づいてもいないと推定される（ただし、例えば、若かりし頃の自分に共感を覚えることはあるかもしれない）。だが、他者への十全な共感に必要とされる種類の認知的発達は、〔自己の益を慎重に考える〕自愛の慎慮を伴う思考の発達と同時進行的に生じる。また一定のレベルないし程度の自己への配慮、つまり自分自身の（長期的な）福利への配慮は、実践的合理性の規範を提示している。というのは、全ての人がそのような形で自己に配慮するわけではないからだ。

それゆえ自己配慮を欠いている人々は批判の対象になる。もし実践的合理性に関する受け入れ可能な説明を、自己配慮との関連において提出することができた場合は、私たちは、実践的合理性の感情説を成立させたことになる。だが、それは決して容易にできることではない。なぜなら、とりわけ手段‐目的に関する合理性が、自己配慮の合理性の内に、どのように組み込まれるのかを示すことが必要になるからであり、これこそが難しいのだ。あるいは、少なくとも、そのように組み込まれるかどうかは明白ではない。だがまず、自分自身の幸福に配慮することの合理性について、より詳しく論じることから始めよう。

（大まかに言って）道徳的であるために私たちが要請されることは、他者（の福利）に対する共感的な配慮という心情／動機の欠如を示さないような仕方で行為することである。他方で――先に述べた、それ自体で十分に直観的に明らかな理由でもって以下のように言えるのだが――実践的合理性を満たすために私たちが要請されることは、自分自身への配慮や自分の福利への配慮に欠けていることが示されないような仕方で行為することである。他者に対する配慮を欠いた人が道徳的に批判されうるのと同じように、自分自身への（適度な）配慮を欠いた人は、不合理（な人）として批判されうるのである。何がそこで適度なのかについては、本章において後でさらに述べようと思う。だが、さしあたりここで強調すべきは、もし私たちが、実践的合理性のあらゆる問題や側面を、長期的な自己への配慮（あるいは、望まれた帰結としてではなく、〔行為遂行において働く〕「動機づけ」としての長期的な自己の益への配慮）の合理的指令という発想のもとで論じることができるなら、私たちは実際に実践的合理性の感情説を提示できるようになるということである。[5]

この目標に向けて私がまず論証したいことは、道具的合理性というものが、他者の幸福や幸せが顕著な問題とならない文脈においては、自分自身の幸福や幸せに関する（合理的な）配慮の一側面として理解できる点である。（上記の文脈においては）「自分自身の幸せを意志し求めているのに、それに必要な手段を講じない人は整合性を欠いている」と理性主義的立場から主張するよりも、むしろ、「そうした人は、単に自身の幸せに十分な価値を置いていないだけである」と主張したい。言い換えれば、他者の幸せが主要な問題とならない状況下で、自分自身の幸せのために必要な手段を講じないのであれば、そこでの自己配慮という動機は、実践的合理性の要請を満たすほど強力ではなく成熟したものではないことになる。しかしこの主張は、感情主義を活かすことで説明できる範囲に完全に収まっている。なぜなら、ある特定の心情の欠如（あるいはその一定の欠如）を示しているという根拠に基づいて、道具的不合理性をまさに不合理なものとして論証したり想定したりすることができるからである。(18) ある人が「私は相手に配慮している」と言ったとしても、その人が、相手の必要としていることを理解しようとしないなら（また、相手の福利増進に対して投げやりでいい加減な態度をとるなら）、相手に対してその人が示す配慮はそれほど深くない、もしくは十分ではないことは明らかだろう。同じように、自分自身の幸せを目指しているのに、その幸せに必要な手段の追求に意欲的でない（または投げやり）なら、（合理的な観点から言って）自身の幸せに不十分な配慮しかしていないことは明らかであろう。道具的合理性をこのような筋道で理解するなら、私たちは実践理性一般に関しても、感情主義者でいられるかもしれない。だが、まだ論ずべき問題が残されているだろう。

結局、道具的合理性あるいは不合理性について推測される事態の全てが、自己の益の合理的追求の文脈において生じるわけではない。そして目的に対して手段を講じる場合、講じない場合を含めて、十分に広範な事例を扱うことができるということが、いかなる形態の感情主義にとっても重要になる。理性主義者は、目的のために必要な手段を講じないのは不合理で不整合だと捉えており、また「そうした不整合性は、当該の行為者がどのような目的を具体的にもっているかに関係なく存在している」と考えている。したがって、カントにとっては、誰かに対して不当な害悪を与えることを意志したり意図したりすることは、不合理性の発現とされるけれども、そうなると、意図した害悪をもたらすのに必要な手段を講じなかった人は、二重の意味で不合理だということになる。だが、感情主義者であれば、目的達成のために必要な手段を講じなかった場合も、その全てが不合理であると主張せずにすむ。不合理であると主張できるのは、そうした手段を講じなかったことにおいて、自分自身に対する合理的配慮の欠如が示されている場合に限られる。したがって、私たちが探究している、合理性に関する感情説からすれば、「目的達成のために〔必要な〕手段を講じるべき」という要請は、単なる条件つきの要請であって、それは自己の益の追求の文脈に限って機能している。だがこうした帰結を受け入れることは、本当に可能だろうか？　具体例でその点を検証してみよう。

ある人は、他者に益をもたらすことを目的にしているが、自己の益に対する強い欲求のためにその目的から逸れてしまい、その当初の目的のために必要な手段を講じない、という状況を想像してみよう。私たちには、自己への配慮を合理的な動機と見なす自然な傾向があると同時に、他者への援助を、私たちに合理的に課されたものとは見なさない自然な傾向もある。そのため、この事例について何を言うべきかは、それほど明らかではない。たしかに、当初の目的から逸れた人は、私たちが期待するほど道徳的に優れておらず、献身的な態度を示さなかったことになる。しかし、その人の最終的にとった行為が、単に道徳的な観点から批判されうる対象であるばかりではなく、不合理でもあったということは明白なのだろうか？

道徳的に望ましい目的をいっさい含まない、別の事例で考えてみよう。ある人物が、多くの時間と労力を費やすような目標をもっているが、それは明らかに不合理な目標で、またその人物は、その目標実現に必要な手段となるような行動をとらないこともあると想定しよう。例えば「幾何学的な形をした公園広場で、草葉がいくつあるか数える」ことに、全ての時間を費やしたいと望む人がいるかもしれない。だがその人は、ときおり、何らかの事情で、そういった公園広場で草葉を数えない場合があるとしよう[19]。このように数えるのを怠るのは不合理なのだろうか？　より正確に言い直そう。この人物が上記の目標を人生全般の目標としてもっていて、それ以外に目的をもっていないことを前提にしよう。この場合、もしその人物はある特定の状況でそういった公園広場で草葉を数えなかったのなら、上記の目標を人生全般の目標としてもつことにそもそも伴う誤謬に加えて、さらに実践的合理性に関する誤謬を犯したことにもなるのだろうか？

その答えは明らかではない。というのは「ある目標や目的が合理的なものである」という前提を外すと、その目的に必要な手段を講じること（もしくは講じないこと）が合理的なものとして意味づけられるかどうかは、著しく不明瞭または曖昧になるからである。このことは、道具的合理性（やそれに内在する規範的な効力）が、どのような目標を行為者が追求しているかとは無関係ではないこと、むしろ、私たちの感情主義的アプローチが主張するように、道具的合理性が、自分自身の益・福利・幸せを求めるような合理的指令のもとに包摂されうることを示唆する。目標や目的が不合理な場合、そのための手段を講じなかったとしても、そこにさらなる不合理性が付け加わるわけではない。こういった手段の不実行は合理性の観点からすれば適切でも不適切でもないか、もしくは、合理性において称賛されるか肯定的に評価されると考えられる。というのも、その人は、不合理な目標の達成のための手段を講じないことによって、その不合理な目標に、手段を講じた場合ほど、肩入れしていなかったことになるからである。したがって、例えば私は煙草を買うことに固執していたものの、いざ買おうというときに（もしくは断固として）なぜかその手段となる行為をしなかったとしても、実のところ私は、その行為をした場合ほど不合理ではないと見なされるだろう。(20) いずれにせよ、煙草を手に入れたいという欲求や煙草を手に入れようという意図の不合理性は、その不合理な目的の実現に必要となる手段を講じないことによって、増幅するということはない。

このような筋道で考えると、道具的合理性ないし手段－目的の合理性は、感情主義的な観点から理解できる。（たとえ他の理由等〔すなわち他の目的〕がなくても）ある目的のために必要な手段を講じなかった全ての事例に関して、「本人の心理状態を構成する要素間にある不整合が含まれることになるがゆえに不合理だ」と言えるわけではないことになる。草葉を数える人や喫煙を欲する人のような事例は、私たちの多くにとって、道具的な（もしくは目的・手段の両方に関わる二重の）不合理性の明白な事例には相当しない。感情主義者は、「そこでの不合理性は、〔手段に関するものではなく〕それらの事例で描かれている行為者がもっている大本《おおもと》の目標に関する不合理性に起因している」という主張に傾くだろう。もしこの説明が認められるなら、目的のために必要な手段を遂行しないことが、必ずしも不合理であるわけではない。そのような不合理性は、実際にどのような場合であれ、合理的に要請される特定の心情、すなわち自己への配慮が十分に強く働かなかったことに起因している。また最後に、先述した事例のように、誰かが他者を援助する目標をもちながら、自己の益を求めたために、その目標への手段を講じなかった場合に関して、この主張が何を意味するのかを考えてみよう。私がこれまで示唆してきたことが正しいのなら、そのような人であっても、不合理な行為をしていることにはならない。そして、その人が不合理であると主張する傾向はどれも、「他人を援助することは実践理性の要請である」という理性主義的／カント主義的な前提――そういった前提を感情主義者は共有しないと推定されるのだが――に主として由来するものなのである。

さて今や、感情主義者が手段‐目的の合理性について主張できることは何であれ、変更すべきところを変更すれば、意志の弱さあるいは自らの合理的判断に背くというアクラシアの事象についても同様に主張しうる。（意志の弱さの事例の全てにおいて、目的のための手段を講じないという事象が含まれているわけではない。なぜそうなのかについてはここでは立ち入らない。）別の言い方をすれば、感情主義者は以下のような考えを擁護できると私は考えている。すなわち、意志の弱さを、「自分が最善と考えていることや自分がそうすると決めたことを実行しない」という意味で理解する限り、意志の弱さが不合理であるのは、一定の条件が満たされた場合のみ、より具体的には、そこにおいて、合理的な動機づけとしての自己配慮の欠如が露わになっている場合のみである。この点は意志の弱さに関して広く受け入れられている見解や伝統的な見解に反しているが[21]、手段‐目的合理性についての感情説を――条件つきではあるが――支持すべくこれまで展開してきた主張は、意志の弱さに関する感情説を支持するものともなっている（私が論証のために取り上げた多くの事例に若干の変更を加えて、それらを活用することもできる）。私が言いたいのは、（個人的、また政治的な次元での）道徳について、もし――あくまでも「もし」であるが――感情主義的なケア倫理の説明を受け入れるに足る十分な論拠があるのなら、同じように実践的合理性についても、感情主義的見解を受け入れるべき論拠が存在する、ということである。個別の事例に関して、このような含意はそれなりに信憑性があるし、理論的根拠に基づいて、［アクラシア論といった］倫理の様々な分野にまたがって一貫して感情主義を推進するのは適切なことである。

4　ケアか、自己配慮か

私が前節で示唆したのは以下のことだ。（他者の益が主要な問題とならない限りは）自身の長期的な幸せを追求するように動機づけられている場合のみ、各人は（感情主義的観点から）実践的に合理的だと言える。[22] しかし、この考えは、他者の益が主要な問題となる状況で、どれほど多くまた懸命に自分の幸せを追求することが合理的に要請されるのかについては何も語っていないし、また自分自身もしくは他者のためになることをするのか、そのいずれかを選択しなければならない状況下では、どうすることが合理的なのかについても語っていない。私たちはこの両方の問いについて考えなければならない。

これまで展開してきたケアの倫理に従えば、それなりの仕方や真っ当な仕方で思いやりをもっている人は、他者に対して、成熟した共感に基づいて配慮することができる。したがって、もし自分自身の幸福や幸せのみを大切に思うなら、たとえ完全に合理的であると見なされても、道徳的に真っ当な人間ではないことは明らかだ。他方で、たとえケアの倫理において、完全に利己的もしくは他者に無関心であることが悪いとされ、徳がないとされるにしても、「自己消失的であるべき」すなわち「自分自身の幸福には全く無関心になるべき」とされるわけではない。[23] 人間の共感能力や共感的配慮が十分に発達することによって、自己配慮が消滅してしまうわけではない。むしろ共感能力や共感的配慮は、自分自身の福利に対する自然で持続的な配慮を背景にしてこそ、十分に発達する。共感の増大は自己の益を志向する動機の働きを制限し弱めることにはなるが、他方で、自己の益を志向する動機は、人間においてごく自然（もしくは不可避または健全）な要素でもあり、私たちがどれほど他者に共感を抱き、他者に気遣うかを制約するものである。[24] それゆえ、ケア倫理の観点から目下、構想されている道徳において、自己への配慮を完全に放棄することが求められているのではない。だが、他者に対する共感的配慮が十分に発達することによって、自分自身の福利や幸せに対する配慮が弱まり、合理性の要請を満たさなくなる恐れはないか？　この極めて重要な問題に関しては、まだ結論を出すことができない。換言すれば、道徳性（道徳性を備えた人であること）と合理性（実践的合理性を備えた人であること）とは両立可能なのだろうか？

これまで述べてきたことを考えれば、道徳性と実践的合理性は両立可能とも不可能とも明言できない。既に述べたように、道徳的で思いやりのある人は、自分自身の福利のみを大切に思い他者の福利には無関心である、といったような意味で、完全に利己的であることはない。だが他者の福利のために、自分自身の福利を進んで犠牲にするようなことは決してせずに、上記の意味で利己的であるのを避けることは、可能であろう。とはいえ、実際のところ、思いやりのある行為は、自発的に自分の福利をいくらか犠牲にすることを求めるだろう。他者に対して十分に共感的で、気遣う人物なら、他者が何か大事なものを手に入れるのを助けるために、ときには、自分がしたいと思うことを断念する場合もあるだろう。例えば、そのような人物は、病気になった友人を看病するために、楽しみにしていた夜のコンサートを諦めるかもしれない。この場合、少なくとも普通に考えれば、他者の益のために自分自身の益を犠牲にすることになる。だが、このことは、その人物が不合理であることを含意するのだろうか？　この点は、その人が、自分自身の益や幸せについて、どのくらい配慮すれば、実践的合理性を備えていると見なされるのかに完全に依存している。

この問題について常識的に考えてみよう。実際、私たちは他者のために犠牲を払う人のことを、必ずしも不合理とは思っていない。とりわけその人が自分自身の幸せも十分に追求している場合は、それを不合理だとは見なさないだろう。つまり、利己的であることや他者のために利益を犠牲にするのを嫌がることも、実践的合理性によって要請されてはいないように思われる。だが他方で、自己消失的な状態を回避することは実践的合理性に必要とされるように思われる。（この段階では）まだ、道徳性と実践的合理性が直観的に両立不可能であるということが露わになっているわけではない。その一方で、別のタイプの自己犠牲の中には、道徳的な観点からは称賛されるが、合理的であるかは疑わしいものがある。〔仲間の被害を最小限にとどめるために〕手榴弾にかぶさるように自らの身を投げ出す兵士は、避難壕に飛び込む他の兵士に比べれば、道徳的に称賛されるし、また称賛されるべきである。しかし、彼の母親は、子どものとったその行動を誇りに思うと同時に、(いかに高貴な考えに基づいていても) 自分の命を投げ出す彼の行為を愚かである、あるいは不合理であると思うだろう。しかし、手榴弾の上に自身を投げ出す行為は、求められる責務〔義務〕を超えた事例〔つまり道徳性の範疇を超えた超‐道徳的な事例〕であるがゆえに、私たちは道徳的であることと、合理的であることが対立する事例をいまだに見いだせないでいる。(他の兵士と同様に避難壕に飛び込んだとしても、その兵士の行為は不道徳であるとは言えないだろう。[25])

とはいえ、もっぱら自分自身の益が問題になる文脈で、合理的とされる個人において自己への配慮がどれほど強く機能するかについても考察しなければならない。自分自身の長期的な福利や幸せだけが考慮事項になっているとして、例えば、それらを最大限に追求せずにいることは、合理的なのだろうか？　私は、以前の著書で、自らの益を求める際に、可能な限り多くの益を得られるように努めなくても、合理的と見なされると論じた。[26] 実践的合理性を備えていると見なされるためには、自分自身の長期的な幸せに対する配慮は適度に強いものであればよく、自分の益や幸福を常に最大化することは、自分の益が問題になる文脈においても求められるわけではない、と私は思っている。そして、そういった自己への適度な配慮以上のものは、自分の益が問題になる文脈における合理性に必要とされない点を踏まえると、他者の益が問題になる文脈において、ある人が、自分の益を (その最大化を損なうような仕方で) 犠牲にした場合も、実践的合理性を備えていると認められるのはどうしてかが理解しやすくなる。

道具的合理性の遵守やアクラシア〔すなわち、自らの合理的判断に背くこと〕の回避といった合理的要請に関して言えば、それらは前述したように、自己配慮という合理的指令との関連において生じてくる。それゆえ、今や私の主張は以下のようになる。特定のアクラシアの事例や目的に対する手段を講じなかった事例において、その人が不合理だとされるのは、実践的合理性を備えた人に要請される適度な自己配慮――私が要求しているような自己配慮――がその人に全面的に欠落していることが露わになっている場合、はっきりと示されている場合に限る。もしある人が、ある特定の状況で、自分の目の前で溺れている子どもに応じることができなかったら、その人には他者への成熟した共感的配慮が欠如していることが示されたことになる。それと同様に、例えばある人が、ある特定の状況で、生存や健康の維持のために必要（な手段）だとされる薬をあえて飲まないのなら、そこでは、個人としての合理性が欠如していることが示されている。実践的合理性に必要だと直観的に理解できるような、自分自身の長期的な幸せや幸福を志向する一定の配慮が、その人には明らかに欠落しているのである。そして、当然ながら、こうしたことが直観的に理解可能だという事実は、自己の益を志向する心情／動機の観点から――自己配慮という心情／動機の観点から――構想される、実践的合理性の感情説が、とても有益だということを示している。

最終的に私たちは、実践的合理性を備えた個人を、次のような人物として描き出すことができる。すなわち、その人物は、他者が関与しない文脈において、自分自身の幸せに対して確固たる関心をもち、さらに、他者の幸せが争点になっている文脈でも、実践的合理性を備えているため、そういった自己配慮を完全に失うことはない。こういった人物は自己消失的状態になることはないが、他者のためにいくらか犠牲を払うことを厭わないかもしれない（自分自身の福利を犠牲にすることによって自分が失うものが、他者のために得られるもの、あるいは他者に与えるものより大きい場合であっても、それを厭わないかもしれない）。道徳性は合理性によって要請されないだろうが、実践的合理性は、直観的に理解できる感情主義によって構想された場合、おそらく確固たる自己配慮――ただしその自己配慮があらゆる面に及ぶ必要は全くない――を要請し、その自己配慮は道徳性と完全に整合的である。そして、私たちが合理性に関して、また合理性と道徳性の関係に関して、感情主義的な観点から説明することができるなら、本書の先立つ章で擁護してきたケア倫理の道徳観をさらに裏づけることができるようになる。

現代のケア倫理学者の多くは、個人にとっての望ましさもしくは集団にとっての望ましさだけでなく、（検討事項が部分的に重なるが）望ましい人間関係を生み出すものは何かについても注目している。思いやりのある人は、他の人々の福利のみならず、望ましいケア関係の構築や維持にも関心をもっているとされる。そして先に触れたように、多くの（あるいは大部分の）ケア倫理学者は、ケア関係が有する望ましさのほうが、態度・徳・動機としての思いやりが有する望ましさ以上に、ケアの倫理の基本的な理念を構成すると考える。しかしながら、既に述べたように、関係性と動機のいずれが基本的かという問題に関しては、目下の文脈において立場を明確にする必要はないと私は考える。私たちがよりよく理解しなければならないのは、ケア関係の理念が、これまで道徳的責務や（暗に）道徳的徳について共感に基づくケアの観点から述べてきたことと、どう符合するのか（符合しないのか）ということである。

　この点に関連して最初に気づくのは、ケア関係の構築や維持に（相手とともに）関与する際、その人たちは典型的には、利己的（もしくは自己配慮に基づく）動機と利他的（思いやりに基づく）動機とが混じり合った形あるいは結びついた形で、動機づけられている、ということである。したがって、本書のこれまでの（特に本章の）論述を踏まえると、ケア関係は、合理的考慮と道徳的考慮の両方によって動機づけられていると言える。また私の考えでは、このことは、人間関係の理念としてのケアが、〔そこには道徳性以外の要素が混入しているため〕純然たる道徳的理念であるわけではないことを意味している。換言すれば、私は次のような見解に傾きつつある。すなわち、（本書ではその見解を暗にずっと前提にしてきたのだが、）他の個人や集団の福利を増進する「共感による思いやりや配慮」こそが、道徳――それが道徳的徳であれ道徳的責務／義務であれ――にとって中心的なのである。したがって、ケア関係を（ともに）確立するという目標は、自分自身の幸福増進に対する欲求や（他者の福利に関連しない）完成主義的な動機づけを含む限り、たとえ（私たちの多くが慣れ親しんでいるような「倫理的」という用語の広い意味で）倫理的理想や（少なくとも）善とされるものに向けられたとしても、厳密に言えば、道徳的な目標とは言えないのである。[27]

　共感に基づくケアの観点から先に提示された規準は、道徳上の規準、すなわち道徳的に許容されるかどうかについての判断規準であった。そして責務を超えた行為について私が述べたときも、そう述べたのはまさに道徳的な観点からであった。そうした意味でも、〔成熟した〕共感を通して相手を思いやる人は、〔一つの〕道徳的徳を備えた人として特徴づけることができるし、本書の主たる関心事は、ケア倫理の道徳的側面にあったと言うことができると思う。ケアの倫理の道徳的な側面や次元を主題化する際の私の手法や、道徳と倫理に関して私が前提にしている一般的な区別が、全ての（あるいは多くの）ケア倫理学者の満足のいくものであるかどうかは分からない。しかしそうした区別を念頭に置いて、私が言いたいのは、「ケア関係を構築・維持せよ」というケア倫理的な推奨（この推奨はノディングズやヘルドらの論者による研究においても見いだされるし、また、私はそれに異を唱えるつもりはない）は、厳密には道徳的なものではない、ということだ。私の見解では、より突き詰めて考えた場合に何が道徳的であるかと言えば、それは、他者（または動物）がより望ましい状態になるように共感に基づいて配慮し努力することなのであり[28]、また、こうした共感に根ざす意欲的態度がケア関係の構築と維持に寄与する限りにおいて、その関係構築・維持に向けての取り組みやそこに伴う喜びが、道徳的要素または道徳的側面を含むものとなるのである。これらの点は、これまで本書で重視してきた共感に基づくケアの観点から説明できるはずだ。同様に、人間関係が悪かったり理想からほど遠かったりするのは、（第四章から第六章で論じたように）その関係性において、共感的な思いやりの欠如もしくはその歪んだ形態（もしくはより悪い形態）が体現されているがゆえであり、その場合は、厳密に道徳的な観点から、不当ないし不公正なケースとして批判することができるのである。しかし、その関係性が不良なのは、（もしかしたら同時に）道徳とは関連しない問題・失敗・不備によるのかもしれない。一緒に楽しく過ごしたり一緒に仕事をうまく進めたりすることができないような関係性は、望ましくないし理想的とは言えないが、そのように判断される際に、道徳的な考慮に必ずしも基づいているわけではないのである。

しかしながら、さらなる主張がなされなければならない。ある二人の人間が愛し合っている場合、その人たちの益や、一方の人の福利を増進させる要素と他方の人の福利を増進させる要素を、はっきりと区別するのは難しいだろう。だからといって、私たちは、「その二人の個人を区別することができない」という主張や、「一方の人はまさに他方の人の一部分である」という主張に賛同する必要はない。（こういった捉え方は、しばしば代理成功症候群と関連しており、したがって、そういった事態に私たちはきっと戸惑うはずだ。）しかし、もし両者の益の境界線がこのように曖昧になるとすれば、自己の益への合理的配慮と相手への道徳的配慮との間に生じうる齟齬や緊張関係は緩和または低減されるだろう。仮に私が、自分の子どもを医学部に入れるのに必要なお金を稼ぐために夜も働いているとしたら、それは実際のところ、子どもの長期的な幸せのみならず、自分自身の長期的な幸せにも寄与するだろう。こういったケースにおいては、もし相手の益の増進が自分自身の益の増進に直結しないとしても、単に合理的と見なされるケースにおいてほど自分自身の益への配慮が強くないので、相手に対する配慮がいっそう多く見いだされたり生じたりするかもしれない。[29]しかし、いずれにしても、個人の実践的合理性に必須なものは、自己への一定のレベルの配慮であり、したがって、今ここで述べた考察によって、私たちの実践的合理性の感情説が疑問に付されるわけではない。

最後に、ケアの倫理において理性が担う役割について、これまで述べてきたよりもやや一般的な形で述べてみたい。まず述べるべき（おそらく）最も重要なことは、ケアの倫理の内部において、理性は重大な確固とした役割を担っているということである。ケア倫理は、道徳に関する理性主義を拒否し、道徳を理性に基づくものとは見なさないだろう。道徳について、理性を拠り所としないような見解を支持して、正義に関する伝統的な倫理を拒否するだろう。とはいえ、そのことによって、理性や合理性、さらには思考するという営みを拒否しているのではない。道徳に関する感情主義と理性主義は、結局のところ、道徳の基礎についての相反する見解、相反する主張をもっている。そして、これまで見てきたように、伝統的な正義の倫理が、ここで展開したケアの倫理の主張の方向性と相容れないような含意をもっていることが明らかになった。だが、理性／合理性／思考（の重要性）と情動／感情（の重要性）は、このように相反するものあるいは相容れないものではない。しばしば「女性は（より）感情的で、男性は（より）合理的である」と（たいてい男性によって）言われてきた。しかし、仮にこの（曖昧な）主張が本当であったとしても、この主張は女性が理性／合理性／思考そのものを必要としていないということ（またそのように本人が思ったり感じたりするということ）を、含意しないだろう。いずれにせよ、ケア倫理学者は、概して理性／思考／合理性を、人間らしい生活や道徳にとって有益かつ重要なものであると見なしているのである。[30]

したがって、たとえ道徳は理性に基づかないとしても、ケアの倫理によって想定されている道徳的な個人が、理性的能力や推論能力を必要としていないと考えることはできない。自分の子どもを大切に思う母親は、その子の益になることをいかにしたら実行できるかを知りたいと思う。そしてそれは、まず、栄養摂取や医療に関する諸々の事実について知ったり新たに学んだりするということを含んでいる。情報の収集や証拠の重要度の判断を合理的に理に適った仕方で行うことができるなら、そうした事実に関してよりよく学び考慮することができるだろう。ここで留意すべきは、こうした類《たぐい》の理性／合理性は、（実践的な目的には役立つけれども）厳密に言えば、実践的ではないという点だ。証拠に対する母親のこうした合理的な重みづけは、自然科学者や社会科学者が行っていることと一致——または少なくとも関連——しており、それゆえ私は、（「実践的」の対義語としての）理知的かつ認識的な合理性は、思いやりのある個人の生活様式の内に多分に含まれているし含まれていなければならない、と主張したい。例えば、子どものために何をするかを決める際、親は相当程度の認識的合理性を備えていなければならないが、ケアの倫理はまさにこの点を強く要請できるし、また要請すべきである。さらに、親が、自身の子どもに必要なことを見つけ出すのに、不注意でいい加減であるぶんだけ、親の愛情やケアは大いに非難されたり低い評価を受けたりすることになる。こうして、事実（に関して学習すること）に関わる様々な態度や欲求を、ケア倫理の道徳的観点から批判的に評価できるようになるのである。

ところで、カントや多数のカント主義者は、（行為者の）感情は道徳的な意思決定には関与しないということを前提にしがちである。しかし、ケア倫理学者がこういった前提に同意しないからといって、ある特定の状況で、あるいは一般的に言って、為すべきことを決める際に、理性や合理性の役割を完全に否定しているわけではない。[31] そうは言っても、ケア倫理学者は、抽象的あるいは一般的原則・原理の道徳的有益性や有効性を、カント的理性主義者より低く見積もっているのは確かだ。したがってケア倫理学者が、道徳に関連するものと想定している類の理性（的活動）や思考は、カント主義者らが伝統的に前提してきた類の理性や思考と、いくらか異なっている。[32] 他方で、認知が共感といかに関連しているかを考えてみよう。第一章で指摘したように、他者に対する最も十全な形態の共感は、相手を個人として理解する能力を必要としており、それこそが子どもたちが習得すべきものである。言語の使用や特定の概念の発達的獲得は、私たちの共感能力と関連している。それゆえ共感の重要性を強調するケアの倫理が、認知的発達の重要性や道徳的生活における理性や思考の役割についてこだわるのは、至極当然なことなのである。

だがそれだけではない。第一章で触れたように、ケアの倫理について考察し主張する者なら誰であっても、理論的な論拠と推論に価値をおくべきである。たとえその論者たちが「道徳的で、思いやりのある人は、道徳に関する理論あるいは説明としてのケア倫理に注目すべきだ」と主張することを望まないとしても、である。もしケア倫理学者が（部分的あるいは体系的に）ケアの倫理を明確化しようと努めても、哲学や社会科学の営みに要請される（と私には明らかに思われる）合理的能力あるいは推論能力を軽んじてしまえば、ケアの倫理の展開自体が妨げられてしまうだろう。

したがって、ケアの倫理によって理性や思考と情動とが対比されるものの、結局のところ双方は排他的ないし排除的ではないのである。すなわちそこでの対比は、感情主義と理性主義の対比のように相容れないものとして理解されるべきではないのである。ケア倫理による感情主義に従えば、道徳性は実践理性によっては根拠づけられないことになるだろう。しかし、ケア倫理型感情主義は、実践理性に関してそれ独自の捉え方を提示しているし、提示することができる。そして人間の生活全般や道徳的領域に見いだされる他の種類の理由や推論に対しても、幅広い適用範囲と効用をもちうるのである。[33]

結論

本書では、共感における相違によって、妥当な道徳的区別が広範にわたって特徴づけられること、もしくは前者が後者に対応していることを明らかにしようと試みてきた。また、私は共感が道徳的な動機づけにとって決定的に重要であることも論じてきた。これらのことが偶然に成立しうるとは考えにくい。そしてだからこそ、共感や共感による思いやりに関する事実は、様々な（具体的な）道徳的要請を正当化するものと見なされるのである。しかし、たとえ共感による思いやりを個人と政治に関わる道徳の規準として扱うことが尤もだとしても、なぜ共感が正・不正や正義・不正義に関連するのかを私たちは知りたいと思うだろう。論を閉じるにあたって、私はこの点について何がしかのことを述べたいと思う。まず、共感が道徳の基礎や中心であるはずがないという考えが支持されてきたいくつかの理由に関して、簡潔に論じることから始めよう。

例えば、「共感と動物倫理」という論文で、リチャード・ホルトンとラエ・ラングトンは、地球外生物が感じる苦痛が私たちの苦痛と異なるのなら、そして現在の地球上の動物が感じる苦痛のサインは全く違う仕方で表出されるのなら、私たちが地球外生物の苦痛に共感することは難しいかもしれない、と述べている（1）。この論者たちの考えでは、そのように共感が困難であっても、地球外生物の苦痛（もしくは私たちが苦痛として知っているもの）を緩和すべきという私たちの責務には何ら変わりない。そしてホルトンとラングトンは、この例を、共感が道徳的な思考と行為において重要な役割を担うことを否定する際の論拠として引き合いに出している。しかしながら、もしホルトンとラングトンが、共感の有無によって、苦痛に対応する行為の道徳的な質が変わってくるような他の諸事例を考慮に入れていたなら、自らの議論にそれほど確信をもてなくなっていたかもしれない。もしかしたらこの論者たちは、功利主義的な観点から、自分が単に間接的に知っている苦痛よりも、直接知覚している苦痛にいっそう配慮することは容認されないと考えているのかもしれない。また、他者の苦痛に直《じか》に接しているかによって、道徳的判断が異なってくるとは全く考えていないのかもしれない。自分にとって身近な人々、また自分が意思決定しようとしているまさにその時に苦しんでいる人々や危機的状況にいる人々、こういった人々に対して、私たちはより大きな責務を負う（〔第二章第1節の〕炭鉱作業員の例を思い出してほしい）。しかしホルトンとラングトンは、この論点に大いに影響を与えていると（直観的に）思われる、人生の分かち合いや自然な共感的反応という要素を、考慮に入れることを拒んでいるのかもしれない。しかし、もし読者が、こうした要素をきちんと考慮し、これまでの章で展開してきた議論を受け入れるなら、ホルトンやラングトンによる地球外生物の事例の扱いに、おそらく疑念を抱くはずだ。

そういった読者にとっては、次のように考えても、それは道徳的に不愉快で受け入れ難いもの、もしくはそれほど意外なものではないだろう。すなわち、たとえ地球外生物が眼前にいるとしても、間接的な証拠や論拠だけに基づいてその生物の苦痛の存在を知った場合よりも、誰かの行動から苦痛を〔直接〕「読みとった」場合、あるいは見てとった場合のほうが、私たちは苦痛に強い関心をもつだろう。だが、もし仮にそこで読みとった苦痛や見てとった苦痛が、証拠や論拠に基づいたある種の（無意識の）推論を含んでいるとしても、そこには事象の現前の仕方に関して相違が存在している。そして、先立つ章、特に第一章と第二章で論じたように、そうした事象の立ち現れ方は、共感的な応答に相違をもたらすものとして、それゆえ、道徳上の区別をもたらす基礎として実際に擁護できる。(私は、まさに目の前で苦しんでいる子どもの苦痛を緩和できることを認識しているが、自分がオックスファムにお金を寄付することで、苦難から救われる子どもがいることも同じくらいきちんと認識している。そこでの相違は、認識されている内容が、私に対してどのようなものとして現前しているかに存している。)それゆえ私は、地球外生物が実際に苦痛を味わっていると想定したうえで、今や次のように主張したい。地球外生物の苦痛に関する私たちの知識が間接的であることによって、その苦痛に対する共感がどれほど緊迫性を帯びるのかに関して、またそのことをめぐって私たちがどれほど責務を負うのかに関して、答えが変わってくる。私たちの議論全体を考慮すれば、こういった主張には妥当性があるだろう。したがって私は、ホルトンとラングトンが取り上げる地球外生物の苦痛の事例によって、「道徳は共感に根ざしており、道徳にとって共感は核となるものだ」という考えが脅かされるとは思わない。とはいえ、最近浮上してきたもう一つの反論について述べておきたい。

トマス・ネーゲルやジョン・マクダウェルのような現代の倫理的理性主義者の主張によれば、道徳的行為は感情や欲求に動機づけられる必要はなく、関連した事実の知覚や理解から帰結するものとして説明しうる。しかし、たとえこれらの理性主義者が、共感を道徳の中心的あるいは基礎的な要素として扱っていないにしても、彼らが、「道徳的行為は共感が不在でも成立しうる」と主張するとは思われない。(2) 本書では、倫理的理性主義を支持すべく提出されてきた議論を、その詳細に立ち入って考察することはなかったし、論を締めくくるにあたって、その作業に取りかかろうとも思わない。しかし、とりわけ共感が道徳的判断や道徳的行為にどう関連するのかに関して、理性主義的な立場をとっていると思われるジャネット・ケネットの見解は、取り上げてもよいかもしれない。

ケネットは論文「自閉症、共感、道徳的な行為者性」において、以下のように論じている——自閉症(特に自閉症の中でも「高度な知能」を備えているとされるアスペルガー症候群)を抱える人々は、他者へ共感することができず、その結果、数多くの道徳的に重要な社会的手がかりに対応する能力をもたないが、にもかかわらず道徳的な判断や行為はできるかもしれない、と。[3] しかし、この問題は極めて慎重に見極める必要がある。例えば自閉症を抱える人々の中には、たとえある種の社会的な手がかりに反応できなくても、共感することができる人はいるかもしれない。緊急性を要するような共感は、社会的な手がかりに反応する能力を必要とすると思われるが、ある集団全体の人々に対する共感的な配慮は、おそらくそのような能力を必要としないだろう。また自閉症を抱える人々の中には、動物に対して顕著な親近感や情緒的な繋がりをもつ人が多くいる。そこで浮上してくるのは、その人たちは、本当に共感する能力を全くもっていないのだろうか、という疑問である。最終的に、アスペルガー症候群の人々の道徳的な能力を示すためにケネットが用いた事例では、その人たちの道徳的な反応は、周囲の人々に溶け込むためのもの、周囲の人々を喜ばせるためのものであるように（私には）思われるし、私たちの多くが真に道徳的な動機と考えていることに基づいているのかは定かではない。いずれにせよ、私たちは自閉症やアスペルガー症候群についていっそう掘り下げて探究する必要がある。また、こうした事象は、理性主義とケア倫理型感情主義の間で生じている争点に関して、それぞれの立場を吟味するうえで、よい試金石になるかもしれない。しかしさらなる証拠や論拠がない現状では、自閉症やアスペルガー症候群を主たる根拠として、共感を中心に据えた倫理に反対することはできない。

しかしながら、たとえこれまでの議論に基づいて、「共感というものが、道徳性に深く関与し関連している」という考えを支持する強固な論拠を私たちが手にしているとしても、なぜそうであるべきなのかについては、いまだにいかなる説明も提示されていない。もし、私たちが「道徳的な善」あるいは「道徳的な正しさ」について尤もらしい定義をもっていたのなら、その定義は、そうした説明をするのに役立つかもしれない。そして、おそらく、そうした説明を可能にする最も容易な方法は、'empathy'の語やそれと同語源の語が、それらの語の定義においてどう規定されるようになったのかを想像することだろう。さて、先に触れたように、'empathy'の語は二〇世紀になって初めて登場した。しかしだからといって、それ以前の考え方の中に'empathy'という発想が存在しなかったことにはならないし、またそれが、一九世紀以前の道徳的な正しさや道徳的善の概念の内に含まれていなかったということにもならないだろう（私はここでは大雑把に述べているが、この点は明らかだと考えたい）。一九世紀以前にはその事象を表現する言葉がなかったとしても、'empathy' は既に知られた事象であったし、ヒュームやアダム・スミスその他の一八世紀の哲学者は、その事象を表現する特定の用語を手にしていなかったものの、共感という事象を話題にしており、またそれを理解していたように思われる。[1]

さらに、豊かな教養と感受性を備えた読者であったならば、私たちが現在 'empathy' と呼ぶ事象についてヒュームやスミスが述べたとき、彼らが何を話題にしていたのかを理解することができたはずである。それゆえ、'empathy' の概念は二〇世紀より前の思想にとって異質なものではなかったであろう。その場合、'empathy' という用語は存在していなくても、それが表現している考え方は、正しさや善の概念の内に取り込まれているだろう。そして今や私たちは、その考え方を表現する用語 'empathy' を手にしており、「ある人が 'empathic/empathetic' か」をいつも話題にしているのだから、なおさら、私たちが現在、用いている正しさの概念において、'empathy' の概念が一定の役割を果たしているはずだと推察できる。私は「正しい」等の用語が二〇世紀以降、意味を変容させたと言いたいのではない。むしろ私が言いたいことは、もしそういった用語の意味が変容したとすれば、それはおそらく、正しさや善に関する以前の観念よりも、現在の私たちの観念において、共感概念がいっそう明確もしくは中心的な位置づけをもつようになったからだ、ということである。また、たとえ正しさや善という語の意味が変化していなかったとしても、これまで論じてきたことは、その一定の範囲内において、共感という概念が何らかの役割を果たしていることを示唆している。

以上の考察は、共感の概念に訴えることで道徳用語を定義する可能性を切り拓くものだ。しかし、現時点では、どのようにしてそのような定義を生み出せばいいのか私には全く分からない。すなわち、定義として妥当であって、しかも、「なぜ共感における相違が道徳性に関連していて、共感が道徳的な動機にとって極めて重要なのか」という点に関する私たちの理解を促進するような定義を、どのように生み出すことができるのか、全く分かっていない（ここでの道徳的な動機は、道徳的になることの動機ではなく、むしろ、例えば他者への思いやりのような、道徳性によって是認される動機のことである)。[4][5] もちろん、道徳的な正しさや善が何であるかに関する適切な定義に訴えることなく、この点に関する説明を与えることは可能かもしれない。そこで、私はそれを試みたいと思う。

仮に共感というものが、道徳的理解に必要なら――すなわち、ある人が基本的な道徳的要請を理解し、またそういった道徳的な主張をする際に必要ならば(これを「共感‐理解仮説」と呼ぶことにする)――共感における相違と、(私が妥当だと想定しているところの)道徳的区別との間に存在する、幅広い対応関係を説明するのに役立つだろう。これまで見てきたように、共感の働きによって私たちは苦痛に敏感に応じるようになるのだが、それがより顕著になるのは、単に間接的に知っているだけの苦痛に関してよりも、直接知覚した苦痛に関してなのである。だが、もし私たちの共感、とりわけ、状況によって異なる反応を示す私たちの共感的傾向性が、私たちの道徳的判断や道徳的言明に関する理解が形成される過程で入り込んでくる要素になっているとしたら、なぜ間接的にしか知らない苦痛の緩和よりも、直接知覚している苦痛の緩和を渋ることのほうが、道徳的に悪いと私たちが理解し判断するのかを説明することが容易になるかもしれない。他の事例についても同じだろう。別の言い方をしよう。異なった状況には異なった対応を促す、まさにその共感〔すなわち、動機として機能し、行為を導いているところの共感〕が、何が道徳的に善で悪かに関する私たちの理解や主張を形作る際に入り込んでくる要素ともなっている。その場合、私たちの様々な共感的な傾向性と、直観的に望まれる道徳的区別との間に対応関係が成立するとしても、何ら不思議なことではない。たしかに、この主張は抽象的なものにとどまっている。それでも、そのことがまさに示唆していると思われるのは、共感‐理解仮説が正しいとすることで、なぜ道徳的区別が、私たちの共感的傾向性における相違と大体において対応関係にあるのかを、うまく説明できるようになるという点だ。また、この仮説が正しいとすれば、〔動機づけの働きをもつ共感が、道徳的判断の構成要素として含まれることになるので、〕道徳的判断／言明というものが、動機づける働きをその内部に備えている点が含意されるだろうし、なぜそのような動機づけの機能を内在させているのかを説明するのも容易になるだろう。

しかし先述したように、以上は、単なる目論見《もくろみ》の素描にすぎない。道徳的な善や正しさの定義を手にしたとき、またそれが叶わなくても、「どのように、またなぜ、共感は道徳的理解（道徳的判断）に必要とされるのか」に関する十全な説明を手にしたとき、私たちはこの点に関してより前進することになるだろう。それでも、これまでのいくばくかの論述を踏まえると、この結論の冒頭で提示した問い――なぜ共感における相違によって、直観的に妥当な道徳的区別が、広範にわたって特徴づけられるのか――にさらなる光を当てることができる。この問いは、本書の先立つ章で示されたこと――共感上の相違によって、直観的に妥当な道徳的区別が、広範にわたって特徴づけられるという事実――を前提にしている。この相関関係や対応関係が単に偶然に成立したものとは信じがたいし、そうである以上、善悪に関する道徳的要請を、〔成熟した〕共感を引き合いに出すことで正当化することができると考えるのは理に適っている。しかし共感‐理解仮説は、これまでの章で論じられ明らかにされた〔共感における相違と道徳的区別との〕対応関係を説明できるがゆえに支持されるのであり、そしてそれによって、共感は道徳の内部において重要な正当化の役割を果たしているという私たちの確信を強化するのに役立ちうるのである(6)。

正当化に関するメタ倫理学的な問題はさておき、本書での主たる目的は、道徳に関する従来のケア倫理的な説明を改善することであった。このことを実現するために、私はまず、共感の概念を活用することで、ケア倫理学者が実際にもしくは十分に注目してこなかった重要あるいは中心的ないくつかの道徳的区別を提示し、説明してきた。その道徳的区別とは、義務論的区別であり、また直近性に関連する道徳的区別である。だが私は、個人道徳と政治道徳の両方についての体系的説明を提供することで、従来の多くのケア倫理に見られる限界を克服することを試みてきた。大部分のケア倫理学者は、正義や権利の問題を、別の伝統的なアプローチに委ねてきた。そして、そのケア倫理学者たちは、その伝統的なアプローチがケアの倫理を補完するもの、またそれと調和するもの、もしくはそれと統合されるものであることをしばしば前提にしてきた。しかしながら、私は第五章で以下のように論じた。そのような前提は成り立ちえないし、ケア倫理と、カント主義的倫理や自由主義といった伝統的なアプローチは、実際のところ互いに相容れず、それゆえ互いに調和せず、統合されえない。

このような結論を踏まえるならば、ケア倫理学者が、正義・自律尊重・権利について、それ独自の観点からの説明を与え、道徳的価値に包括的な描像を提示すべく試みることは、なおさら理に適ったことだと言える。そして、これこそが、私が本書でこれまで（大まかもしくは概略的な提示ではあるが）試みてきたことなのである。だが今や、本書以上にケア倫理の理念を体系的に展開する可能性や必要性を理解するケア倫理学者が現れるかもしれない。そのような論者は、共感という発想がそういった体系的な試みにとって有益だと気づき、また本書が全くまたは大部分予想しなかったような形で、ケアの倫理を展開し拡充する方法にも気づくかもしれない。とはいえ、それは時のみぞ知ることであろう。

原　注

序　論

（1）Carol Gilligan, *In a Different Voice: Psychological Theory and Women's Development*, Cambridge, MA: Harvard University Press, 1982〔『もうひとつの声――男女の道徳観のちがいと女性のアイデンティティ』岩男寿美子監訳、生田久美子・並木美智子訳、川島書店、一九八六年〕。

（2）Nel Noddings, *Caring: A Feminine Approach to Ethics and Moral Education*, Berkeley, CA: University of California Press, 1984〔『ケアリング　倫理と道徳の教育――女性の観点から』立山善康他訳、晃洋書房、一九九七年〕。

（3）この後者の論点は、「哲学女性協会」（The Society for Women in Philosophy）におけるノディングズの講演（一九八六年）において明確に示されている。この講演は後に以下のものとして出版された。'A Response,' *Hypatia* 5, 1990, pp. 120-26.

（4）以下を参照せよ。Carol Gilligan, *In a Different Voice* の後版の 'Letter to Readers, 1993' pp. xxvi-xxvii（本書の冒頭のエピグラムは、この版による）。Nel Noddings, *Starting at Home: Caring and Social Policy*, Berkley, CA: University of California Press, 2002. ケアの倫理は（個人および政治に関わる）道徳全般をカバーできるとする考えを、私は、最近の著書でも一貫して擁護してきた。以下を参照せよ。Michael Slote, *Morals from Motives*, New York: Oxford University Press, 2001. また、それ以前の論文でも、そのように試みてきた。

（5）以下を参照せよ。Virginia Held, 'The Ethics of Care' in David Copp, ed. *The Oxford Handbook of Ethical Theory*, New York: Oxford University Press 2006, pp. 548f; Marilyn Friedman, *What are Friends For? Feminist Perspectives on Personal Relationships and Moral Theory*, Ithaca, NY: Cornell University Press, 1993, Ch. 5; and Annette Baier, 'The Need for More than Justice' in Virginia Held, ed., *Justice and Care: Essential Readings in Feminist Ethics*, Boulder, CO: Westview Press, 1995, esp. p. 57.

（6）ギリガンは、「異なる声」仮説を支持する（その後の）研究を、以下で引用している。'Reply by Carol Gilligan,' *Signs* 11, 1986, pp. 324-33. さらにそれ以降の研究で、ギリガンの見解を部分的にではあるが問題視しているものとして以下のものがある。Mary Brabeck, 'Moral Judgment: Theory and Research on Differences between Males and Females', *Child Developmental Review* 3, 1983, pp. 274-91; Lawrence Walker, 'Sex Differences in the Development of Moral Reasoning', *Child Development* 55, 1986, pp. 511-21.（しかしギリガンは上記'Reply'の中で、ウォーカーの結論には問題があることを示す論考を引用している。）これらの論文は（関連のある出版物の）氷山の一角にすぎない。

（7） ケアの倫理に類似した考えは、男性・女性の双方におけるアフリカ的な思考または「アフリカ中心主義」的思考にも見いだされる。（例えば以下を参照せよ。Patricia Hill Collins, 'The Social Construction of Black Feminist Thought' in Nancy Tuana and Rosenmarie Tong, eds, *Feminism and Philosophy*, Boulder, CO: Westview Press, 1995, pp. 526-47.）さらに、儒教や仏教の両思想の中には、ケア的な思考の要素が顕著に見いだされる。ただし本書の目的からして、これらの思想とケア的な思考がどう結びついているか論じるのは適当ではない。このようにケア的な思考が見いだされるとすれば、ケアの倫理は、女性のみを主題とするもの、あるいはもっぱら女性に関連したものとしてではなく、潜在的に人間全般の道徳に関連したものとして理解することができるし、またそのように理解すべきである。

（8） 道徳感情説を擁護するヒュームの議論で最も重要なものは、以下において見いだされる。*A Treatise of Human Nature*, L. A. Selby-Bigge., Oxford: Clarendon Press, 1958〔『人間本性論　第三巻　道徳について』伊勢俊彦・石川徹・中釜浩一訳、法政大学出版局、二〇一二年〕。ケアの倫理の（正式な）登場に先立ちながらも、道徳感情説を色濃く反映した論考としては以下を参照せよ。Lawrence Blum, *Friendship, Altruism, and Morality*, London: Routledge & Kegan Paul, 1980.

（9） これまでの共同研究の中で、ネル・ノディングズと私は共感の誘発についてのホフマンの見解（彼は共感誘発法と呼んでいる）を参照し活用してきた。ノディングズは近年の著書（Nel Noddings, *Educating Moral People: A Caring Alternative to Character Education*, New York: Teachers College Press, 2002〔『学校におけるケアの挑戦――もう一つの教育を求めて』佐藤学監訳、二〇〇七年、ゆみる出版〕）でもホフマンの見解を活用している。私が知る限り、共感誘発法の考えを用いるケア倫理学者は他には見あたらない。

（10） 以下を参照せよ。Virginia Held, 'Ethics of Care' *op. cit.*, p. 551; Nel Noddings, 'Caring as Relation and Virtue in Teaching' in Rebecca L. Walker and Philip J. Ivanhoe, *Working Virtue: Virtue Ethics and Contemporary Moral Problems*, New York: Oxford University Press, 2007, pp. 41-60.〔動機としてのケアよりも〕関係性としてのケアを優先する考えに反対する私自身の主張は、以下に見いだされる。Michael Slote, *Morals from Motives*, Ch. 1（またそこで引用

されている先行論文〕。

(11) ヴァージニア・ヘルド（Virginia Held, 'The Ethics of Care,' *op. cit.*, pp. 551f.）は、ケアの倫理は徳倫理学の一形態ではないと主張している。だがネル・ノディングズは、ある論文（Nel Noddings, 'Caring as Relation and Virtue in Teaching,' *op. cit.*）においては、ケアの倫理を徳倫理学の一形態と見なすか否かはたいした問題ではないと考えているように思われる。

第一章

(1) Carol Gilligan, *In a Different Voice: Psychological Theory and Women's Development*, Cambridge, MA: Harvard University Press, 1982〔『もうひとつの声――男女の道徳観のちがいと女性のアイデンティティ』岩男寿美子監訳、川島書店、一九八六年〕。

(2) Nel Noddings, *Caring: A Feminine Approach to Ethics and Moral Education*, Berkeley, CA: University of California Press, 1984〔『ケアリング　倫理と道徳の教育――女性の観点から』立山善康他訳、晃洋書房、一九九七年〕。

(3) 同様のことが以下でも指摘されている。Carol Gilligan, *In a Different Voice, op. cit.* ただし次の点にも注意してほしい。本書で展開することになるケアの倫理理論が提示しようとしているのは、他者との関係性において、ケアする本人がその理論を意識的に考察したり検討したりする必要があるということではない。仮にそのような理論的考慮を経ることを重視してしまえば、〔他者の福利よりも、その理論ばかりに注意がいってしまい〕他者（の福利）そのものに焦点を当てることに高い価値を置くというケア倫理学者の見解に、全くそぐわなくなってしまう。同様の論点が、第二章で提示されることになる道徳的に正しい行為に関する一般的規準に当てはまる。この点は第五章で、バーナード・ウィリアムズの「思案過多」と呼ばれる議論について論じるときに、とりわけ明確になる。

(4) 以下を参照せよ。Virginia Held, *Feminist Morality: Transforming Culture, Society, and Politics*, Chicago, IL: University of Chicago Press, 1933, p. 223. Michael Slote, 'Agent-Based Virtue Ethics,' *Midwest Studies in Philosophy* 20, 1995, pp. 97, 101〔「行為者基底的な徳倫理学」（相松慎也訳）として『現代倫理学基本論文集Ⅲ――規範倫理学篇②』（大庭健編・古田徹也監訳、勁草書房、二〇二一年）に所収〕。

(5) 以下を参照せよ。Nel Noddings, *Starting at Home: Caring and Social Policy*, Berkeley, CA: University of California Press, esp. pp. 21–24.

(6) ヴァージニア・ヘルドは、関係性の構築・維持について以下の論文で同様の見方をしている。Virginia Held, 'The Ethics of Care' in David Copp, ed., *The Oxford Handbook of Ethical Theory*, New York: Oxford University Press 2006, pp. 540. 私自身の議論は彼女の議論に負うところが大きい。

(7) Martin L. Hoffman, *Empathy and Moral Development: Implications for Caring and Justice*, Cambridge: Cambridge University Press, 2000〔『共感と道徳性の発達心理学――思いやりと正義とのかかわりで』菊池章夫・二宮克美訳、川島書店、二〇〇一年〕。

(8) Martin L. Hoffman, *ibid.*, pp. 49-62. 以下の点について付言しておきたい。心理学の文献では、ノディングズが「心を奪われている状態」と呼んだあり方に極めて類似しているタイプの共感について、叙述や議論がなされている。ノディングズは、この動向に気づいており、その動向を知っているということを、最近になって明言している。Nel Noddings, *Educating Moral People: A Caring Alternative to Character Education*, New York: Teachers College Press, 2002, p. 151. 異なる種類の共感に関する議論で、目下の話題と関連するものとしては、以下を参照せよ。Justin D'Arms, 'Empathy and Evaluative Inquiry', *Chicago Kent Law Review* 74, 2000, pp. 1489ff.

(9) C. D. Batson, *The Altruism Question: Toward a Social-Psychological Answer*, Hillsdale, NJ: Lawrence Erlbaum Associates, 1991.

(10) この論点については、以下を参照せよ。Martin Hoffman, *Empathy and Moral Development. op. cit.*, pp. 276ff. その他にも随所で取り上げられている。同様の考えは以下にも見いだされる。John Deigh, 'Empathy and Universalizability' in L. May, M. Friedman and A. Clark, eds, *Mind and Morals*, Cambridge, MA: Bradford (MIT) 1996, pp. 213ff. ディの考えは以下に負っている。Max Scheler, *The Nature of Sympathy*, Hamden, CT: Shoestring Press, 1970, pp. 8-36.

(11) ホフマンの考えによれば、力に任せた要求と警告が、親による教示において、一定の役割を果たすことは避けられない。しかし彼は、共感誘発法を頻繁に用いた教示のほうが、道徳的ないし利他的に、または思いやりによって、動機づけられる人間へと育てるうえで、より有益であると考えている。この考えを支持する証拠に関する議論は以下を参照せよ。Mark Davis, *Empathy: A Social Psychological Approach*, Madison, WI: Brown & Benchmark, 1994, p. 70ff. Nancy Eisenberg, *The Caring Child*, Cambridge, MA: Harvard University Press, 1992〔『思いやりのある子どもたち――向社会的行動の発達心理』二宮克美・首藤敏元・宗方比佐子訳、北大路書房、一九九五年〕。

(12) Rosalind Hursthouse, 'Virtue Theory and Abortion', *Philosophy and Public Affairs* 20, 1991, pp. 223-246〔論文「徳理論と妊娠中絶」(林誓雄訳)として『妊娠中絶の倫理――哲学者たちは何を議論したか』(江口聡編・監訳、勁草書房、二〇一一年)に所収〕。

(13) 他の論者は、中絶の道徳的是非に対する徳倫理学的なアプローチに何ら頼ることなく、中絶を行う権利の問題と中絶の道徳的是非の問題を区別している。

(14) Nel Noddings, *Starting at Home, op. cit.*, pp. 235-37.

(15) John Noonan, 'Responding to Person: Methods of Moral Argument in Debate over Abortion', *Theology Digest*, 1973, pp. 291-307. 私がこの論文に注目できたのは、アレン・ステアーズのおかげである。

(16) 「選択する権利」という言葉を用いるとき、私は、個人が権利として行使することについて語っているのであって、社会または国家が権利や責務として容認することについて語っているのではない。ただし一般的には、「選択する権利」という表現は後者に関わる検討課題について述べる際に用いられている。

第二章

(1) 初出は以下の通り。Peter Singer, 'Famine, Affluence, and Morality', *Philosophy and Public Affairs* 1, 1972, pp. 229-43〔『飢えと豊かさと道徳』児玉聡監訳、勁草書房、二〇一八年に所収〕。

(2) Peter Unger, *Living High and Letting Die*, New York: Oxford University Press, 1996.

(3) 以下を参照せよ。Frances Kamm, 'Famine Ethics' in Dale Jamieson, ed. *Singer and His Critics*, Oxford: Blackwell, 1999, pp. 162-208.

(4) 私の考えでは、カムが共感という要素を無視することになったのは、この問題をとても主観的な観点から捉えていたから、というわけではない。というのも、カムが注意しているように、ウンガーの言う知覚上の際立ちは、主観的な側面をもってはいるが、同時に客観的な形で理解することもできるからである。例えば、普通の観察者にとって、何が知覚において際立っている（際立ちうる）のかというように、である。また共感という概念も同じように、主観的と客観的といった区別を許容するし、私が擁護している見解は、成熟した共感能力をもっている人に、（程度の差はあれ）共感を呼び起こすような〔客観的な〕事態に主に関わっている。

(5) 知覚的に現前している犠牲者に対しては、私たちはいっそう共感を覚える、という点に関する議論は、以下を参照せよ。Martin L. Hoffman, *Empathy and Moral Development: Implications for Caring and Justice*, Cambridge: Cambridge University Press, 2000, pp. 209ff.〔『共感と道徳性の発達心理学——思いやりと正義とのかかわりで』菊池章夫・二宮克美訳、川島書店、二〇〇一年〕; Martin L. Hoffman, 'Empathy, its Limitations, and its Role in a Comprehensive Moral Theory' in Kurtines and J. Gewirtz, eds. *Morality, Moral Behavior, and Moral Development*, New York: John Wiley and Sons, 1984, p. 298; Martin L. Hoffman, 'Toward a Comprehensive Empathy-Based Theory of Prosocial Moral Development' in D. Stipek and A. Bohart, eds, *Constructive and Destructive Behavior*, Washington, DC: American Psychology Association, 2000/01. 同様の考えに関わるヒューム

の議論については、以下を参照せよ。*A Treatise of Human Nature* (ed. L. A. Selby-Biggie), Oxford: Clarendon Press, 1958, p. 370 (also pp. 316ff.)〔『人間本性論　第三巻　道徳について』伊勢俊彦・石川徹・中釜浩一訳、法政大学出版局、二〇一二年〕。

（6）Frances Kamm, 'Famine Ethics,' *op. cit.*, pp. 182f.

（7）Peter Unger, *Living High and Letting Die*, *op. cit.*, esp. p. 36.

（8）Frances Kamm, 'Famine Ethics,' *op. cit.*, p. 184. カムはその議論（p. 199）において、なぜ距離が問題になるのかについて、いくつかの説明を試みる中で、「距離が協力関係を築けるかどうかに深く影響するという事実があるため、距離は重要である」という仮説を取り上げている。しかし、彼女は、なぜ距離が、動物に対する私たちの道徳的責務に相違をもたらすのか、その仮説では説明できないと主張している。人間の事例に関して先に述べたのとまさに同様の理由で、私たちの動物に対する責任も、純粋に距離の問題なのではなく、共感に関連した知覚の問題だと、私は考える。目の前で知覚される犬の苦痛や苦境を無視することは、間接的にしか知らない犬の苦痛や苦境を無視することよりも、道徳的に悪い。しかしこの相違は、むしろ人間の共感の自然な傾向性に関係しているのであり、距離や近接性それ自体に関係しているのではない。

（9）ウンガー（*Living High and Letting Die*, *op. cit.*, p. 36）は、こうした事例が「体験されたインパクト」の点で異なっている、と指摘している。「体験されたインパクト」という概念は共感に結びつく。しかし、彼はその概念にそれほど注目しているわけではない。おそらく、その理由は、それが私たちの直観に何ら重大な相違をもたらさないと（誤って）考えているからであろう。

（10）一方で、マリリン・フリードマンが私に示唆したように、「カレイ中佐の行為は道徳的にいっそう非難に値するが、それは飛行士が行った行為に比べて道徳的にいっそう悪いわけではない」と主張する人がいるかもしれない。しかし、そのような見解を受け入れるべき理由があるとは、私には全く思えない。

（11）以下を参照せよ。Charles Fried, *An Anatomy of Values: Problems of Personal and Social Choice*, Cambridge, MA: Harvard University Press, 1970, pp. 207-27, esp. p. 226. ところで、〔閉じ込められた炭鉱作業員の事例のような〕仮想的な事例は、現実に起こった事例が（当の状況に置かれた人々に対する）共感や同情を呼び起こすような形では、それらを呼び起こさないので、共感の重要性に注目せずに軽視する人は、仮定された状況下での行為に関して、過度に中立的な態度をとるかもしれない。それゆえに、炭鉱に閉じ込められた人々への対応に関して、フライドは冷酷な提案をしたのだと、部分的には説明できるだろう。この点に関しては、以下に負っている。Phyllis Rooney, 'A Different Different

Voice: On the Feminist Challenge in Moral Theory', *Philosophical Forum*, XXII, 1991, pp. 335-61, esp. p. 351. また以下を参照せよ。Carol Gilligan, *In a Different Voice*, Cambridge, MA: Harvard University Press, 1982, pp. 100f.〔『もうひとつの声――男女の道徳観のちがいと女性のアイデンティティ』岩男寿美子監訳、川島書店、一九八六年〕。

(12) 私が言いたいのは以下のことだ。現在において人々を襲っている危機的状況を私たちが直接に目にしていない場合と比べても、将来の危機的状況が私たちの共感を呼び起こす力は、弱いものとなる傾向がある。また、実際に私たちが危機的状況（に置かれている人々）を直接知覚している場合と比べて、前者の状況が私たちの共感を呼び起こす力は弱くなる。しかし、こういった様々な強さで私たちの共感を誘引する力は、どのようなものであれ、ホフマンが「〔言語的技能によって〕媒介された連想」と呼ぶものを通して作用することが可能であるし、また実際に作用しているのである（Martin L. Hoffman, *Empathy and Moral Development*, *op. cit.*, pp. 49ff.）。もし仮に未来の炭鉱作業員への共感の成立には、洗練された概念や言語的技能の獲得が必要とされるにしても、そういった共感の生起は、炭鉱作業員の立場に我が身を置いてみるといった意図的な心理的作用（移入的な共感）を必要とするわけではなく、非自発的に（連想を通して）起こりうる〔例えば「末期がん」という言葉を聞いて様々なことが自ずと――非自発的に――連想されるように〕。しかし、もちろん、これまで私が論じてきた類の事例では、共感は、〔自発的または意図的な〕移入的な共感を通して作用しうるし、また実際にそのように作用することが頻繁にある。

(13) ホフマンが直近のものに対する共感のバイアスについて論じるとき、空間・知覚・時間に関わる直近性が例として取り上げられている。以下を参照せよ。Martin L. Hoffman, 'Empathy, its Limitation, and its Role in Comprehensive Moral Theory', *op. cit.*; 'Empathy and Moral Development Toward a Comprehensive Empathy-Based Theory of Proposal Moral Development', *op. cit.* Ch. 8. さらに以下の章の最終節も参照せよ。'Toward a Comprehensive Empathy-Based Theory of Prosocial Moral Development', *op. cit.* またバーナード・ウィリアムズは、以下の著書で、直近であるということがもつ道徳的な重要性を強調しているが、そこでの説明は紛らわしいものになっている。Barnard Williams, *Ethics and the Limits of Philosophy*, Cambridge, MA: Harvard 1985, pp. 185f.〔『生き方について哲学は何が言えるか』森際康友・下川潔訳、ちくま学芸文庫、二〇二〇年〕（以下を参照せよ。Elizabeth Ashford, 'Utilitarianism, Integrity, and Partiality', *Journal of Philosophy* XCVII, 2000, pp. 421-29）。ここでの私の見解は、直近性の重要性は共感の観点から最も適切に擁護できる、というものである。

(14) 安全装置を設置することで将来、救われる人命の数と、現在、救える炭鉱作業員の数とを比べることはできないと、私は考えるし、これまでもそう考えてきた。だが、もし仮に、新しい安全装置で一〇倍の人命が救われるのなら（そして、そこで「二者択一」が求められるなら）、その明白な数的相違によって、この種のケースに関する私たちの直観・感情・判断などが変容することになるかもしれない。未来において、現在の一〇倍を超える数の炭鉱作業員を救うために、「今まさに危険に晒されている炭鉱作業員が死ぬ」という事態を進んで容認する場合、その態度に（いわゆる）「憐れみの情」の欠如が反映されているとは限らない。では、明白な数的な相違がどの程度なら、私たちの共感的反応や道徳的判断に影響を及ぼすのか。この問題については次章の義務論に関する議論を参照してほしい。

(15) もちろん、行為功利主義は、今まさに窮地にある作業員を救うよりも、未来の作業員を救うことができる安全装置の設置のほうを奨励するだろう。そして、「そういった対応には明らかに憐れみの情の欠落が見いだされる」という反論が出た場合はいつでも、「炭鉱に閉じ込められた作業員を救う行為には、普遍的な慈善心の欠如が見いだされる」と、功利主義者は応答することができる。当然ながら、そのような対応が、嘆かわしく冷淡で杓子定規的であるという印象は、依然として拭いきれないだろう。そして、「その対応は思いやりに欠けている」と、私たちの多くは判断するだろう。だが道徳的な規準として共感という考えを幅広く体系的に用いることで、そういった容易に拭いきれない私たちの感じ方に、道徳的かつ理論的な重要性を与えることができると私は考える。

(16) 家族の連帯感によってもたらされる、（または）家族の連帯感それ自体を形作っている、家族のメンバーへの同一化と共感のあり方については以下を参照。Elliott Sober and David Sloan, *Unto Others*, Cambridge, MA: Harvard University Press, 1988, p. 233.

(17) ヒュームの主張によれば、家族の繋がりや友情、そして時間的および知覚的な直近性によって、同情／共感メカニズムの作用は高まり、また特定の他者に対する配慮がいっそう強まることになる。以下を参照せよ。L. A. Selby-Bigge (ed.), *A Treatise of Human Nature, op. cit.*, esp. pp. 370, 386, 389.

(18) ここでは議論を簡潔にするため、時間的な直近性の問題はあえて無視しよう。「今の世代の人々に対してでさえ、もし会ったことがない（また家族の一員でない）場合は、共感的な配慮が喚起されない」という問題があるとすれば、（私たちの多くの子孫が途絶えてしまった）将来の世代に関しては、より大きな問題が存在することになる。私の考えでは、共感の概念を用いることで、将来の世代に対する私たちの責務に関する問題の所在を明確化できる。私の知る限り、今のところ誰もこのような取り組みを試みていない。だがこの問題は今後、別の機会に論じようと思う。ラリー・テムキンのおかげで、この問題に関して、共感の概念が役に立つ可能性があることに気づくことができた。

(19) 以下を参照せよ。L. A. Selby-Bigge (ed.), *A Treatise of Human Nature, op. cit.,* esp. pp. 481, 602.

(20) この点に関しては以下を参照せよ。Martin L. Hoffman, ‘The Contribution of Empathy to Justice and Moral Judgment’ in N. Eisenberg and J. Strayer, *Empathy and its Development,* New York: Cambridge University Press, 1990, esp. p. 69; Martin L. Hoffman, *Empathy and Moral Development, op. cit.,* p. 297.

またヌスバウムは以下の論文で、文学を通じて（文学なしには知ることがなかった）他者の苦しみに関して想像的理解を育むような道徳教育の重要性に関して、同様の見解を表明している。Martha Nussbaum, ‘Compassion: The Basic Social Emotion’ in Ellen Frankel Paul, Fred Miller Jr and Jeffrey Paul, eds, *The Communitarian Challenge to Liberalism,* Cambridge: Cambridge University Press, 1996, pp. 27–58. 最後に触れておくと、ケアの倫理の立場から、ヴァージニア・ヘルドは、論文「ケアの倫理」(Virginia Held, ‘The Ethics of Care’, in D. Copp. ed., *The Oxford Handbook of Ethical Theory,* Oxford: Oxford University Press, 2006, p. 550）において、自分が知っている人々に対する配慮と遠く離れた人々に対する配慮の両方は、相手のニーズに進んで応答する姿勢、また当の状況を相手の観点から進んで理解しようとする姿勢によって、特徴づけられるべきだと指摘している。控え目に言っても、ヘルドのここでの見解は、私がこれまで本書において、より具体的な形で展開してきた道徳的また道徳心理学的な主張と同様の方向性を示唆している。

(21) Martin L. Hoffman, *Empathy and Moral Development, op. cit.,* p. 298.

(22) ある特定の状況において、ある人が助けを必要としているとき、仮にその人に（多大な）援助をしなくても、例えば、他の人に対して相当の援助をこれまでしてきた場合には、他者に対する成熟した配慮が欠如している点が露わになっているということにはならない。「憐れみによる心理的疲労」といった事態が起こりうる（以下を参照せよ。Martin L. Hoffman, *Empathy and Moral Development, op. cit.,* p. 198）。憐れみによる心理的疲労という考えによって、〔常にその履行を求められるわけではない〕不完全義務という考えが有意味なものとして理解しやすくなる。（この点についてはクリスティン・ボルグワルドとの議論に負っている。）

(23) 以下を特に参照せよ。Shelly Kagan, *Limit of Morality,* Oxford: Clarendon Press. 1989.

(24) この事例は、〔何をもって、一つの行為と見なすかという〕行為の個別化に関して興味深い問題を提起している。これについては別の機会に論じるのが適当であろう。この論点に関してはスコット・ゲルファンドに負っている。

(25) マイケル・ブレイディは論文「規範的またメタ倫理的感情主義に関するいくつかの懸念」(Michael Brady, ‘Some

Worries about Normative and Metaethical Sentimentalism', *Metaphilosophy* 34, 2003, pp. 145）で、私の見解が以下のような否定的含意をもつのではないかと疑問を提示している。すなわち私の見解に従うと、共感的な思いやりをいっそうもとうと努力する人は、そのような努力を要するというまさにそのことによって、共感的な思いやりが自らに欠如していることを表現ないし露呈してしまっているのではないか。しかし、もし「その人は十全な共感を欠いている」という主張が正しかったとしても、その主張は共感の欠如を〔観察者が外から眺めるように〕記述しているのであって、共感の欠如がその行為において表示もしくは表現されているわけではない。[3] また同様にこうも言える。いっそう共感的になろうとする努力は、十全な共感の段階にいまだ達していないことを前提ないし想定しているが、しかし、共感の欠如を表現／表示／露呈しているわけではない。

(26) しかし、親は子どもたちを愛する責務を、また子どもたちに愛情をもって関わる責務をもたないだろうか？　また、それが責務だとしたら「「べき」は「できる」を含意する」という点に関して問題は生じないだろうか？　もしかしたら生じるかもしれない。だがこういった疑念に対して、〔もう少し条件を弱めて〕「子どもたちに責務を負う親は、子どもたちを愛しているかのように振る舞わなければならない」となら言いうるだろう。もしそれが（もしくは、それでさえ）できないなら、「その親は、そもそも子どもをもつことを断念する責務があった」と私たちは言いたくなるのではないだろうか。もし親が子どもたちのためにできる限りのことをしてやっても、子どもたちを愛しているかのように振る舞うことができないなら（子どもたちには分別があると仮定しよう）、〔「べき」（責務・義務）は「できる」を含意する以上、「親は子どもたちを愛するべき」という指令は、親にとって責務としてはもはや成立しなくなり〕「親は子どもたちを愛するべき、という現在の責務に違反している」と言うのをためらうだろう。とはいえ、私は、この問題については、本当のところ、どう答えるべきか分からない。（この問題に注意を促してくれたマリリン・フリードマンに感謝する。）

(27) 一方、マーティン・ホフマンは、道徳性は共感（成熟した共感能力）以上のものを要求すると考えている。というのも、道徳規範は公平一律であるべきなのに、人間の共感において具現化されている、身近で大切な人々を支持するバイアスは、共感誘発法や他の育成法／教育法をいくら試みても取り除くことができないものだからである（Martin L. Hoffman, *Empathy and Moral Development*, *op. cit.*, pp. 216, 297ff.; Martin L. Hoffman, 'The Contribution of Empathy of Justice and Moral Judgment', *op. cit.*, pp. 76, 78n）。しかしホフマンは、自身が主として傾倒している哲学者や教育学者――ロールズやコールバーグ――が「道徳規範は公平一律である、あるいはそうあるべきである」と主張しているために、いくらか誤った考察へと導かれているように思われる。ホフマンはローレンス・ブルム（Lawrence Blum, *Friendship, Altruism, and Morality*, London: Routledge & Kegan Paul, 1980）を最近の道徳的な反一律主義（moral partialism）の一例として紹介しているが、他の反一律主義者には全く言及していないので、ホフマンは今日の倫理学における反一律主義の影響力が実際どれほど強いのか、もしかしたら気づいていないのかもしれない。

（私自身もそうだが）反一律主義者は、自分の家族に対して、または既知の人に対する特別な配慮を、いかなる意味でも否定的なバイアスと見なす必要はない。反一律主義者は、「家族や（先述のように）実際に会ったことのある人々に対するバイアスや特別な配慮が欠如している状態は、道徳的に理想的だとは言えない」とする見解を受け入れる準備があるので、ホフマンが指摘する特別な配慮に関する懸念や留保を、支持する必要はない。ピーター・シンガーは「批判への応答」（Peter Singer, 'A Response [to Critics]', in Dale Jamieson, ed., *Singer and His Critics*, Oxford: Blackwell 1999, p. 308）において、これまで反一律主義者は自らのアプローチに適切な基礎を与えてこなかったと述べているが、私の考えでは、そういった基礎を与えることこそが、「共感に基づくケア」を中心に据える反一律主義的倫理学が試みるべきことなのだ。

（28） Bernard Williams, 'A Critique of Utilitarianism' in J. Smart and B. Williams, *Utilitarianism: for and against*, Cambridge: Cambridge University Press, 1973.

（29） ここで私は以下のことを前提にしている。豊かな共感力をもつ人は、自らのことを無価値だと感じていないし、また彼女／彼が他人の利益のために行為するのは、自らのことを、利益を享受するのに値しない存在だと感じているがゆえではない。他者の利益を優先する自己消失的または自己放棄的な状態の多くは、自分が無価値だという感情や自己尊重の欠如に基づくかもしれない。しかし、そうした感情や態度が、他者に対する豊かな共感と心理的に両立できるのかどうかは、私には分からない。いずれにせよ、議論の余地はあるものの、強力な共感は通常、自分は無価値だという感覚に依拠する必要はないし、本書もまたそういった想定のもとで書かれている。第四章で触れるが、自分は無価値だという感覚や自己消失的な状態は、親や保護者から非共感的な仕方で扱われたことに由来する可能性があり、また心理学の文献が示すところでは、子どもたちは、共感的に遇されることで、自ずと共感的になるとされている（例えば以下を参照。R. Koestner, C. Franz and J. Weinberger, 'The Family Origins of Empathic Concern: A 26-Year Longitudinal Study', *Journal of Personality and Social Psychology* 58, 1990, pp. 709-17）。このことは、ホフマンらの論者の見解、すなわち利他的な意欲を形成・維持する手法として、「力に任せた要求」よりも共感誘発法による教示のほうが優れているとする見解に符合する。他者の苦痛を子どもに理解させようとする親は、既に、その子への共感を具体的な形で示している。そして「力に任せた要求」には共感的な要素が皆無なのである。さらに言えば、このように共感誘発法が優れているということは、子どもは親というモデル（もしくは他のモデル）から道徳規範を学ぶという、お馴染みの考えを支持している。（この点については以下を参照。Nancy Eisenberg, *The Caring Child*, Cambridge, MA: Harvard University Press, 1999, Chs 7 and 8〔『思いやりのある子どもたち――向社会的行動の発達心理』二宮克美・首藤敏元・宗方比佐子訳、北大路書房、一九九五年〕）。

(30) 私たちの共感能力と利他的行動が、ある程度、遺伝的・気質的な要因に拠っているという見解を支持する証拠が数多く存在する。これについては例えば以下を参照。Eisenberg, N., Guthrie, I. K., Murphy, B. C., Shepard, S. A., Cumberland, A. and Carlo, G., 'Consistency and Development of Prosocial Disposition: A Longitudinal Study', *Child Development* 70, 1999, pp. 1360-72.

(31) Martin L. Hoffman, *Empathy and Moral Development*, *op. cit.*, p. 207.

(32) これらの点に関しては、以下を参照。Lawrence Blum, 'Moral Development and Conceptions of Morality', in his *Moral Perception and Particularity*, New York: Cambridge University Press, 1994, p. 194. また以下も参照。Mark A. Barnett, 'Empathy and Related Responses in Children', in Eisenberg and Strayer, eds, *Empathy and Its Development*, *op. cit.*, pp. 154ff.; M. Radke-Yarow, C. Zahn-Waxler, and M. Chapman, 'Children's Prosocial Dispositions and Behavior', in P. H Mussen, ed., *Handbook of Child Psychology*, New York: Wiley, 1983, esp. p. 514; Nancy Eisenberg, *The Caring Child*, *op. cit.*, p. 138.（その脚注にある文献も含めて）。

そうは言っても、ナンシー・アイゼンバーグが私に指摘したように、子どもは（または人間一般は）、文化的また民族的に異なった人々の顔の表情を、より身近で馴染みの人々の表情ほどうまく理解できない。こういった事実は、自分とは異なる馴染みのないものには恐怖心を抱くという進化に基づく傾向性を同時に踏まえると、自分とは異なった人々に対する応答が弱まる事態を弁明し正当化する際に参照されるある種の条件となるかもしれない。少なくとも、相手を偏見なく知ることで、自分と異なる人々に対する恐怖心が取り除かれ共感能力がきちんと働くようになるまでは、そう考えられる。こういった事情によって、子どもが馴染みのない人々に異なる反応を示すということが説明され支持されるだろう。また成人ならば、（自分と似ている人と異なる人の両方に対する）平等な対応が求められる点が、より根拠づけられ正当化されるだろう。

(33) Jorge Garcia, 'The Heart of Racism', *Journal of Social Philosophy* 27, 1996, pp. 5-45. この論文の主張によれば、他の人種の人々に対して憎悪あるいは無関心を伴わない場合、

自分と同じ人種をより好む傾向は、道徳的に問題があるとは断定できないし、そういった選好は、道徳的に要求される望ましいものでさえあるかもしれないとされる。この主張は間違っているとは言い切れない。そしてもし正しいとするなら、「人間は結局、自分と同じ人種に対して、いくらか強く共感する根深い傾向性がある」という事態は、道徳規範に対する共感に基づく本書のアプローチを脅かすものではないことになる。仮に自分と同じ人種に対する選好に共感の発達に関する批判されるべき欠陥が見られなくても、他の人種に対する（通常の意味での）憎悪・偏見においては、共感の発達に関して、批判されるべき欠陥が見いだされる。同様の主張が自分と同じ性別に関する選好に関しても当てはまるかもしれない。ただし私の印象では、その場合の論証は、同じ人種への選好に関する論証に比べて、より手間のかかるものとなるだろう。私は第四章から第六章において、他の集団に対する偏見や憎悪の何が道徳的に間違っているのかに関して、ケア倫理の立場から具体的な説明を与えるつもりだ。

（34） Martin L. Hoffman, *Empathy and Moral Development, op. cit.*, p. 208. 以下も（その脚注の文献も含めて）参照。Nancy Eisenberg, *The Caring Child, op. cit.*, pp. 39f., 139.

（35） 以下の基本的な二つの理由から、白人が共有する歴史は、黒人が共有する歴史の場合と同様の仕方では、白人同胞への責務とは結びつかないだろう。〔共感に基づくケア倫理においては〕第一に、白人は黒人をこれまで不当に抑圧してきた程度に見合った仕方で、それまでの抑圧を償う試みを可能にするような共感的傾向性をもたなければならないだろう。きっと、この共感的傾向性によって、白人は、白人同胞を選好する自らの傾向性に対して、いくらか抵抗を示すようになるだろう。第二に、このことは第六章で確認することになるが、苦痛を伴っている状態や辛い心理状態に対してのほうが、愉快で羨望されるような状態に対してよりも、私たちは共感しやすいので、おそらく白人の間で共有される共感的連帯は黒人の間で共有される共感的連帯ほど強くはならないだろう。このことは、また、白人が白人同胞を選好するよりも、黒人が黒人同胞を選好することのほうが（他の条件が等しければ）、適切で許容されるということを意味している。（同様のことが女性の連帯と男性の連帯を比較したときにも主張できるだろう。）

第三章

（1） サミュエル・シェフラーが擁護する見解によれば、道徳性というものは、行為者を中心に置く視点からの承諾や選択を含みつつも、その視点からの制約を受けない。ここでの私の議論は、こういったシェフラーの議論に対するシェリー・ケーガンの批判と類似している。以下を参照せよ。Samuel Scheffler, *The Rejection of Consequentialism*, Oxford: Oxford University Press 1982; Shelly Kagan, 'Does Consequentialism Demand Too Much?' *Philosophy and Public Af-*

fairs 13, 1984, pp. 239-54. このケーガンの論文に対するシェフラーの応答に関しては、上記のシェフラーの著書（*The Rejection of Consequentialism*）の第二版（1994）を参照。この論争から学ぶべきことは、反一律主義が少なくとも直観的に尤もらしくあるためには、義務論を必要とする――公平一律主義が義務論を必要とする以上に――という点だろう。しかし、ケーガンもシェフラーも、私がここで論じてきた、身近で大切な人に対する特別な配慮よりも、自分に対する特別な配慮に注目している。

（2） ノディングズは義務論を受け入れているように思われるが、いかにしてケアの倫理が義務論を正当化することができるのかについては明確に論じていない（Nel Noddings, *Caring: A Feminine Approach to Ethics and Moral Education*, CA: University of California Press, 1984, pp. 105ff.〔『ケアリング　倫理と道徳の教育――女性の観点から』立山善康他訳、晃洋書房、一九九七年〕）。

（3） 実証的研究では、私が示唆してきたように、因果的な直近性は共感的／道徳的反応に影響を及ぼすことが示されている。以下を参照。Michael Koenigs *et al.*, 'Damage to the Prefrontal Cortex Increases Utilitarian Moral Judgments', *Nature*, online version, 21 March 2007. とはいえ、当該の事態が現在において生起しており、また知覚されることによって、共感や行動はどのような影響を受けるのか。この点を示すためには、既になされた多くの実証的研究に加えて、因果的直近性の影響についてのさらなる研究が必要とされている。

（4） ただし、以下の複雑な事実に言及すべきだろう。すなわち一般的には、相手を殺害することと、相手の死を成り行き任せにすることとの相違や、加害行為をすることと害悪の生起を成り行き任せにすることとの相違が、不明確か、もしくは問題含みの場合がある。John Kleinig, 'Good Samaritanism', *Philosophy and Public Affairs* 5, 1975-76, pp. 382-407; Eric Mack, 'Bad Samaritanism and the Causation of Harm', *Philosophy and Public Affairs*. 9, 1979-80, 230-59; Eric Mack, 'Causing and Failing to Prevent', *Southwestern Journal of Philosophy* 7, 1976, 83-90. もし義務論が、共感を中心に据えた形で完全に体系化された際には、そういった事例もうまく整理して扱うことができるのでなければならない。

他にも、意図的に（もしくは手段として）害を加えることと、それ自体は意図されていないが、ある意図的行為の結果として害を及ぼすこととの区別に関する義務論的問題も存在している。例えば、かの有名なトロッコ問題がそうである。その事例、またそれとは対照的な他の事例に対する私たちの直観的な道徳的反応は、共感に反応する因果的直近性／直接性に関する私たちの感覚的な区別を反映している。私はこの問題を別の機会に探究しようと思う。もし為すこととそのまま成り行き任せにすることとの区別が、義務論（の正当化）における――もしくは、義務論にとっての――主要な問題であるなら、共感と因果的直近性という発想は、他の義務論的問題を理解するうえでも有益だと私は考える。

（5）こうした場合の反応は人によって様々であろう。そして、成熟した共感に基づくケアという考えに根ざす倫理においては、道徳的責務に関する主張に、一定の曖昧さや寛容さが認められることになるだろう。

（6）特定の種類の競争においては、ある人は、以前もしくは現状よりも悪い状況を相手に対して意図的にもたらすことになる可能性があるが、しかし相手に対して実際に害を加えるわけではないだろう。共感に関する倫理が十全なものであるためには、なぜこの類の不利益をもたらすことが許容され、別の（より直接的で加害的な）不利益をもたらすことは許容されないのかについて、何がしかの説明をする必要がある。この点に関しては、スティーヴン・ダーウォルに負っている。

（7）以下を参照せよ。N. MacCormick, 'Voluntary Obligations and Normative Powers I', *Proceedings of the Aristotelian Society*, suppl. vol. 46, 1972, pp. 59-78; T. M. Scanlon, *What We Owe to Each Other*, Cambridge, MA: Harvard University Press, 1998, Ch. 7.

（8）T. M. Scanlon, *ibid.*, p. 296.

（9）援助を相手に期待させておいてその期待を裏切ることと、単に援助しないこととの間に因果的な違いがあるという点に関しては、マコーミックが主張している見解（N. MacCormick, 'Voluntary Obligations and Normative Power I', *op. cit.*, p. 69）と比較検討せよ。

（10）私たちは相手への共感を通して、相手を積極的に加害することに対して反発を覚える。しかし、このような事実ゆえに、その加害行為は正しくない、と主張することに対しては、私はためらいを感じる。しかしそれでも私は次のように主張したい。私たちが展開しているアプローチにおいては、共感という要素を引き合いに出すことで、そのような道徳上の相違に関して理解を深めることができる。共感における相違が、私たちが積極的に支持している道徳的区別〔正・不正等の区別〕に相関していることがより明らかになれば、「いかなる場合も、共感における相違が、妥当な道徳的区別に反映されている」という考えが、より正当化されるようになる。このことは、私たちが、共感というものを、ある行為が道徳的に容認できるかどうかの規準（もしくはそれに類するもの）として用いることができるようになることを意味する。

（11）むろん、私はここで次のことを前提にしている。父親は、自分が息子に対して行ったこと〔約束破棄〕と妻が息子のためにそうした約束をしないこと〔後で破棄することになるような約束をしないこと〕との間にある因果的関与のあり方の相違に、息子に対する共感的感受性を通して敏感に反応しうる。マコーミックは、夕食会の不参加に関連して生じる二種類の落胆について以下で述べているが、その見解とここでの見解を比較するとよい（N. MacCormick, 'Voluntary Obligations and Normative Power I', *op. cit.*, p. 70）。

（12）以上の考察は、スキャンロンが「罪人街」のケースと呼んだ事例（T. M. Scanlon, *What We Owe to Each Other*, *op. cit.*, pp. 302ff.）に関して、なぜ約束を（一方的に）破ることが不正にあたるのかを説明する際に活かすこともできる。だが、この事例に関するスキャンロンの論じ方は、目下のアプローチが支持するであろう主張とはいくらか異なっている。

（13）以下と比較せよ。Scanlon, *ibid.*, pp. 312-14, 405 (note 20). また、『道徳形而上学の基礎づけ』(*Groundwork of Metaphysics of Morals*〔『道徳形而上学の基礎づけ』中山元訳、光文社、二〇一二年〕）の第二章で、もし全ての人が偽りの約束をしたら、一体何が起きるかに関して、カントが行っている議論とも比較せよ。

（14）『人間本性論』においてヒュームは、あることを実際に為すことと、事態を成り行き任せにすること〔そのまま容認すること〕との区別が道徳的に重要であるという点を表立って意識していないように思われる。その結果、義務論において中心的な検討事項になる、殺すことと死んでいくという事態を成り行き任せにすることとの区別を、ヒュームはきちんと取り上げていない。だが、彼は約束を守るという義務論の重要な問題については触れているし、また「人為的」徳に関する理論の観点から、所有権を尊重している。ヒュームは、慈善心のような「自然的」徳の観点では、この領域の問題はうまく扱うことができないと考えている。しかし、もし本章で述べてきたことが正しいのなら、おそらく私たちはそういった義務論的問題をうまく扱うことができる。ヒュームが言う人為的徳の理論は、いくつか重要な点で（ヒューム自身が指摘しているように）、循環論的なものになっているし、またそれ以外にも大きな問題を抱えている。共感を基盤にした私たちの説明を採用することで、道徳感情説によって義務論の正当化を試みることが、ヒューム以降、再び（少なくとも、もう一度）可能になる（その試みは、広範に及ぶものとなり、一方での「殺すことや為すこと」と他方での「成り行き任せにすること」との区別に関する道徳規範が、道徳感情説に取り込まれることになるだろう）。

第四章

（1）私は主として、自律への尊重と自律性そのものに考察の焦点を絞り、尊厳と価値についてはあまり触れないでおく。しかし、もし自律への尊重と自律の概念をうまく説明できたなら、尊厳や価値といった概念はそれほど本質的でなくなるか、もしくは同様の観点から説明できるということを、ここでは前提にする（注5のセイラ・ベンハビブへの言及を参照せよ）。

（2）Ronald Dworkin, *Taking Rights Seriously*, London: Duckworth, 1978, pp. 180-83, 272-78.

（3）ジェニファー・ネデルスキイは以下の論文で、母子関係をモデルにするような自律の考察を展開し、関係的な自律を擁護する画期的な議論を提示している。Jennifer Nedelsky, 'Reconceiving Autonomy: Sources, Thoughts and Possibilities', *Yale Journal for Law and Feminism* 1, pp. 7–36, 1989. だが、ネデルスカイの論文には、ケアの倫理からの影響が見られるものの、その考察はケアの倫理を表立って支持しているわけではないし、（それゆえに）関係的な自律という発想をケアの倫理の内に取り込むという試みもなされていない。また、関係的な自律という考えを、共感もしくは尊重との関連で考察してはいない。こうしたことこそ、私がまさに本書で試みようとしていることにほかならない。グレイス・クレメント（Grace Clement, *Care, Autonomy, and Justice: Feminism and the Ethics of Care*, CO: Westview Press, 1996, Ch. 2）は本書に先んじて、（共感的な）親によるケアが、関係的な自律の発展にとって、重要であることを力説している。しかし、彼女はさらに進んで「自律というものがケアの倫理の観点からは完全には理解しえない」と主張している。クレメントの考えでは、（ケアと別建てのものと見なされる）正義の倫理が、自律というものを理解するうえでは必要不可欠なのであるが、本書はまさにこの発想を退けようとしているのである。

（4）代理成功症候群に関しては以下を参照せよ。Blum M. Homiak, J. Housman and N. Scheman, 'Altruism and Women's Oppression' in C. Gould and M. Wartofsky, eds, *Women and Philosophy*, New York: Putman, 1976, esp. p. 238. 関連する有益な議論に関しては、クレメントの前掲書を参照せよ。

（5）Seyla Benhabib, 'The Generalized and the Concrete Other: The Kohlberg-Gilligan Controversy and Feminist Theory' in S. Benhabib and D. Cornell eds, *Feminism as Critique: On the Politics of Gender*, Minneapolis, MN: University of Minnesota Press, 1987, esp. p. 82–9を参照。そこでのベンハビブの主張によれば、「一般化された他者」の尊厳は、「具体化された他者」の観点から理解されなければならない。この主張は、本書で私が擁護しようと試みている見解に極めて近い。また、私のここでの主張は以下の論文と極めて近い。Nancy Sherman, 'Concrete Kantian Respect', *Social Philosophy and Policy* 15, 1996, pp. 119–48.

最後に、私は、本書のある部分で（他書ではしていないが）、他者の観点に立つことなしに——もしくは他者の自律を尊重することなしに——他者の福利について真に気遣うことが可能であると仮定したが、それは基本的には、説明を容易にするために譲歩したにすぎない。この仮定に疑問を投げかけるべき（あるいは留保をつけるべき）であるという点を支持する、いくつかの強力な論拠について、私は以下において論じている。Michael Slote, *Morals from Motives*, New York: Oxford University Press, 2001, esp. pp. 131ff.

（6）J. L. Mackie, *Hume's Moral Theory*, London: Routledge & Kegan Paul, 1980, p. 28.

（7）Thomas Nagel, *Equality and Partiality*, New York: Oxford University Press, 1991, pp. 154–68.

（8） 以下のロックの著作を参照せよ。John Locke, *Second Essay on Government*, ed. Peter Laslett, Cambridge: Cambridge University Press, 1960〔『市民政府論』角田安正訳、光文社、二〇一一年〕。ここでは、このように利己的な理由から行為する迫害者と、嫌がる子どもを医者もしくは歯医者のところに連れて行くことに動揺する親との対比に注意してほしい。

（9） マリリン・フリードマンは私に以下のように指摘してくれた。拷問者が犠牲者に害悪を実際に与えることが可能であるためには、拷問された犠牲者がどのような感情をもち反応するのかを理解することが必要になるかもしれない。そうだとすれば、サイコパスは、何によって人は行動を起こすのかをこの上なく精確に理解していて、それによってまさに、無防備な犠牲者を利用したり虐待したりすることができる、ということになる。しかしながら、冷酷で、他者を虐げたり操作したりする際に用いられる理解は、共感とは異なるものであり、「サイコパスは誰に対しても共感を欠いている」という考えは、幅広く受け入れられている。同様に、憎しみや糾弾の対象となっている犠牲者を拷問する人は、その犠牲者に共感していないと論じることができる。ただし、この点についてはもっと議論が必要である。

（10） 共感は、個人的に知っている人に対してより強く喚起されるし、またそう考えられるので、同胞市民や同国人（の自律）に対する尊重を形作っている私たちの共感的配慮は、自分自身の子ども（の自律）を尊重するために必要とされる共感的配慮ほど強いものではないだろう。それでもなお、異なった宗教を支持する同国人に対する私たちの共感が十分に強いものである場合は、その人たちの観点から、宗教的な事柄を理解できるようになるだろうし、またその人たちの信仰と習慣に寛大になれるだろう。こういったことこそが、実際に、相手を尊重するということが要求することの全体であるように思われる。私たちの理論によれば、誰かを尊重するためには、その人の個別のニーズと欲求、およびその人に対する個別の関係や繋がりの両方を拠り所にする必要がある。このような捉え方は、尊重の捉え方としては標準的なものではないが、それが含意する事柄は非常に尤もらしいように思われる。

　この点について急いで補足すれば、寛容は（寛容でさえも）、ときには嫌悪と共存するので、他者に対する共感に基づく尊重を特徴づける態度や行為を記述する際に、寛容という考えに過度に重きを置くべきではない。（この点はスーザン・ブリソンに負っている。）

（11） 私は自著（*Morals from Motives, op. cit.*, Ch. 5）で、SFの事例に触れ、ある特定の宗教的自由の承認を拒否することは正当化される場合があり、またその場合、承認の拒否が共感の欠如を示すことには決してならないと述べた。しかし、実際の人類史においては、宗教的な迫害や不寛容の内に共感の欠如が見いだせないような事例を、たった一つでさえ、挙げることは難しい。それゆえ、もし実際の人間の生活状況において、宗教的自由を擁護したいと思うなら、私たちの〔共感に基づく〕感情主義的なアプローチに訴えればよい。（宗教的な迫害・不寛容は「部外者」に対する共感の欠如を反映したものだという考えに関する、さらなる議論については以下を参照。Albert Bandura, 'Reflexive Empathy: On Predicting More Than One Has Ever Observed', *Behavioral and Brain Science* 25, 2002, pp. 24ff.）

（12）私がここで述べていることの多くは、親に代わって子どもを育てる人についても当てはまる。

（13）自分自身への共感という考えは、（おそらく、はるか過去や未来の自己について語る場合を除いて）いくらかぎこちないので、自己尊重を共感の観点から理解することを提案するつもりはない。だが、これまで提示した説明からすれば、自己尊重〔自尊心〕は、自律の条件であることが、明白だろう。子どもを尊重する態度が親に欠如していると、子どもの自律（に向けて徐々に実現していく能力）や、子どもの初期とその後の人生における自己尊重の土台が掘り崩されることになる。だがおそらく、より正確に表現すれば、自己尊重は自分自身の向上心や信念が重要であるという感覚を含んでおり、自分自身で実際に意思決定するという意味での自律は、そういった自己尊重感覚に因果的に依存している。

（14）ここでの自律の因果的起源に関する大まかな説明によって、ナタリー・ストルジャーが「フェミニスト的直観」と呼んでいる考えを、支持することが容易になる。そのフェミニスト的直観によれば、女性らしさの抑圧的な規範に影響を受けた選好は、自律的なものではありえず、十全な意味で自律的な個人は、そのような選好をもたないのである。尊重と共感についての私の議論に照らせば、「医者よりも看護師になるべき」と教えられ、それを強いられる若い女性の事例においては、女らしさに関する抑圧的な社会規範の影響によって、その女性の自律がいかに掘り崩されるのかが具体的に示されている。以下を参照せよ。Natalie Stoljar, 'Autonomy and the Feminist Intuition' in C. MacKenzie and N. Stoljar, *Relational Autonomy: Feminist Perspectives on Autonomy, Agency, and Social Self*, New York: Oxford University Press, 2000, esp. p. 95.

（15）以下を参照せよ。Carol Gilligan, *In a Different Voice: Psychological Theory and Women's Development*, Cambridge, MA: Harvard University Press, 1989, Ch. 3〔『もうひとつの声——男女の道徳観のちがいと女性のアイデンティティ』岩男寿美子監訳、川島書店、一九八六年〕; Carol Gilligan, 'Hearing the Difference: Theorizing Connection' in *Anuario de Psicologia* 34, 2003, pp. 155–61.

（16）このような批判については、以下を参照せよ。Martha Nussbaum, *Sex and Social Justice*, New York: Oxford University Press, 1999, p. 74ff. またその批判に対して、以下でギリガンは、彼女なりのある種の応答を提示している。'Hearing the difference...' in 'Reply by Carol Gilligan', *Signs*

11, 1986, pp. 324-33. その元になっている論考については以下を参照。*In a Different Voice*, *ibid*., Ch. 3.

(17) Annette Baier, 'Cartesian Persons' in her *Postures of the Mind: Essays on Mind and Morals*, Minneapolis, MN: University of Minnesota Press, 1985 p. 84ff.

(18) 自律が個人にとって望ましいものであるという考えを擁護するものとしては、例えば以下を参照せよ。Brad Hooker, 'Is Moral Virtue a Benefit to the Agent?' in R. Crisp, ed., *How Should One Live?*, Oxford: Clarendon Press, 1996, esp. p. 145; Michael Slote, *Morals from Motives*, New York: Oxford University Press, 2001, Ch. 8.

(19) しかし、こういった仕方で自律が個人にとって望ましいという事実によって、自律的な人間が共感に欠けているはずだということが意味されるわけでは決してない。第二章（注29）で説明したように、共感誘発法による教示の効果は、加害行為によってもたらされた苦痛や害悪を子どもに自覚させる際に——また子どもが同じような加害行為を将来、繰り返すことのないように、その苦痛や害悪を子どもに自覚させる際に——親が実際に共感を示しているかに依存し、そのことによって効果はたしかに有効なものとなる。真に共感的な人間は、他者に対する共感的配慮を子どもに植えつけることができる。それと同時に、子どもを自律へと導いたり、自己消失の状態に陥ることがないように導いたりすることができるのである。

(20) 自律の関係的な性格に関する様々な見解に関しては以下に収められている論文を参照せよ。C. MacKenzie and N. Stoljar, eds, *Relational Autonomy*, *op. cit.*

(21) 例えば以下を参照せよ。Jennifer Nedelsky, 'Reconceiving Autonomy: Sources, Thoughts and Possibilities', *op. cit.*; Marina Oshana, 'Personal Autonomy and Society', *Journal of Social Philosophy* 29, 1998, pp. 81–102.

第五章

(1) ドゥオーキン、ネーゲル、スキャンロンらによって提示された言論の自由に関する「自律に基づく擁護論」の豊富な参考文献や、またそれに対する痛烈な批判については以下を参照。Susan Brison, 'The Autonomy Defense of Free Speech', *Ethics* 108, 1998, pp. 312-39. 目下の議論は、共感的なケア倫理の観点からこの論文に応答したものとして理解しうるだろう。

(2) 様々な形態のヘイトスピーチを容認することに反対する議論に関しては以下を参照。Susan Brownmiller, *Against Our Will: Men, Women, and Rape*, New York: Simon & Schuster, 1975, esp. p. 395; Catharine MacKinnon, *Only Words*, Cambridge, MA: Harvard University Press, 1993, esp. pp. 82f., 105f.; Catharine MacKinnon, *Women's Lives: Men's Laws*, Cambridge, MA: Harvard University Press, 2005, esp. p. 64. その他、以下の論文集に収められた論文も

参照せよ。L. Lederer and R. Delgado, eds, *The Price We Pay: The Case Against Racist Speech, Hate Propaganda, and Pornography*, New York: Hill & Wang, 1995. ブラウンミラー、マッキノン、また上記論文集における何人かの論者は、ポルノグラフィの問題を大々的に取り上げており、ポルノグラフィがヘイトスピーチの一形態である(もしくは、でありうる)と論じ、それ自体、法的に制限もしくは禁止されるべきだと論じている。しかし、これらの論者は、より日常的な意味でのヘイトスピーチも制限し禁止することに賛同している。

(3) スキャンロンは、以下の論文で、スコーキーの出来事(と関連した裁判所の決定)に明示的に言及しながらヘイトスピーチを擁護している。Thomas Scanlon, 'Freedom of Expression and Categories', *University of Pittsburgh Law Review* 40, 1979, pp. 511-50. キャサリン・マッキノンは前掲書で、スコーキーの出来事に具体的に言及しながら、ヘイトスピーチに反対している。

(4) しかし、かつらや入れ歯はその人の所有物であり、娘は、父親がそれを使用する機会を一時的に奪った。だとすると彼女の行為は(ケアの倫理の立場から見て)道徳的に容認すべきではない、ということにならないだろうか? 必ずしもそうはならない。結局、誰かの所有物を一時的に使えないようにしても、もしそうすることが、誰かの生命や身体の保全に必要なことなら、大部分の人はそうしても構わないと考えるだろう。例えば、ある患者がジャグジーを使うのを阻止することは、もし第三者が壊疽にかかるのを防ぐためなら許されるだろう。自由主義者は、「有害なヘイトスピーチを阻止することのみを目的にして、本人の所有物の使用を禁止するのは道徳的に正しくない」と主張するだろう。だが、この壊疽の事例によって、ケア倫理学者がどういう点や理由で自由主義者に同意できないのか、〔すなわち、第三者への被害を深刻に受け止めるがゆえに自由主義者へ同意できないということが〕明確になるはずだ。しかし、スーザン・ブリソンが私に指摘したように、入れ歯を隠すことは生体としての正常な機能に干渉することになるので、道徳的に問題があるかもしれない。だが、かつらを隠すことなら問題にならないだろう。

(5) Nancy Chodorow, *The Reproduction of Mothering*, Berkeley, CA: University of California Press, 1978〔『母親業の再生産――性差別の心理・社会的基盤』大塚光子・大内菅子訳、新曜社、一九八一年〕。

(6) ここでは議論を分かりやすくするため、ギリガンや他の論者がときに注目しこだわっているような教育的・社会経済的状況や時代・場所に関する留保事項は考慮に入れていない(cf. Joan Tronto, *Moral Boundaries: Political Argument for an Ethics of Care*, New York: Routledge, 1993, Ch. 3)。

(7) Nancy Chodorow, *The Reproduction of Mothering*, *op. cit.*, pp. 87ff., 217ff. ここでは問題を分かりやすくするため、私は性別という概念とジェンダーという概念に関する区別について触れていないし、同性愛の男性・同性愛の女性・トランスジェンダーの人々、またそれ以外の人々がもつかもしれない様々な声についても考察していない。

（8） Carol Gilligan, 'Moral Orientation and Moral Development' in E. Kittay and D. Meyers, eds. *Women and Moral Theory*, Totowa, NJ: Rowman & Littlefield, 1987, pp. 19–33.

（9） しかし、ギリガン（前掲書）はチョドロウの研究を存分に活用しているものの、彼女自身が報告した研究結果が、チョドロウの研究に（私がここでまさに論じているように）疑問を投げかけるものであるとは少しも考えていないようである。

（10） 次のように言われてきた――「女性がケアする傾向にあるということは、明らかに、社会における女性の不利な地位に由来し、家父長制の利益に適うものだから、ケアの声に対して（またケアの声に基づくいかなる倫理に対しても）私たちは懐疑的になるべきだ」(e. g. Catharine MacKinnon, *Feminism Unmodified*, Cambridge, MA: Harvard University Press, 1987, p. 45; Claudia Card 'Gender and Moral Luck' in V. Held ed., *Justice and Care: Essential Readings in Feminist Ethics*, Boulder CO: Westview Press, 1995, pp. 79–98)。先に見たように、このような懸念は、極端な「自己消失的」なケアの事例に関しては当てはまるだろう。しかし、この懸念がケア一般に当てはまるものであると主張することは、ケアの観点よりもむしろ正義の観点から思考し意思決定する女性がたくさんいるという事実を無視している。「なぜ男性が他者からの分離独立に価値を置き、正義の観点から思考するのか」に関して、チョドロウは説明を与えているが、彼女が提示する説明によっては、「正義の観点から思考する女性が非常に多くいる」という事実を（その説明に本質的な変更点や留保を付け加えることなしには）考慮することはできない。まさにそれと同様に、「ケア的思考が従属によって産み出されたものだ」という主張に訴えたとしても、なぜ非常に多くの女性が正義の観点から思考するのかについての説明がなされるわけではない。私の考えでは、ケアの声に対するこのような批判や懐疑的見解によって、ケアの倫理を拒否すべき論拠が与えられているわけではない。まずはケアの倫理が倫理的事象をどのようにうまく説明できるかを理解すべきだろう。

（11） 二つの具体例として、マーサ・ヌスバウムとダイアナ・マイヤーズを参照せよ。ヌスバウムに関しては注31の著書、マイヤーズに関しては以下を参照せよ。Diana Meyers, 'Rights in Collision: A Non-punitive Compensatory Remedy for Abusive Speech', *Law and Philosophy* 14, 1995, pp. 203–43. これらの論文ではヘイトスピーチ（に関する公の場での表現権）は話し手の自律を考慮することによって擁護されている。また付言すべきは、「個人の自由を最大限増大させ公権力の介入を最小限にしようとする」リバタリアンの立場から、ヘイトスピーチを弁護（容認）している女性論者が多数いるという点である。例えば以下を参照。Camille Paglia,

Vamps and Tramps, New York: Vintage Books, 1994, p. 50f.

(12) Nancy Chodorow, *The Reproduction of Mothering*, *op. cit.*, *passim*; Carol Gilligan, *In a Different Voice: Psychological Theory and Women's Development*, Cambridge, MA: Harvard University Press, 1982, pp. 7-8〔『もうひとつの声——男女の道徳観のちがいと女性のアイデンティティ』岩男寿美子監訳、川島書店、一九八六年〕。

(13) 例えば以下を参照せよ。Tania Singer *et al.*, 'Empathic Neutral Responses are Modulated by the Perceived Fairness of Others', *Nature* 439, 2006, pp. 466-69; Tania Singer *et al.*, "Empathy for Pain Involves the Affective but not Sensory Components of Pain" *Science* 303, 2004, pp. 1157-62; E. J. Hemans *et al.*, 'Testosterone Administration Reduces Empathic Behavior: A Facial Mimicry Study', *Psychoneuroendocrinology* 31, 2006, pp. 859-66; S. Baron-Cohen, 'The Extreme Male Brain Theory of Autism', *Trends in Cognitive Science* 6, 2002, pp. 248-54; S Baron-Cohen, *The Essential Difference: The Male and Female Brain, and the Riddle of Autism*, London: Penguin, 2003; R. Knickmeyer, S. Baron-Cohen, P. Raggatt, K. Taylor and G. Hackett, 'Fetal Testosterone and Empathy', *Hormones and Behavior* 49, 2006, pp. 282-92; J. A. Harris, J. P. Rushton, E. Hampson, and D. N. Jackson, 'Salivary Testosterone and Self-Report Aggressive and Pro-Social Personality Characteristics in Men and Women', *Aggressive Behavior* 22, 1996, pp. 321-31. その他に、最近の研究報告を要約・解説したものとして以下を参照せよ。Louann Brizendine, *The Female Brain*, New York: Morgan Road Books, 2006.

(14) 例えば以下を参照せよ。Carol Gilligan and Grant Wiggins, 'The Origins of Morality in Early Childhood Relationships', in Jerome Kagan and Sharon Lamb, eds, Chicago, *The Emergence of Morality in Young Children*, IL: University Chicago Press, 1987, p. 279.

(15) Lawrence Blum, 'Care' in L. Becker and C. Becker, eds. *Encyclopedia of Ethics*, Volume I, New York: Garland Publishing, 1992, p. 126.

(16) Immanuel Kant, *Observations on the Feeling of the Beautiful and Sublime*, Berkley, CA: University of California Press, 1960, pp. 76-81〔『美と崇高との感情性に関する観察』上野直昭訳、岩波書店、一九八二年〕。

(17) もし現在のところ全体的に見て、男性は女性ほど共感的ではないとしても、いくつかの重要な点では、今や男性は女性より共感的な傾向を示すようになっているかもしれない。もし現代の女性が、男性よりも、代理成功症候群になる傾向が強いとすれば、その点においては男性のほうが女性よりも共感的な傾向にあることになるだろう。もしくは少なくとも、その点に関して女性ほど共感性に乏しくないということになるだろう。上記の場合においては、男性と女性は、正反対の道徳的悪徳を示すことになるかもしれない。すなわち男性は、たいてい相手との距離が遠すぎて共感できないのに対して、女性はたいてい相手との距離が近すぎて共感できないのである。

(18) 最近の研究では、男性は共感に基づく感情をもつことに対して、女性ほどは進んで是認しないことが明らかになっている。しかし別の研究者の憶測によれば、この結果は、男女間の基本的な相違よりは、共感に基づく感情表出の適切さに関する男女間の社会的規準の相違に、関連している。こういった点に関しては以下を参照。Randy Lemon and Nancy Eisenberg, 'Gender and Age Differences in Empathy and Sympathy,' and C. Daniel Batson, Jim Fultz and Patricia A. Schoenrade, 'Adults' Emotional Reactions to the Distress of Others.' 両方とも以下に所収。N. Eisenberg and J. Strayer, eds, *Empathy and its Development*, Cambridge: Cambridge University Press, 1990.

(19) ネル・ノディングズは、男の子は家庭や学校で、年下の子どもたちの面倒をもっと見るように推奨・教育されるべきだと提言している。以下を参照。Nel Noddings, *Educating Moral People: A Caring Alternative to Character Education*, New York: Teachers College Press, 2002. こういった推奨・教育は、社会的態度と男性の共感的傾向に変化をもたらしうる実践の一つである。

(20) 注13で触れている論文の全て、だが特に最初の二つが、この問題に直接に関連している。以下の論文で、男性のほうがより攻撃的であることが道徳というものにどう関連するのかをギリガンが簡潔に論じている点にも触れておくべきかもしれない。'Reply by Carol Gilligan,' *Signs* 11, 1986, pp. 331ff.

(21) 自閉症と男性的特性の関係については、以下に掲載の諸論文を参照せよ。S. Baron-Cohen and Louann Brizendine, *op. cit.* (注13で言及した)。

(22) 以下の論文と比較せよ。Katha Pollitt, 'Are Women Morally Superior to Men?,' *The Nation*, December 28, 1992, pp. 799-807. この論文では、女性の道徳的優位性を主張する理論は、ギリガン的な見方に由来しているとされ、「女性はこの説をお世辞ととるだろうけれど、男性は道徳的な重荷から解放されるという点で、そのほうを好むかもしれない」と指摘されている。しかし、私がこれまで論じてきたように、(ジェンダーの観点からの) ギリガン的見解――もしくはケア倫理的な見解――が示唆するこれらの事柄は、それなりにバランスのとれたものであり、女性の道徳的優位性という発想に抗うような力はそこにはあまりない。

(23) 私たちは、女性が男性より共感的であるがゆえに男性よりも道徳的に優れているかもしれない、と論じてきた。また女性の道徳的優位性を支持する際、女性は男性よりも政治的に左寄りである傾向がある――最近では「ジェンダー・ギャップ」と呼ばれている――という事実を引き合いに出す論者もいる。（例えば以下を参照せよ。C. P. McCue and J. D. Gopoian, 'Dispositional Empathy and the Political Gender Gap,' *Women & Politics* 21, 2000, pp. 1-20.）この主張は、感情主義的なケア倫理を受け入れることで、さらに補強できるかもしれない。（レシフェ大司教は、政治的主張をする際、ユーモアを交えて、「心臓は少し左に寄っている」と述べていた。）しかし、こういった（複雑な）議論に、これ以上、ここで立ち入る必要はないだろう。

（24） John Rawls, *A Theory of Justice*, Cambridge, MA: Harvard University Press, 1971, sections 5, 6, 30〔『正義論』川本隆史、福間聡、神島裕子訳、紀伊国屋書店、二〇一〇年〕。

（25）「自由主義は誤った原子論的で非関係的な人格観をもっている」と主張するフェミニストやケア倫理学者を、ここではあえて参照するまでもない。ここに引用したフェミニストとケア倫理学者による研究の大部分はそのように明確に主張している。同様の主張をする共同体主義者の文献に関しては注27を参照。

（26） John Rawls, *A Theory of Justice*, *op. cit.*, pp. 560-63. しかしロールズは、その後の著書（e. g. *Political Liberalism*）で、自己の本性に関する真に形而上学的理論は唱えていないし、これまで唱えたこともないと主張している。むしろ『正義論』における自己論は、無知のヴェールの背後で生じている理由づけに関して説明を行うための仕掛けであったとロールズは考えている。

（27） Michael J. Sandel, *Liberalism and the Limits of Justice*, Cambridge: Cambridge University Press, 1982〔『リベラリズムと正義の限界』菊地理夫訳、勁草書房、二〇〇九年〕の特に第一章と結論を参照。

（28） Saul Kripke, *Naming and Necessity*, Oxford: Blackwell, 1980〔『名指しと必然性』八木沢敬・野家啓一訳、産業図書、一九八五年〕。

（29） Bernard Williams, 'Persons, Character, and Morality' in *Moral Luck*, Cambridge: Cambridge University Press, 1981〔論文「人物・性格・道徳性」（江口聡訳）としてバーナード・ウィリアムズ『道徳的な運――哲学論集一九七三～一九八〇』（伊勢田哲治監訳、勁草書房、二〇一九年）に所収〕。

（30） このことはカント主義者のトマス・ヒルが以下の論文で実際に主張していたことである。Thomas Hill (Jr), 'The Importance of Autonomy' in his *Autonomy as Self-Respect*, Cambridge: Cambridge University Press, 1987.

（31） Martha Nussbaum, *Sex and Social Justice*, New York: Oxford University Press, 1999, pp. 74ff.

（32） Martha Nussbaum, *ibid.*, p. 79. 私が関知する限り、ネル・ノディングズの著作『ケアリング』(Nel Noddings, *Caring: A Feminine Approach to Ethics and Moral Education* (Berkley, CA: University of California Press, 1984〔『ケアリング　倫理と道徳の教育――女性の観点から』立山善康他訳、晃洋書房、一九九七年〕においては、「特定の態度の内

には「思案過多」が見いだされる」というウィリアムズの見解への明確な言及は存在しない。だがこのフレーズを活用することで、ヌスバウムは、ノディングズのようなケア倫理学者が、批判的自己意識による吟味を経ない形の愛やケアを推奨し理想化する仕方に注意を促している。私はここで、「自由主義は、私たちを思案過多の状態へとまさに拘束する」という点を――はっきりと――論拠に基づいて示していくつもりだ。

(33) ヌスバウムは、ある箇所で、「もし社会が完全なら批判的な警戒（と私が呼んでいるもの）は必要ないだろう」と述べている。だが、彼女はすかさず「批判的検討を経た愛が、最も健全な愛である」とも述べている。これでは、（社会が完全でない場合）愛が批判的検討の対象になるとき、また批判的検討の対象にならなければならないとき、果たして何が失われるのか理解することはできない。失われることになるのは、愛が私たちにとって有する何らかの価値であり、ヌスバウムはその価値を理解していないか、もしくは十分に認識していないのである。別の言い方をすれば、彼女は、他の自由主義者と同じく、愛のもつ価値を軽んじているか過小に評価している。

(34) 他の論者もこの点を指摘してきた。以下を参照せよ。Susan Mendus, 'Some Mistakes about Impartiality', *Political Studies* XLIV, 1996, p. 323.

(35) 以上で示唆したように、家父長制のもとで、自分の声に自信をもてなくなっている女性は、警戒すべき危険な兆候を軽視したり別の形で解釈したりしがちであり、その兆候に対して、批判的な応答性を備えているとは見なされない。したがって、批判的な応答性を強く推奨することで、私はここでも、自分自身で物事を行う女性の能力の土台を掘り崩すような態度や環境を批判している。これら全ての点は第六章の正義のテーマと関連するが、ここで私が主として強調したい点は、家父長制によって批判的な応答性の基礎が掘り崩されるという事実があるからといって、「家父長制や他のいかなる状況下においても、批判的に応答する以上のこと（すなわち批判的に警戒すること）を、女性または他の者に対して要請すべきだ」という結論にはならないという点だ。家父長制のもとでも、もしある人が批判的な応答性を備えているなら、自分に起きた出来事を批判的に考察し、また自分の生活や社会全般における改善に努めるだろう。したがって私は、むしろ批判的な警戒よりも、批判的な応答性を、普遍的に妥当な価値ある態度として推奨したい。

(36) Gerald Dworkin, *The Theory and Practice of Autonomy*, Cambridge: Cambridge University Press, 1988, esp. pp. 20ff.

(37) スーザン・ブリソンが指摘するように（Susan Brison, 'The Autonomy Defense of Free Speech', *op. cit.*）、自由主義者はヘイトスピーチがもたらす害悪の本質を過小に見積もり、また誤って理解している。自由主義者は言論（ヘイトスピーチ）の自由を制限することに伴う「道徳的な」損失を大きく取り上げている。そしてその論者たちは、「ヘイトスピーチが容認されている状況下で、人々がそのヘイトスピーチを耳にしたり、それについて知ったりすることで、標的になっているグループに対する身体的な危害はさらに助長されるのか」という問題に多くの場合、注目しており、ヘイトスピーチそれ自体だけでは、その標的となっている人たちに何ら実害をもたらさないと考えている。この考えは、言論活動によってもたらされる害悪の有無に関する、「棒と石」のことわざ〔すなわち、棒や石で私の骨は折れるかもしれないが、言葉は決して私を傷つけない〕のような見解だと言える。そして疑問に思う——少なくとも私が疑問に思う——のは、例えばネオナチが革製長靴をはいて街をパレードしているのをホロコースト生存者が目撃した（もしくは間接的に知った）場合、自由主義者は、ホロコースト生存者がそのパレードをどのように感じるかに関して、十分に共感的な態度をとってきたのだろうかということである。ホロコースト生存者にとって、そうした体験はおそらく単に不快であるとか、痛みを伴うとか以上の体験であっただろう。それは多くの生存者らに、精神的かつ心理的に（いっそう）深い傷を残すような仕方でトラウマを（再）体験させる効果をもちうる。自由主義者は、ヘイトスピーチによって負わされた被害者の傷の大きさや深さを十分に感知できておらず、その点において、実のところ自由主義者の共感能力が十分に発達していないことが示されている、と言えるかもしれない。単なる苦痛をもたらす以外の仕方で、言論活動が害悪をもたらす、という点に関してはさらに以下を参照。Susan Brison, 'Speech, Harm and the Mind-Body Problem in First Amendment Jurisprudence', *Legal Theory* 4, 1998, 39-61.

(38) 以下と比較せよ。Carol Gilligan, *In a Different Voice* (*op. cit.*, p. 2). ギリガンはこの箇所や他の箇所で、ケア的思考と正義的思考の区別の重要性は、性別あるいはジェンダーの相関関係と切り離して考えられると述べている。

(39) ジョエル・ファインバーグは「スコーキータイプの事例」という表現を以下で導入しうまく活用している。Joel Finberg, *Offense to Others: The Moral Limits of Criminal Law*, (Volume 2), New York: Oxford University press 1985, pp. 86-96. ファインバーグは、パレードは許可されるべきであったと考えてはいるが、この事例に関する実際の状況を念頭に置き、どのような仮想的な要素が加われば、ヘイトスピーチ禁止令は正当化されるのかを考え、（その事実に関する）様々な仮想的状況を検討してもいる。しかし私が思うに、ファインバーグの議論は、ネオナチのパレードが行われることで、ホロコースト生存者が被るだろう（もしくは被りうる）害悪を著しく過小に見積もっている。

(40) 憎悪・偏見表現の阻止によって生じる不満や不快感は、中立的で肯定的な感情表現の阻止によって生じる不満や不快感ほど、配慮の対象にならない。この点もまた共感に基づくケアの倫理の立場と合致しており、このように前者があまり配慮の対象にならないことが共感というもの自体の一部を構成している。マーティン・ホフマンは、いかにして他者への共感が、他者を傷つけ憎悪する人々に対する憤りに結びついているのかを述べている。だがこれは大きな話題になるので、機会を改めて論じるのが最善だろう。

(41) この箇所(や以下の箇所)で私が注目するのは、「滑りやすい坂道」〔本章の訳注3を参照〕論法やそれに類似した議論に関して、ケアの倫理の立場からどう語ることができるのかという問題である。それゆえ、ここで重点的に扱われるのは、傷害や加害の様々な次元であり、共感がそこで機能している場合、それらにどのように応答することになるのかという点である。しかし、キャサリン・マッキノンのようなフェミニストは、ケアの倫理を拒否し、(ヘイトスピーチがもたらす害悪を深刻に受け止める一方で)ヘイトスピーチの差別的な側面に主として注目している。このように異なる点を重視した場合、滑りやすい坂道論法に対して求められる応答も、本書で展開したものとはいくらか異なってくるだろう。しかし私の考察の主眼点は、いかにしてケアの倫理が様々な難点に対応できるのかという点にある。ケアの倫理に対するマッキノンの批判への応答に関しては注10を参照せよ。

(42) ケアの倫理が信頼の置けるものであるためには、とりわけ以下の点が示される必要がある。すなわち、言論活動が、単に不快感を与えるだけで、ヘイトスピーチのような害悪をもたらさない場合に、その言論活動を法的に禁止することは、ケア倫理が支持する共感的な配慮と折り合わない。私が想定するに、不快なもしくは比較的無害な言論活動を容認するよりも、その禁止を法制化したほうがはるかに、社会における人間の福利は脅かされることになると主張しうる場合に、上記のことは示されるだろう。そして(最も卑劣な)ヘイトスピーチの場合は、「その言論活動の禁止の法制化によって社会の福利や利益を脅かされる可能性は全くない」と、ケアの倫理は説得力をもって主張することができるように思われる。(第六章で見るように、こうした問題の全ては、〔共感的なケアの倫理に基づく〕正義の枠組みから捉え直すことができる。)

(43) だが、この区別をする場合は、とても慎重になる必要がある。一見、自覚なしになされたように見える発言の内に、潜在的な偏見や悪意が見いだされることがありうるからだ。例えばほとんどの人が思っているように、メル・ギブソンが酒に酔って、反ユダヤ主義的な発言をしたという最近の出来事がそれに相当するだろう。

(44) 法や憲法を、具体的な事例での状況に適用する際に、裁判官に求められる共感的な感受性に関する興味深い議論に関しては以下を参照: Martha Nussbaum, 'Poets and Judges', in *The Literary Imagination and Public Life*, Boston, MA: Beacon Press, 1995, pp. 79-121. しかし、エレン・フランケル・ポールは、共感を抱くように裁判官に促すのは、例えば、市民の自由を制限するような検討事項が存在する場合には一定のリスクが伴うことがあると、私に指摘してくれた。ある裁判官は、ネオナチに対して抑制不能な激しい憎悪——それは、生じうる被害者に対する共感の装いをまとっている——を抱いているため、ネオナチのヘイトスピーチが引き起こした害悪を過大に見積もるかもしれない。もちろん、全ての法的システムは乱用されうる。だが道徳性や正義についてのケア倫理的な説明によって、おそらくそのように乱用される可能性が独特な仕方で生じてしまう。しかしながら、たとえそうだとしても、いかなる立場の道徳理論も、それなりの仕方で冒瀆もしくは乱用されうる点に注意すべきである。さらに言えば、裁判官は、法を守る誓いを立てるし、また約束を守る責務についての共感を取り込んだ説明を前提にすると、〔成熟した〕共感は以下の場合に制約として（も）機能しうると想定するのは理に適っている。すなわち、ネオナチへの憎悪から、もしくはネオナチのヘイトスピーチによって傷害・損害を被った人々への共感的配慮から、裁判官が行おうとすることに対する制約としてである。そしてそれ以外の事例においても共感は、裁判官や他の公務員が行うことに対する（義務上の）制約として機能しうる。最後に、医師と看護師の実践において、共感的な感情が推奨されるべきものであるかどうかに関して同様の（またさらに）検討すべき問題があるが、これについては別の文脈で取り上げようと思う。とはいえ、共感が医療における高度な専門性への志向を損なうものではなく、実際には医師‐患者関係において有益であるのはなぜか、ということについての豊かで説得力のある議論に関しては以下を参照せよ。Jodi Halpern, *From Detached Concern to Empathy*, New York: Oxford University Press, 2001.

(45) Joel Feinberg, *Offense to Others, op. cit.*, p. 93. ここでの私の論旨は、同様の問題に関するファインバーグの見解に影響を受けてきた。

(46) ケア倫理が訴えることができる論拠についてここでは述べている。しかし私は、「道徳的要請が、実践的合理性の要請であり、感情よりも理性に根ざす」ということをケア倫理が示そうとしていると指摘したいのではない。道徳的見解によってその結論が支持される理由になるものは、道徳的結論に関連性が見いだされるような考慮事項にほかならないかもしれない。しかし、だからといって、道徳的要請が実践的合理性の要請かどうかという問題や、道徳性は純粋理性に基づくかどうかという問題に決着がつくわけではない。さらに検討すべきこれらの問題については、第七章において議論していくことになる。

(47) 関連する議論としては例えば以下を参照。Joel Feinberg, *Harm to Self* (*The Moral Limits of the Criminal Law*, Volume 3), New York: Oxford University Press, 1986; Robert Young, *Personal Autonomy: Beyond Negative and Positive Liberty*, New York: St Martin's Press, 1986.

(48) ここで私は介入が容認や承認をされうるような状況については、漠然としか述べていない。どのような種類の承認が見込まれるときに（未だ見込みでしかないにせよ）、その承認は、望ましいケア関係や他者に対する道徳的に容認される対応と整合的になるのかについて、より多くのことを最終的には述べる必要がある。

(49) キャロル・ギリガン（'Moral Orientation and Moral Development', *op. cit.*）の主張によれば、ケアの「声」は、伝統的な様式の道徳的象徴や根拠を反転したものである。その見解に従うなら、個人よりも関係性が道徳性を体現する象徴的なものであり、そこで二次的あるいは背景的であるのは、関係性ではなく個人のアイデンティティなのである。また、（他者に対抗するような個人の自律の権利よりも）他者への応答性を重視する倫理においては、繋がりや関係性というものが道徳性を体現していると、ギリガンは考えているようだ。そうだとすると、もしかしたら他者に対して共感的に応答できる人なら、パターナリズムによる介入を、繋がり（の価値や重要性）をそれほど軽んじることなく遂行することができるかもしれない。（また他者との繋がりに関する以下の論文におけるギリガンの見解とを比較せよ。Carol Gilligan, 'Hearing the Difference: Theorizing Connection', *Anuario de Psicologia* 34, 2003, p. 156.）

(50) 人間関係の第一義性を強く主張するケア倫理学者に関しては、例えば以下を参照せよ。Virginia Held, 'The Ethics of Care' in David Copp, ed., *The Oxford Handbook of Ethical Theory*, New York: Oxford University Press, 2006, p. 551; Nel Noddings, 'Caring as Relation and Virtue in Teaching', in Rebecca L. Walker and Philip J. Ivanhoe, eds, *Working Virtue: Virtue Ethics and Contemporary Moral Problems*, New York: Oxford University Press, 2007, pp. 41–60. これらの議論に反対する私の議論〔すなわち、ケアを第一義的には、関係性としてではなく徳として捉える私の議論〕に関しては以下を参照。Michael Slote, *Morals from Motives*, New York: Oxford University Press, 2001, Ch. 1. ただし、徳としてのケアと関係性の形態としてのケアは、等しく根源的なものでありうる点には注意すべきだろう――つまり、両者ともその倫理的価値が他方から派生するのではない。この見解もまた、ここで私が述べている内容と整合するだろう。

第六章

(1) 第五章の議論で示されたように、行為が道徳的に容認されるものであるためには、自分がある行為をしても相手にその行為を受け入れる意志や可能性がない場合は、その相手に自分のやり方を押しつけるのを忌避しなければならない。しかし、この条件は、目下の議論とは関連しないので、以下ではこの点には触れずに議論を簡素化したい。

(2) 私が特定の法律に関して述べている見解は、その文脈に合わせて変更を加えることで、憲法の構想や承認についても当てはまる。また、法律を存続させる動機と信念は、その法律の道徳的評価にとって重要であることに注意してほしい。しかし、私はこの複雑な側面については議論を控えたい。

（3）集団の動機を、その集団内の個々人の動機を基礎にして（大部分）評価することができると私は前提している。しかし、ある集団にどのような動機を帰属できるかが微妙で、判然としない場合——例えば、動機と〔表出される〕態度が分離している場合——がたしかにある。そのような場合は、私がこれまで述べてきたように、法律を道徳的に評価するのは困難である。だが、個人の行為に関しても、ケア倫理の立場では、相反する動機や曖昧な動機をもつような場合、その行為を評価するのは難しい。いかなる理論にも扱いにくいケースがつきものだとすると、扱いの困難なケースがあることは、ケアの正義論に特有の問題ではないように思われる。（この点に関しては、スコット・ゲルファンドに負う。）

（4）『動機からの道徳』（Michael Slote, *Morals from Motives*, New York: Oxford University Press 2003）で、私は「国の法令は全ての国民に同等の配慮を払うべきである」と述べたが、これを共感の観点から理解可能なものにするのは難しい。しかしながら、議員たちは、たとえ自身の選挙区民（特に自分の家族や自分自身）により多くの関心を示したとしても、国全体の益に対する確固たる配慮によって動機づけられるかもしれない。その場合は、その議員たちによって成立した法律は、ケアの倫理の観点から正義に適っていると言えるかもしれない。

（5）最近、入手できるようになった証拠によれば、このような問題は、少なくともアメリカでは、今日では以前ほど顕著でなくなってきている。以下の著書の報告によれば、依然として妻は夫に比べて、子どもの世話や家事を二倍もの量こなしているが、子どもの世話や家事に対する夫の関与は一九六五年以来、大幅に増えているし、また全体として見れば、現在、夫と妻が仕事に費やす時間はほぼ同じになってきているとされる。S. Bianchi, J. Robinson, and M. Mikie, *Changing Rhythms of American Family Life*, New York: Russell Sage Foundation, 2006.

（6）この点は、統治者がいなくて、統治のために規律を必要としないような原始的な社会や部族にあっては、それほど明らかではない。

（7）このことは、資産の再配分に対する政府条項がない場合、また財産や収入に関する甚大な格差があるような場合に、私人が、貧困層にお金を施すために、またその人たちの悲惨な境遇を緩和し軽減するために、富裕層から財を取り上げ無理やり再配分することが容認されうる、もしくはよいことでさえありうるということを意味するだろうか？　私の答えは、暫定的で控え目な「イエス」であり、それは道徳的に許容される場合がありうる、というものだ。しかし、もしたくさんの人が自らの思い通りに事を進めるなら、社会の安定性を脅かす可能性が出てくるし、また仮に社会の安定性を脅かすある行為が善であるとしても（正当化された革命の場合のように）、社会の安定性を脅かすグループは、そのような行為に対して多くのことを説明するよう求められるだろう。そうであっても、この点を共感に基づくケア倫理の観点から説明できないとする理由は全くない。

（8）ここで関連してくることの一つは、「当の社会において、どれほど疎外感や連帯感が感じられているのか」という点である。市民の中に連帯あるいは共感的な思いやりの行き交いが存在するなら、法律によって経済的平等が命じられている状況でも、一生懸命に働くことはありうるかもしれない。しかし、これは複雑な問題である（cf. G. A. Cohen, 'Incentives, Inequality, and Community', reprinted in S. Darwall, ed., *Equal Freedom*, Ann Arbor, MI: University of Michigan Press, 1995, pp. 331–97）。

（9）John Rawls, *A Theory of Justice*, Cambridge, MA: Harvard University Press, 1971〔『正義論』川本隆史、福間聡、神島裕子訳、紀伊国屋書店、二〇一〇年〕。

（10）あまり困窮していない人に（いくらか）益になることをするより、困窮している人に益になることをすべきという考えは、以下にも見いだすことができる。Harry Frankfurt, *The Importance of What We Care About*, Cambridge, Cambridge University Press, 1988, Ch. 11; Joseph Raz, *The Morality of Freedom*, Oxford: Oxford University Press, 1986, Ch. 9; Derek Parfit, 'Equality and Priority' Lindley Lecture, Lawrence, KS: University Press of Kansas, 1991 (Lindley Lecture); Roger Crisp, 'Equality, Priority, and Compassion', *Ethics* 113, 2003, 747–763. この中で、唯一クリスプは、困窮している人を優先する選択の基盤として、共感の存在を強調している。また、絶対的な困窮の状態にはないがそれでも裕福ではない人々を支援するべきかどうかについて、また平等の価値に関連して検討すべき問題について、上記の著者たちは様々な点で見解を異にしている。そこで求められる共感や道徳性の行使の内実がいずれもはっきりしないので、私はこれらのさらなる問題に関して、明確な立場をとるのを控えたい。とはいえ、それは今後さらに探究し詳しく考察すべき課題である。だがここで付言しておくと、ロールズの（『正義論』における）格差原理において、絶対的な悪が重視されていないのは明らかであり、そこでは基本財に関する相対的評価が重視されている。特に社会状況に対して、ここで述べてきた見解とロールズの見解が、どのように異なるのかは興味深い問題である、しかし、これについても別の機会に議論すべきだろう。

　最後に触れておくと、マイケル・ブレイディの論文（Michael Brady, 'Some Worries about Normative and Metaethical Sentimentalism', *Metaphilosophy* 34, 2003, pp. 148ff.）には、義務論に関する私の見解に対する興味深い批判があるが、その批判に対して、これまで論じてきたことを活かす形で応答しておきたい。第三章での私の議論によれば、共感が因果的直近性に敏感に反応するという事実は、「人が死んでいく事態をそのまま成り行き任せにするよりも、人を殺害することがいっそう悪いことだ」という私たちの信念の正当化に寄与する。しかしブレイディが注意を促すように、私たちが因果的に益をもたらした――単に益の発生を成り行き任せにするのではなく――場合も、私たちはその益にいっそう直接的な因果関係を有している。そして、もし他の人々に益をもたらす唯一の方法が、ある人を殺害することであったとき、「その人を殺害すること（もしくはその人に対する極めて深刻な害を引き起こすこと）は許容される」という結論を、私がいかにして回避できるのかを、ブレイディは問うている。しかしながら、個々人にとって絶対的な害悪になることに対して、私たちの共感がより敏感に反応する点を考慮すると、困窮していない人や困窮の危険性のない人により大きな益を与えるために、なぜある人を殺害したり、ある人に対する甚大な害悪を引き起こすことを避けるのか、それは明白なはずだ。さらに、二人の人間の尊い命を救うためであっても、そのために一人の人間を殺害することを、私たちは嫌がるだろう。なぜなら、繰り返しになるが、誰かによって〔故意に〕もたらされた死は、被害者にとって比較を絶した絶対的な悪だからである。それに対して、ある人の生命が維持されるとしても、せいぜいもたらされたのは〔絶対的な悪ほどの重大性をもたない〕「相対的」な善にすぎない。（私はここでスコット・ゲルファンドの考えに負っている。）だが他方で注意すべきは、もし強いられる害悪〔経済的損失も含む広義での害悪〕が絶対的な悪や耐え難いものでないなら、良識的な義務論は、より大きな積極的な益のためにその害悪を容認する方向へと傾く点に注意してほしい。人命や身体的に危機的状況にある人を救う目的で、誰かから財産を取り上げることが許される場合がありうる。またこうした見地から、累進課税も擁護可能であろう。

(11) クリスプ（Roger Crisp, 'Equality, Priority, and Compassion,' *ibid.*）は同様の点を指摘している。

(12) どのくらい多くの人が影響を受けるかという問いによって、ここで私たちが扱っている道徳的な問題は複雑なものとなる。そこで読者には、議論を簡潔にするために、私が目下、論じている諸事例においては、どの選択をしても、同数の人々が影響を受けると仮定してほしい。

(13) 少数である自分の家族や友人の益よりも、多数いる見知らぬ人々の益を優先したならば、「真の愛情や家族としての自覚、また真なる友情や友人としての自覚が欠落している」という非難がなされることになる。しかしだからといって、憐れみの情が欠けているという批判が生じるわけではない。なぜそうなのか私も十分に理解しているわけではない。同様に、何かを為すことと成り行き任せにすることの相違に、ある人が敏感に反応しない（だけにすぎない）のであれば、その人は憐れみの情を欠いていると非難されることはない。

(14) 憐れみの情の道徳的・政治的重要性については以下を参

照せよ。Martha Nussbaum, 'Compassion: The Basic Social Emotion' in Ellen Frankel Paul, Fred Miller Jr, and Jeffery Paul, eds, *The Communitarian Challenge to Liberalism*, Cambridge: Cambridge University Press, 1996, pp. 27-58. 政治的・法的問題の理解において共感が果たす役割については以下を参照せよ。Jane Mansbridge, 'Feminism and Democratic Community' in John Chapman and Ian Shapiro, eds, *Democratic Community: Nomos* XXXV, New York: New York University Press, 1993, pp. 347-61; Diana Meyers, 'Social Exclusion, Moral Reflection, and Rights', *Law and Philosophy* 12, 1993, pp. 125f.; and Martha Nussbaum, *Poetic Justice*, Boston, MA: Beacon Press 1995, pp. 79-121.

(15) 第四章で述べたことを前提にすると、他国の市民に対する尊重は、同胞市民または自国市民に対する尊重が要請するのと同程度の共感を要求するわけではない。

第七章

(1) Nel Noddings, *Caring: A Feminine Approach to Ethics and Moral Education*, Berkeley, CA: University of California Press, 1984, p. 79〔『ケアリング　倫理と道徳の教育——女性の観点から』立山善康他訳、晃洋書房、一九九七年〕。

(2) ノディングズ（Caring, *op. cit.*, pp. 25, 61f.）は、ケアをいかなる種類の合理的な要求とも見なしていない。

(3) ほぼ誰もが、不道徳な行為をすることが（少なくとも）ときに不合理である点を認めるだろう。道徳的に行為することが、自愛の慎慮に適う唯一の行為になっている場合もある。同様に、経験的な根拠に基づいて、「道徳的なあり方や行為は、常に私たちの益に適う」としばしば主張される。だが目下の問いは、不道徳な行為は、それ自体としてあるいは本質的に不合理なのかということである。そして、経験的な問題は、目下の問題に直接関連してはいない。別の言い方をすれば、思いやりのない行為や態度が、それ自体として、あるいは本質的に、不合理なのかどうかが問われている。そして、私たちはこの問いに対していまだにいかなる答えももちあわせていない。もちろん、不道徳な行為もしくは思いやりのない行為は、必然的に自己の益に反するのかどうかという問題も生じる。しかし、現代の典型的な理性主義者は、不道徳なあり方が通常あるいは必ず自己の益に逆らうのか否かとは独立に、私たちには道徳性が合理的に要求されると考えている。そして私が思うに、これこそが、ケアの倫理が疑問視できる（また疑問視すべき）見解なのである。

(4) バトラー司教（Bishop Butler）は『ロールズチャペルで説教された十五説教』（*Fifteen Sermons*）と『類比』（*The Analogy of Religion*）の両方で、良心について論じている。以下を参照せよ。J. H. Bernard, ed., *The Works of Joseph Butler*, London: Macmillan, 1900.

(5) 恐れと不安をもたらす限りにおいて、良心は、事実上の権威がしばしば私たちの内にもたらしたり産み出したりするのと同様の現象を含んでいる。だが、このことと、「恐れと不安のいずれの場合も、合理性を一定の形で体現したものがそこで作用している」という結論との間には、大きな隔たりがある。

（6） Stephen Darwall, *The British Moralists and the Internal 'Ought': 1640–1740*, Cambridge: Cambridge University Press, 1995, p. 283.

（7） ケア倫理学者にとっては、他者に無関心な人の態度や行動を特徴づける際に、「冷たい」という言葉を用いるのが適切かもしれない。しかし、この言葉自体は、敵意・人間不信や、そうした動機／態度が具体化した行為を表現する言葉としては適切ではないように思われる。

（8） 例えばスティーヴン・ダーウォル（Stephen Darwall, *The British Moralists and Internal 'Ought', op. cit.*, pp. 247–272）もまた、他の多数の論者と同様に、規範をこのような形で理解している。

（9） David Wiggins, 'Categorical Requirements: Kant and Hume on the Idea of Duty', *Monist* 74, 1991, pp. 83–106, esp. pp. 91f. ウィギンズは、どうしてヒュームや他の感情主義者が定言命法を考慮することができなかったのかについて興味深い説明を提示している。

（10） 私の「定言命法」の用語は、カントが『基礎づけ』（*Groundwork*〔『道徳形而上学の基礎づけ』中山元訳、光文社、二〇一二年〕）で定言命法を導入した際に述べている事柄に極めて近い内容をもっている。しかし、カントは道徳的「義務」のみが絶対的（定言的）であり、また、そのような「義務」は合理的な要請を構成すると信じていた。しかし、私はそのいずれの見解も前提としていない。フィリッパ・フットの主張によれば、カントはより強い意味での「定言命法」、すなわち理由を与える効力を含意するような定言命法を要請し欲してもいる（Philippa Foot, 'Morality as a System of Hypothetical Imperatives', reprinted in S. Darwall, A. Gibbard, and P. Railton, eds, *Moral Discourse and Practice*, New York: Oxford University Press 1997, pp. 313–22）。だが彼女は、命法が、私がこれまで用いてきた意味で定言的なときに規範的であることを認めている。そしてこの前提こそが、まさに、本書の議論において私が必要としているものである。

（11） H. A. Prichard, 'Does Moral Philosophy Rest on a Mistake?' in his *Moral Obligation*, Oxford: Clarendon Press, 1949.

（12） 以下を参照せよ。Hutcheson, *Illustrations of the Moral Sense*, section 1. この分野に関する、ハチスンとヒューム両者のさらに詳しい議論に関しては以下を参照。Stephen Darwall, *The British Moralists and the Internal 'Ought', op. cit.*, esp. pp. 319f.

（13） ヒュームの『人間本性論』（L. A. Selby-Bigge, ed., *A Treatise of Human Nature*, Oxford: Clarendon Press, 1958, esp. pp. 416, 458〔『人間本性論　第三巻　道徳について』伊勢俊彦・石川徹・中釜浩一訳、法政大学出版局、二〇一二年〕）を参照せよ。ヒュームに関するいくらか異なった見方については以下を参照せよ。Peter Railton, 'Humean Theory of Practical Rationality' in D. Copp, ed., *The Oxford Handbook of Ethical Theory*, New York: Oxford University Press, 2006, pp. 265–281.

（14）R. Jay Wallace, 'Normativity, Commitment and Instrumental Reason', *Philosopher's Imprint* 1, 2001: www.philosophersimprint.org/001003

（15）シグラン・スヴァヴァスドティアは実践理性に関する新ヒューム主義的アプローチの研究に取り組んでいる。その研究においては、上記のウォラスへの批判は回避され、（ヒュームと異なり）実践理性は真に成立しうる観念とされる。彼女の論文「実践理性の徳」（Sigrun Svavarsdottir, 'The Virtue of Practical Reason'）が完成した際には、彼女の論考が感情主義的なケア倫理を考慮に入れることができるのか、またそういったケアの倫理が彼女の考察を取り込むことができるのかどうかを検討するのを楽しみにしている。

（16）バーナード・ウィリアムズは「内的理由と外的理由」（'Internal and External Reasons' in his *Moral Luck*, Cambridge: Cambridge University Press, 1981〔論文「内的理由と外的理由」（鶴田尚美訳）として、バーナード・ウィリアムズ『道徳的な運――哲学論集一九七三～一九八〇』（伊勢田哲治監訳、勁草書房、二〇一九年）に所収〕また他の論文）で、実践理性に関して、「内在主義」と彼が呼ぶ見方を擁護した。ウィリアムズがとりわけ論じたのは、私たちにとって、為すべき理由がある行為は、実際に私たちがどのような動機づけ群〔すなわち動機づけの総体〕をもっているのかに相対的であるという点であり、また理性主義者やカント主義者が要求するような、行為者の動機づけ群に外的であるような道徳的な責務は、哲学的に考えて問題含みであるという点であった。しかしウィリアムズの考えでは、ある行為に対する欲求をもっていなくても、「妥当な熟慮を経る」ことで、実際の動機づけ群から当の行為へと至ることができるなら、その人にはその行為を為すべき理由があることになる。ここで彼が念頭に置いているのは、以下のような場合である。ある目的を意志するのに、その実現に必要な手段を意志しない人は、妥当な熟慮を経ることでその手段へと至ることができるのに、そういった熟慮を経ないためその手段を意志することにはならない点で、非難されうることになる。しかし、これはある意味で外在主義である。なぜなら、ある人の実際の欲求に対して批判的な規準を課すことになるし、また理性を、実際に生じている情念群の奴隷として扱いはしないからである。そうだとするとウィリアムズの立場では、なぜ道徳によって、当該の行為者の欲求や選択を批判することができるような、外在的な要請がその行為者に課されえないのかが明らかではない。

(17) 私が以前に展開した実践的合理性についての行為者基底的な説明（Michael Slote, *Morals from Motives*, New York: Oxford University Press, 2003, Ch. 7）は、ある程度、不整合性に焦点を当てており、その限りにおいては理性主義的である。ただし私は、その著書で、道徳についての感情主義的徳理論を提示し、また合理的と見なされるために必要なものの一部として、感情主義によって理解可能になるような、自分自身の福利に対する配慮という動機を取り上げている。道徳については感情主義を支持し、実践的合理性については理性主義を支持するのが可能であることは明らかだ。これは今までにないような独自の倫理的二元論だと言えるかもしれない。しかし、本書では前著で行った以上に厳格に、感情主義を支持する全般的な論証を推し進めたい。

(18) 『道徳形而上学の基礎づけ』（*Groundwork of Metaphysics of Morals*）におけるカントの考えによれば、手段を意志することなしに目的を意志することはできるが、もしそうするなら、それは不合理なあり方になる。しかし、必要な手段を講じることを意志せずに、もしくは必要な手段を実行することなく、目的を意志することが本当に可能であるのかどうか疑問を抱く人もいるかもしれない。例えば、クリスティン・コースガード（Christine Korsgaard, ‘Skepticism about Practical Reason,’ *Journal of Philosophy* 83, 1986, pp. 5–25）は、自らが表明した目的のために利用できる手段を講じなかったなら、それはその人にとって本当に目的としてあったかどうか疑わしい、と指摘している。しかし、この指摘に続く彼女の提案によれば、ある人が実際にもっている目的に対する手段を講じるかどうかは、その人がどれだけ実践的合理性を備えているかに依存する。またスティーヴン・ダーウォルは、ある論文でコースガードの見解に部分的にコメントしており、そこで同様のことを述べている。ダーウォルによれば、ある人が、ある目標の達成を欲しているからといって、その目標の手段として認められることを為すように必ず動機づけられているという確証（合理性云々ではなく事実上の確証）があるわけではない。しかし、私がこれまで本書で述べてきた点は、「ある目的に対する手段を意図しない人は、事実上、その目的をもっていない、あるいはその目的を意図していない」という強い主張をしなくても、（コースガードやダーウォルが示唆したことには反するが）次のように弱めた形で尤もらしい主張をすることができる、ということだ。目的については、その実行を意図・意志しているのに、その手段については、それを意図・意志しないなら、その人はその目的を全く意図していないのか、あるいは目的に必要な手段を意図・意志している人に比べれば、（他の条件が等しい場合）あまりもしくは不十分にしか意図していないか、そのいずれかである。（ダーウォルの見解については以下を参照せよ。Stephen Darwall, ‘Reason, Motives, and the Demands of Morality: An Introduction,’ in S. Darwall, A. Gibbard and P. Railton, eds, *Moral Discourse and Practice*, New York: Ox-

ford University Press, 1997, p. 309. 私がここで述べたのといくらか類似している主張に関しては以下を参照。Thomas Hurka, *Virtue, Vice, and Value*, New York: Oxford University Press, 2001, p. 107; R. Jay Wallace, 'Normativity, Commitment and Instrumental Reason' *op. cit.*, p. 26; Normy Arpaly, *Unprincipled Virtue: An Inquiry into Moral Agency*, New York: Oxford University Press, 2001, Chs 2 and 3, esp. p. 100.)

(19) この例は、以下から借用した。John Rawls, *A Theory of Justice*, Cambridge, MA: Harvard University Press, 1971, pp. 432f.〔『正義論』川本隆史、福間聡、神島裕子訳、紀伊国屋書店、二〇一〇年〕。しかしながら私が思うに、私たちの多くは、このような基本的な人生の目標を不合理と見なすだろうが、ロールズは、それを不合理だと見なすことにそれほど乗り気ではない。

(20) 私は最近、ノーミー・アーパリーが『原理化されない徳』(Normy Arpaly, *Unprincipled Virtue, op. cit.*) で、ここでの主張と同じようなことを主張しているのを知った。とはいえ他方で、ある人物がある目的を不適切と見なしており、その目的のための手段を講じなかった場合は、その目的をもつことの不合理性に加えてさらなる不合理性がその人物に見いだされる、とする見解もある。この伝統的な見解を擁護するものとして以下を参照せよ。R. Jay Wallace, 'Normativity, Commitment and Instrumental Reason', *op. cit.*

(21) ドナルド・デイヴィドソン (Donald Davidson, 'How Is Weakness of the Will Possible' in Joel Feinberg, ed., *Moral Concepts*, Oxford: Oxford University Press, 1969, pp. 93-113〔論文「意志の弱さはいかにして可能か」としてドナルド・デイヴィドソン『行為と出来事』(服部裕幸・柴田正良訳、勁草書房、一九九〇年) に所収〕) とディヴィド・ペアーズ (David Pears, *Motivated Irrationality*, Oxford: Clarendon Press, 1984) は、意志の弱さまたはアクラシアは常に不合理であると考えているようだ。だが両者とも、全体として倫理的理性主義者であるわけではないだろう。

(22) 合理的な人は、どれほど自己意識的もしくは自覚的に自分の幸せを追求するのか、という問題に関して、ここで立ち入って論じるつもりはない。自分の幸せについて具体的に考えることなしに、それを追求することは可能であるように思われる。もし誰かに幸せについて尋ねられたなら、その人は自分の幸せの (潜在的な) 要素として認めるような、(自分自身にとって) 望ましいことを見つけようとするだけかもしれない。同じことが、利他的な事例、例えば自分の子どもの福利に対する配慮についても当てはまるだろう。

(23) 第四章の冒頭で、ケアの倫理が、自己消失あるいは自己否定をもたらすような状況・態度・行為に対して、極めて批判的である点を見てきた。しかし、以下の点をさらに示すことが重要だろう。自己消失的状態になるように強いられた人物は、たとえ「私は自己消失に大きな価値を置いている」と発言したとしても、実際には（無意識に）これまで自分の身に降りかかったことに対して憤りや怒りを感じているかもしれない。このことは、その人物が実際には、自分や他の人が言ったり考えたりするほど、自己消失的ではないことを示している。また自己の益を志向するその人の動機づけが、歪曲・妨害・抑圧されてきたのであって、完全に除去されたり、議論を通じて根絶されたりしたわけではないことを示している。ここでの論述が、親しみやすい内容として読者の心に訴えることを私は願っている。以上が正しいなら、（現代人である）私たちが自己消失的であるという主張は、ビクトリア時代の人がそうであったよりも、はるかに疑わしいことは明らかである。「私は他者に奉仕することしか望んでいない」と主張する人は、単に自分自身を欺いているだけで、実際その主張によって、（誰かしら）他者を不快にさせるかもしれない。あるいは私たちは、その人が、不合理で極端な罪悪感から、他者に尽くした結果、マゾヒズム的状態に陥ってしまっていると疑うかもしれない。こういった状態が見いだされる限り、私たちは、（実際の、また真正の）自己消失を人間の成熟したあり方だとは決して認めたくないと思うだろう。そして、（ビクトリア時代の人々やある仏教徒の中に見いだされるような）自己消失的状態を実現するために努力している人間や、自分は自己消失的だと主張する人間であっても――また自己消失的な人々を見たことがあると主張する人間であっても――一定の仕方で自分自身に対して配慮することは不可避だ、と私たちは思うだろう。

（24）「健全な」自己の益への志向や自己への配慮によって、他者への共感は、その発達および表出に関して制限を受けるが、マーティン・ホフマンはその点について様々な形で記述している（Martin Hoffman, *Empathy and Moral Development: Implications for Caring and Justice*, Cambridge: Cambridge University Press, 2000［『共感と道徳性の発達心理学――思いやりと正義とのかかわりで』菊池章夫・二宮克美訳、川島書店、二〇〇一年］）。

（25）もしかしたら私たちは、ある人物が自分自身の救命と何千もの人びとの救命とのいずれかを選択しなければならない状況にいると想像することで、そのような事例を手にすることができるかもしれない。しかし、その場合でも、自己犠牲が実際に道徳的に要求されるかどうか、定かではないだろう。同様に、数千人の命のために自分自身の命を犠牲にすることが、（健全な）自己配慮が欠落した不合理な行為になるのかどうかも定かではないかもしれない。こうした問題に強く関連する議論に関しては以下を参照。Derek Parfit, *Climbing the Mountain* (forthcoming).

（26）Michael Slote, *Beyond Optimizing: A Study of Rational Choice*, Cambridge, MA: Harvard University Press, 1989.

（27）自己に関連する（合理的）考慮と他者に関連する（道徳的）考慮は、複雑に絡み合い相互浸透している場合がある点に留意したい。両者の具体的内容を別々に特定することはできないかもしれない。このような事態は、人々が目標・活動・利害を共有したときに生じうる（ナンシー・シャーマンの指摘に基づく）。しかし、本書でも触れたように、そのような事態は、他者の福利に身を捧げるときや強く配慮するときにも生じうる。こういった論点のいずれも、私のこれまでの主張を脅かすものではないと思う。

(28) 私たちが展開する共感に基づくケア倫理においては、義務論は――義務論でさえも――人間の福利に対する配慮の一つの側面ないし様相と理解される点に留意してほしい。

(29) この点に関連する有益な議論に関しては以下を参照せよ。Grace Clement, *Care, Autonomy, and Justice*, Boulder, CO: Westview Press, 1996, Ch. 2.

(30) それゆえ、キャロル・ギリガンは、〔伝統的な〕正義の観点とケアの観点との区別は、思考と感情の区別とは重ならないと述べている（Carol Gilligan, 'Moral Orientation and Moral Development', E. Kittay and D. Myers eds. *Women and Moral Theory*, NJ: Rowman & Littlefield, 1987, p. 20）。

(31) ケアの倫理は、「情動と理性は相互に影響し合い浸透する」という考えに対して開かれている。しかし、この提案の意味や含意、また正当性をここで検討するのは控えたい。より一般的に言えば、フェミニスト認識論は、私が本書で触れている問題に強く関連しているが、それでも目下の議論の文脈で、フェミニスト認識論について議論するのは適当ではないだろう。

(32) この最後の論点については以下を参照せよ。Virginia Held, *The Ethics of Care: Personal, Political, and Global*, New York: Oxford University Press, 2006, p. 11.

(33) マーサ・ヌスバウム（Martha Nussbaum, *Sex and Social Justice*, New York: Oxford University Press, 1994, pp. 74ff.）の主張によれば、ケアの倫理は理性よりも情動を賛美しており、その結果、不当な社会的態度や制度に疑問をもち変革をもたらすような批判的な装置を、女性に与えるのを妨げる。彼女が第一に批判の対象にするのは、ネル・ノディングズの著書『ケアリング』（Nel Noddings, *Caring*, *op. cit.*）である。しかし、ノディングズについてのヌスバウムの見解が妥当かどうかにかかわらず、ヌスバウムの批判は、共感に基づくケア倫理には妥当しない。この形態のケア倫理は、道徳の基礎を理性には置かないが、道徳的生活や思考において、理性にかなり大きな役割を与えている。既に十分見てきたように、まさにこの倫理は、女性が、もしくは誰もが家父長制を批判できるような形で、尊重や正義の規準や、道徳的に容認可能な行為の規準を定式化しているのである。

結論

(1) Richard Holton and Race Langton, 'Empathy and Animal Ethics' in Dale Jamieson, ed. *Singer and His Critics*, Oxford: Blackwell, 1999, esp. pp. 222ff.

(2) Thomas Nagel, *The Possibility of Altruism*, Princeton,

NJ: Princeton University Press, 1978; John McDowell 'Virtue and Reason' in R. Crisp and M. Slote, eds. *Oxford Readings in Virtue Ethics*, Oxford: Oxford University Press, 1997〔論文「徳と理性」（荻原理訳）としてジョン・マクダウェル『徳と理性――マクダウェル倫理学論文集』（大庭健編・監訳、勁草書房、二〇一六年）に所収〕。

（3） Jeanette Kennett, 'Autism, Empathy, and Moral Agency', *Philosophical Quarterly* 52, 2002, pp. 340-57.

（4） ネル・ノディングズ（Nel Noddings, *Caring: A Feminine Approach to Ethics and Moral Education*, Berkeley, CA: University of California Press, 1984〔『ケアリング 倫理と道徳の教育――女性の観点から』立山善康他訳、晃洋書房、一九九七年〕）や他の多くの論者が指摘するように、他者をケアする際に、自らの道徳的地位や道徳的本性について意識的に考えるということが必ずしも伴っているわけではない。誰かをケアしている人は、相手の福利に注目するだろうが、相手のために為すことが、道徳的に正しいのか、また道徳的責務なのかに関して、悩みはしないだろう。

（5） 私は以前に出版した著書の中で、道徳にまつわる諸概念を共感の観点から定義する手法を大まかに描いた。だが、もはやそこでの取り組みに私は満足していない。

（6） 共感‐理解仮説を受け入れ、また「ある行為が道徳的に善いのは、ある特定の動機や感情を反映ないし表現している場合である」という見解を受け入れることによって、私は道徳的言語に関する非認知主義に肩入れすることになるのだろうか？　またそれによって目下の理論は、非認知主義を悩ますとされる、ありとあらゆる問題に晒されることになるのだろうか？　私はそうは思わないが、その点をそれなりに論証するためには、きちんとした議論がさらに必要となり、結果として本書の主題から離れてしまうだろう。しかし感情主義を、必ずしも非認知主義に与《くみ》しないものと見なす論者も多くいるという点をせめて指摘しておきたい。いくつかの例として以下を参照せよ。David Wiggins, 'A Sensible Subjectivism' in S. Darwall, A. Gibbard, and P. Railton, eds, *Moral Discourse and Practice*, New York: Oxford University Press, 1987, pp. 237-242〔論文「賢明な主観主義？」（萬屋博喜訳）としてデイヴィッド・ウィギンズ『ニーズ・価値・真理――ウィギンズ倫理学論文集』（大庭健・奥田太郎編・監訳）に所収〕; Stephen Darwall, *The British Moralists and the Internal 'Ought': 1640-1740*, Cambridge: Cambridge University Press, esp. pp. 214f. またヒュームを理想的観察者の理論家と見なす論者からすれば、感情主義を支持することは非認知主義を支持することを含意しない。

訳注

序論

〔1〕この言葉はアメリカの作家ジョン・グレイの著作のタイトルになっている（John Gray, *Men Are from Mars, Women Are from Venus: A Practical Guide for Improving Communication and Getting What You Want in Your Relationships*, Thorsons Publishers. 1992）。この本では、男性と女性の行動様式・思考様式の違いが述べられている。

〔2〕以下では原則として、‘moral sentimentalism’という用語に関しては、「道徳は感情に根ざす」というニュアンスが伝わりやすい「道徳感情説」という訳語を採用する。その一方で、‘sentimentalism’ないし‘sentimentalist’という言葉が‘moral’という修飾句を伴わないで単独で用いられる場合は、理性主義との対比が念頭に置かれていることを考慮し、（やや統一性を欠くが）「感情主義」「感情主義者」と訳す。日本語において「感情主義」という言葉は、理性的な思考の排除や軽視といった否定的なニュアンスをしばしば含んでいる。しかし本書で用いる「感情主義」の言葉には、そのような否定的な含意は全くない。この点には十分に注意する必要がある。スロートは、自らの立場を道徳感情説ないし感情主義と見なすが、だからといって理性の働きを排除したり軽視したりするわけではない。道徳哲学において、感情主義は理性主義（rationalism）と対立するが、両者の対立は、道徳性にとって理性と感情、どちらをいっそう重視するか、またどちらをいっそう基礎的ないし根本的と見なすかに関する対立であって、理性主義的な立場をとったとしても感情に重要な役割を認めることはできるし、感情主義的な立場をとったとしても理性に重要な役割を認めることはできるのである。

第一章

〔1〕スロート自身は前著（*Morals from Motives*, Oxford University Press, 2001）で感情主義的徳倫理学を先駆的に展開しており、新アリストテレス主義的徳倫理学とは距離をとっている。詳しくは訳者解説の第一節を参照。

第二章

〔1〕一九六八年、ベトナムのソンミ村で起こった虐殺事件のことを指す。米軍陸軍中佐ウィリアム・カリーが率いる米兵部隊は、無抵抗の村民を次々と殺害していった。

〔2〕　Sには共感による動機づけが欠如しているのだが、悪意というような共感が欠如した動機が行為において作用しているわけではなく、援助に結びつくような別の動機が働いて援助するに至っているので、その行為に共感の欠如が反映や表示されているとまでは言えない。

〔3〕　つまり、共感の欠如であるような冷淡な気持ちがその人の内にいくらかあったとしても、その冷淡な気持ちが、その行為において動機づけとして実際に作用して、その行為を導いているわけではない。その意味において、共感の欠如が、その行為において反映／表示／表現されているわけではないのである。

第三章

〔1〕　義務論は、道徳的判断（例えば「この行為は正しい／正しくない」等の道徳的判断）が基づいている規準を探究する「規範倫理学」の代表的な立場である。義務論によれば、行為の正／不正は、その行為の「結果」によってではなく、その行為が「義務」に基づいていたかどうかによって判断される。義務論は、「なぜその行為が正しいと判断できるのか」という問いに対して、「その行為がもたらした結果がよかったからだ」とは答えずに、「その行為はかくかくしかじかの義務に従っているからだ」と答えるのである。義務論において、殺人等が「それ自体において不正」と見なされるのは、殺人という行為が、それがもたらす帰結の如何にかかわらず、まさに「人を殺してはならない」という義務に反しているがゆえである。

では、そもそも義務論においては何が義務と見なされるのか？　例えばカントの義務論によれば、ある規則が、理性的な存在者であれば誰もが守るべきものとして普遍化可能である場合に、その規則は義務とされる。カントが挙げる事例では、「嘘をついてはならない」という規則は義務であり、嘘をつかずに真実を述べることが、ある場面でどんな「帰結」をもたらしたとしても、正しいのである。このように義務論は、行為（もしくは行為が従っている規則）によってもたらされる「結果」のよしあしに基づき行為の正／不正を判断する「帰結主義」の立場を避けることから、「非帰結主義」に分類される。また義務論は、行為者が「こうするのが義務だ」という理由に動機づけられて行為することを要請するので「動機説」に分類される。（なお義務論に関する簡潔な説明としては以下を参考にしている。堂囿俊彦「義務論」（『入門・倫理学』赤林朗・児玉聡編、勁草書房、二〇一八年に所収）、および柘植尚則『プレップ倫理学〔増補版〕』弘文堂、二〇二一年。）

こういった義務論の立場は、帰結主義（非動機説）の中でもとりわけ「功利主義」としばしば比較される。功利主義は「なぜその行為は正しいと判断できるのか」という問いに対して、「その行為（もしくは、その行為が従っている規則）が社会全体の幸福を増大させるような結果をもたらすからだ」と答える。細かい特徴づけを抜きにして言えば、功利主義は、その行為（もしくはその行為が従っている規則）が社会全体の幸福の増大／減少をもたらすかどうかに基づいて、行為の正／不正を判断するのである。ここでは行為の帰結がもっぱら重視され、行為者がどのような意図や動機に基づいて行為したかは、その行為の正／不正を判断する際の決定的な規準にはならない。本書の第二章で登場してくるピーター・シンガーは現代の功利主義者として最も著名な論者である。

　なおスロートは、義務論や功利主義の立場とは異なり、行為の正／不正を判断する規準として、その行為が、成熟した共感的配慮（またはその欠如）を体現しているかどうかという点を最も重視する。つまり（簡潔に言えば）スロートは、「なぜその行為が正しいと判断できるのか」という問いに対して、「行為者は成熟した共感に動機づけられて行為しており、その行為は成熟した共感を体現しているからだ」もしくは「その行為は、共感の欠如（例えば憎しみや悪意等）を体現しているわけではないからだ」と答えるのである。

〔2〕以下では約束を依頼した者（promiser）を「約束依頼者」もしくは「依頼者」と呼び、その約束に同意した者（promisee）を「受約者」と呼ぶ。

〔3〕以下では事例の内容が複雑なため、登場する人物をA、B等で表す。原文にはそのような表記はない。

〔4〕すなわち、登山者が被るだろう害悪によって、その事態に対する共感的配慮が行為者の内に呼び起こされ、行為者は、自分がその事態に因果的に関与することに対して嫌悪感を抱くようになる、ということ。

〔5〕功利主義的な配慮が、スロートが重視する共感に基づく配慮（共感的配慮）とは区別される点に注意してほしい。配慮・気遣い・ケアには様々な形態があるが、スロートが中心に据えるのはあくまでも、成熟した共感に基づいた形での配慮・気遣い・ケアなのである。

第四章

〔1〕つまり人間尊重の概念が、自律尊重の概念に先行すると理解される。

〔2〕「自律への尊重（respect *for* autonomy）」という形で、原文においてイタリック体で強調がなされているが、これは、（前節で見たように）自律に向かう子どもの成長過程や自律を志向する態度を尊重することもまた、自律への尊重という考えには含まれているからである。

第五章

〔1〕この箇所でのスロートの論述——それは憶測に基づくとはいえ——には、いくつか懸念すべき点があると思われる。第一に、ここではテストステロンと共感能力の行使および発達との間に、かなり直接的で強力な因果関係が成立することが推定されている。しかしながら、共感に対するテストステ

ロンの因果的影響がどれほど強いものなのかに関しては議論の余地がある。またここでの論調は、共感発達に関する教育的／環境的要素といった後天的側面を強調する、これまでのスロート自身の論述（特に第二章第2節）と不整合をきたすかもしれない。

第二に、テストステロンの強い因果的影響を前提にしてこの箇所でなされている推測に関しても、同様に問題点がある。とりわけ次の論調、すなわち「後天的要素によって改善するとはいえ、一般的に言って、男性はテストステロンの影響によって女性よりも共感能力が劣っている可能性があり、事実そうだとすると、男性にはテストステロンが影響したぶんだけ、女性よりも道徳的行為の失敗について釈明の余地が与えられるかもしれない」といった論調は、男性が然るべきケア労働を怠り、女性にケア労働を不当に押しつけることを正当化する際に用いられる論調と同種のものであると思われる。このような論調は、スロート自身が本書で展開している家父長制に対する批判とも不整合をきたすのではないだろうか。

第三に、スロート自身が本書の「結論」で疑問を提起しているように、「自閉症の人々が共感できない」という仮説には疑問視すべき点がある。例えば、Isabel Dziobek, *et. al* (2008) 'Dissociation of Cognitive and Emotional Empathy in Adults with Asperger Syndrome Using the Multifaceted Empathy Test (MET)', *Journal of Autism and Developmental Disorders* (2008) 38: 464-473.

〔2〕ただし本書（原書）が出版された当時（二〇〇七年）より、ヘイトスピーチの問題や弊害は世界的に見て、いっそう深刻化また顕在化しており、現在において自由主義は、ここで想定されているよりも慎重な立場をとると考えられる。

〔3〕それ自体は悪くなくても、それをきっかけに事態が悪い方向へとどんどん進行していく、といった効果のこと。だから最初の一歩を踏み出すべきではない、という論法が生命倫理などの議論において多く用いられている。

第六章

〔1〕すなわち、その政策立案者たち自身の欲深い態度や身勝手な態度が動機づけとして働いた結果、その行為（法案の通過）がなされている、というわけではないので、その者たちの欲深さや身勝手さはその行為において表現・反映されているわけではないのである。

〔2〕物やサービスといった財を一単位消費することで得られる効用（満足度）のこと。

〔3〕物やサービスといった財の消費量が増大するにつれて、一単位消費することで得られる効用（満足度）が次第に小さくなること。

〔4〕ここで害悪（harm）という言葉は、経済的損失を含む広い意味で理解されている点に注意してほしい。

〔5〕例えば、その後三〇年間にわたりYはZに甚大な経済的支援を続けた、といった内容を加えることが考えられる。

第七章

〔1〕例えば「難関大学に合格したいなら、もっと一生懸命勉強しなさい」という仮言命法は、そもそも「難関大学に合格したい」という欲求を自分がもっていないことを指摘することで、逃れることができる。

〔2〕すなわち、その誤りは理知的不合理性に相当するとしても、実践的不合理性には相当しないとヒュームは考えている。

〔3〕実践的合理性は、目的それ自体の合理性には関わらずに、もっぱら目的に対する手段の適切さに関わるものであるとする見解のこと。

〔4〕それゆえ、実践的不合理性を、判断におけるある種の不整合へと還元する試みはうまくゆかない。

〔5〕ここでは自分自身の幸福への配慮という「心情」は広い意味での「感情」と解されるので、そのような心情の観点から実践的合理性を説明することは、感情説と見なされる。

結論

〔1〕ヒュームとスミスは、共感を表現するのに'sympathy'の語を用いている。

訳者解説——感情主義的徳倫理学から共感的なケアの倫理へ

早川正祐

はじめに

マイケル・スロート（一九四一年〜）は、現代英語圏の倫理学を牽引する米国の哲学者であり、とりわけ徳倫理学やケアの倫理の分野において独創的な研究を行ってきた。以下では、本書の前著『動機からの道徳』（*Morals from Motives*, Oxford University Press, 2001. 勁草書房で翻訳プロジェクト進行中）で展開され、本書の背景にもなっているスロートの徳倫理学の概略を示したうえで、本書『ケアの倫理と共感』におけるケアの倫理の内容を解説していきたい。このように前著の概略を踏まえることで、本書の考察がどのような知的発想のもとで発展してきたのかについて、より奥行きのある理解を得ることができるし、スロートの倫理学がもつ魅力をより的確に伝えることができる。（もちろん、本書の解説である第二節から読んでいただいても構わない。）

一　感情主義的な徳倫理学——スロートの徳倫理学

スロートは前著『動機からの道徳』の出版によって、「感情主義的な徳倫理学」(sentimentalist virtue ethics) という新たな方向性を、(英語圏の) 現代倫理学にもたらすことになった。(1) むろん「感情主義」と言っても、理性を排除したり軽視したりするような底が浅い感情主義ではなく、感情を理性よりも根本的なものと見なしつつ、理性の働きも重視するような懐《ふところ》の深い感情主義である。スロートの登場以前は、現代の徳倫理学と言えば、アリストテレス的伝統に基づく徳倫理学、すなわち新アリストテレス主義的徳倫理学のことであった。こういった流れに対して、スロートは一八世紀の英国経験論における「道徳感情説」の伝統を参照しつつ、さらに一九八〇年代以降に登場してきた「ケアの倫理」の洞察を取り入れることで、感情主義的徳倫理学を構築する。

一・一　現代徳倫理学の主流としての新アリストテレス主義

スロートの感情主義的徳倫理学の画期的性格について少しでも明らかにするために、現代徳倫理学の展開にいくらか触れておこう。一九五八年にエリザベス・アンスコムによって現代徳倫理学の発端となる記念碑的な論文「現代道徳哲学」('Modern Moral Philosophy') (2) が発表されて以降、それまで停滞気味であった徳中心の倫理学が、規範倫理学のアプローチとして脚光を浴びることになる。そしてアンスコムに影響を受けたフィリッパ・フット、ロザリンド・ハーストハウス、ジョン・マクダウェルといった名だたる哲学者によって徳倫理学がさらなる進展を遂げていくが、その際、彼女／彼らが依拠していたのはアリストテレスの倫理学であった。

極めて単純化すれば、アリストテレスの倫理学 (とりわけ『ニコマコス倫理学』) は、おおよそ以下のような見解を重要なものとして含んでいる。

(1)エウダイモニアと呼ばれる「人間としての開花繁栄という形での幸福」こそが、人間が目指すべき究極的目的（テロス）である。
(2)そのような人間としての幸福は、徳に基づく活動によって実現される。
(3)そこでの徳に基づく活動には、他の生物種には見られない人間に固有の機能であるロゴス——とりわけ思考に関わる徳である賢慮《けんりょ》（フロネーシス）——が不可欠であり、賢慮を伴う有徳な活動こそが、人間としての開花繁栄の実現にとって鍵になる。

ここで言う「賢慮」を備えた有徳な人は、「人間として善く生きる」ことを全体として志向しつつ、現に直面している個別の事柄／状況において、どのような振る舞いが「善い生き方」を体現するのかを思案したうえで、適切な行為を選択する。[3] 大まかに言えば、新アリストテレス主義的徳倫理学においては、こういった人間固有の機能（とりわけ賢慮という知的徳）を十全に発揮し——（その発揮を通じて）人柄の徳（節度・勇気等）をも備えることで——人間として開花繁栄し幸福な生活を送ることができる有徳な人が、モデルとされるのである。そして例えば、「有徳な人ならば、当の状況においてどのような行為をするのか」という観点から、行為の正／不正等の道徳的判断の規準が詳細に考察される。全体として見れば、このようなアリストテレスの知的伝統に基づくアプローチが、現代の徳倫理学の主流をなしてきたと言える。

一・二　感情主義的徳倫理学と新アリストテレス主義的徳倫理学

しかし、この一連の流れに対して、スロートは『動機からの道徳』において、徳倫理学の新機軸を打ち出すことになる。その際、スロートは、フランシス・ハチスン、デイヴィッド・ヒューム、アダム・スミスらによって代表される「道徳感情説」の知的伝統を継承する。しかしそれにとどまらず、倫理学を支配する男性中心主義的傾向——女性に多く見いだされるような道徳的経験を十分に考慮せずに倫理学を構想するという意味での男性中心主義――に抗う形で一九八〇年代に登場してきた、キャロル・ギリガンやネル・ノディングズらの「ケアの倫理」の洞察も、また積極的に取り入れていく。こうして構築されたスロートの感情主義的徳倫理学においては、「気遣い」「配慮」「思いやり」といった個別の他者への温かい心情に根ざす関心――すなわちケア――が中心的な徳とされる。また反対に、他者への冷淡な無関心、心ない対応、悪意に満ちた態度などが悪徳を構成することになる。そして細かい特徴づけを抜きにして言えば、こういった相手への温かい心情に根ざす関心に動機づけられて行為しているとき、その行為は正しいとされる。

このようなスロートの感情主義的徳倫理学を、新アリストテレス主義的徳倫理学と比較した場合、以下の二点が両者の違いとして重要である（ただし両者の優劣に関しては棚上げにしたい）。第一に、新アリストテレス主義と異なり、感情主義は、具体的な他者に対して、いっそう直接的な関心を向けており、人間固有の開花繁栄という形での自己の人間的完成を中心に据えるわけではない。第二に、新アリストテレス主義においては、賢慮といった思考ないし実践理性に関わる徳が中心的であるのに対して、感情主義においては、思いやり（ケア）といった心情に関わる徳が中心的である。

こういった徳の捉え方の内に、経験的／具体的事象をとても重んじるスロート倫理学のスタンスを見てとることができる。アリストテレスの倫理学（および新アリストテレス主義的徳倫理学）は、他の生物には見られない人間独自の機能に基づく人間的繁栄という高邁《こうまい》な理念の実現を目指す。その点で、卓越主義ないし完成主義（perfectionism）とされ、そこには（多くの論者が指摘するように）エリート主義的な傾向もまた見いだされる。他方でスロートの徳倫理学は、もっとボトムアップ式である。スロートは、人間的繁栄という敷居の高い抽象的な理念に訴えることなく、現に存在している具体的な生活世界、とりわけ感情が豊かに行き交う情緒的交流によって産み出される具体的現実に、徹頭徹尾、軸足を置いて考察を展開する。そしてその人間的交流の現場において称賛すべきものとして浮かび上がってくる、温かい心情に基づく他者への関心（ケア）が、徳とされるのである。

もちろん、このようなスロートの具体性と関係性を重んじる方向性は、ギリガンやノディングズの「ケアの倫理」から多くを学ぶことによって可能になったものだ。ギリガンやノディングズは、現実に生じている他者の具体的なニーズに対する繊細な応答や、（搾取的ではない）相互に支え合う人間関係の形成・維持を、倫理の核心部分と見なしてきた。スロートは、この方向性を発展的に継承し、自他の情緒的交流において称賛されるべき、温かい関心を伴う思いやりの観点から、行為の正／不正といった道徳的判断の規準を考察するのである。（このような方向性は、本書で「共感による思いやり」という観点から、さらに掘り下げられることになる。）

そしてスロートは、この温かい配慮であるケアを、今まで出会ったことがない遠くの人々にも社会的に拡充していくことを重視する。スロートによればケアは、身近な人々の具体的なニーズに応答する「親密なケア」（intimate caring）のほかに、遠く離れた人々の具体的なニーズに応答する「人道主義的なケア」（humanitarian caring）があり、思いやりの徳を備えた人とはこの二つのケアの間で適切な均衡をとれる人なのである（*Morals from Motives*, pp. 69–73）。興味深いことに、このモデルをベースにして、スロートは、法律や制度の徳／悪徳も論じている。そして、ある法律や制度が徳を備えている——正義に適っている——と言えるのは、その法律や制度が——その法律や制度の制定に責任を負う人々（政治家）が——その法律や制度によって直接影響を受ける自国の人々に対してのみならず、より間接的に影響を受ける遠く離れた他国の人々に対しても、一定程度、配慮を示している場合とされる（前掲書 p. 100）。

またスロートは、ギリガンと同様に自己自身へのケアである「自己配慮」（self-concern）の重要性も強調している。すなわち、自己犠牲によるケアは推奨されず、ケアは自己にも拡充されるべきである（前掲書 p. 79）。しかし注意すべき点は、スロートの感情主義的な自己配慮は、新アリストテレス主義的な自己配慮とは異なっていることである。それは、「人間的繁栄という形での自己の幸福」を志向する、完成主義的な自己配慮ではない。むろんケアの倫理も自己の幸福をとても大事にする。しかし、例えばギリガンのケア倫理で重視されているのは、性差別的な社会的慣習・制度によって不当に抑圧されてきた多くの女性（またはその他の人々）が自分自身の声を取り戻すという形での幸福であり、ロゴスに基づく人間的繁栄という形での自己の幸福とは、趣《おもむき》を大きく異にしている。[4] 簡潔に言えば、ケアの倫理の流れをくむ感情主義的徳倫理学においていっそう重視されているのは、（搾取的ではない）情緒的な人間的交流を通じての自己の幸福であろう。かくして、ケアの倫理の発想に基づく感情主義的徳倫理学もまた、自分の生き方や幸福への関心を取り込んでいるものの、そこにこだましているのは、「人間として開花繁栄し自己を完成させよ」といった自己陶冶《とうや》への指令ではなく、「そんなに頑張らないで、自分をもっと大切にしてくださいね。私たちもいますから」といった相互依存を介した自愛への誘《いざな》いであるように思われる。[5]

一・三　ケアが内蔵する認知的／理性的側面

以上のように、スロートの感情主義的徳倫理学は、理性よりも感情を根本的なものと見なす。しかしだからといって、（冒頭で示唆したように）理性や知性を軽視するわけではない。むしろ、そこにあるのは、「感情を中心に据えて、理性の役割を再解釈する」という方向性であるように思われる。そしてそれは同時に、これまで低次の機能とされてきた感情の役割を、豊かに再解釈することを伴っている。

ここでも、「理性 vs. 感情」といったお馴染《なじ》みの二項対立図式を拒否するケアの倫理の発想が活かされている。スロート自身の事例で説明しよう（前掲書 pp. 39–40）。高齢で老衰している母親が意識不明の状態で病院に担ぎ込まれたとする。スロートによれば、子どもであるSは、母親のことを思いやるのなら、何らかの選択をするのに先立って、まずは母親の具体的な病状と予後、期待できる生活の質について、また彼女がどれくらい苦しむことになり体の自由がきかなくなるのかについて多くのことを知ろうとするはずである。スロートの考えでは、こういった認識的傾向性は思いやりの徳自体に内蔵されているのである。つまり、Sがそういった認識的活動に従事しなければ、そもそも母親に対して、温かい心情に根ざした関心を向けているとは言えず、Ｓは思いやりの徳を備えているとは言えないのである。さらにこのスロートの論点を拡張すれば、ここでは、母親の状況やニーズに関して認識された諸々の具体的事実が、ＳやＳの家族が当の状況にどのように応対するかを決める際の考慮事項——すなわち行為選択の理由——を形作っていると考えることもできる。「母親に関する、かくかくしかじかの事実があるから、現時点ではこの選択肢を採用しよう」というように、である。そうであれば、相手を思いやることにおいて、特定の事実が、行為理由として形成されていくのであり、その意味において思いやりは理性的側面を含んでいると言えるだろう。むろん、（感情と理性の二項対立的な考え方を拒否し）感情と理性の連続性を支持するという方向性は、新アリストテレス主義的徳倫理学にも当てはまる。例えば賢慮の徳を備えた人は、不正な状況に関して怒りを感じる。しかし大まかに言えば、新アリストテレス主義は、人間的繁栄に重要なロゴス（広義での理性）の働きを中心に据えて、理性と感情の連続性を支持するのに対し、スロート的な感情主義は（搾取的でない）人間的交流に重要な感情を中心に据えて、感情と理性の連続性を支持するのである。

以上、本書の前著にあたる『動機からの道徳』の中心的洞察を簡単に確認してきた。前著と異なり、本書『ケアの倫理と共感』では、徳倫理学の更新よりもケアの倫理の更新が目指されているため、スロートの感情主義がもつ徳倫理学的な側面は背景に退くことになる。しかし本書では、前著で展開された上記の洞察が、「成熟した共感」という観点からいっそう掘り下げられることになる。

二・一　規範倫理学のアプローチとしてのケアの倫理

スロートは、本書『ケアの倫理と共感』において、前著での感情主義的徳倫理学をケアの倫理としてさらに洗練させることで、ケアの倫理を規範倫理学のアプローチとして展開するに至る。

規範倫理学は、道徳的な判断の根拠を探究する倫理学の主要領域であり、道徳的判断において前提にされている行為の正／不正、責務の有／無、慣習や制度の正義／不正義といった道徳上の区別に関して、その根拠や規準を明らかにしようと試みる。例えばスロート自身が論じている具体例を用いるなら、「ヘイトスピーチは不正にあたる」「目の前で苦しんでいる子どもを助ける責務がある」「性差別的な慣習は正義に適っていない」といった道徳的判断は、それぞれ順番に、行為の正／不正、責務の有／無、慣習や制度の正義／不正義といった道徳上の区別を前提にしている。規範倫理学は、そういった道徳的区別がどのような根拠によって正当化されるのかを考察するのである。

規範倫理学のアプローチとしては、義務論、功利主義、徳倫理学を挙げることができるが、スロートの本書における最大の貢献は、この三つのアプローチに加えて、ケアの倫理もまた、同様に有力な規範倫理学のアプローチであることを示す精緻な哲学的議論を展開した点にある。そして、この点こそがギリガンやノディングズには見いだせないスロートの独自の貢献になっている。いくらか踏み込んで説明しよう。

前節でも触れたように、ギリガンやノディングズによって創始されたケアの倫理は、女性に多く見られる道徳的経験を不当に周縁化する主流の倫理学に対する、根本的な異議申し立てであり、その革新性は、どんなに強調してもしすぎることはない。ギリガンやノディングズによれば、従来の道徳発達理論に特徴的な「正義の倫理」においては、他者から分離独立した強い個人が前提にされている。そして、個々人が、一般化可能な道徳的原則に基づいて自分の振る舞いを理性的に律することが、理想とされている。しかし、ギリガンやノディングズの考えでは、伝統的な正義の倫理のアプローチは、多くの場合、男性に頻繁に見いだされるものであって、女性によりよく見いだされる、具体的で個別な倫理的配慮の重要性を十分に考慮していない。ギリガンもノディングズも、私たちが一人では生きていけないような傷つきやすさを抱えた存在であるという事実を重く受け止める。そして、私たちがそれぞれ複雑な事情を抱え、一般的原則では捉えきれないような入り組んだ現実を生きている、と考える。だからこそ倫理的対応においては、相手から発される声に注意深く耳を傾け、「相手がどのような状況に置かれているのか、どのような個別のニーズを抱えているのか」に関して、具体的かつ繊細に理解すること、またそこでのニーズに責任をもって応答することが、極めて重視されるのである。そしてスロート自身の倫理学も彼女たちのこういった発想に多くを負っている。

しかし、ギリガンやノディングズは、それぞれ発達心理学、教育学において研鑽を積んできたこともあって、道徳哲学において長らく議論されてきた規範倫理学の主要な問い——行為の正／不正、責務の有／無、社会的慣習や制度の正義／不正義といった道徳上の区別が、どのような規準・根拠に基づいて正当化可能なのか、という問い等——に真正面から答える形で議論を展開しているわけではない。もちろん、ギリガンもノディングズも、そのような伝統的な規範倫理学の枠組みに縛られない問題関心の広さによって、従来の（そして現行の）男性中心主義的な倫理学を相対化するような革新的な貢献をなしたと言える。さらに、そもそも「倫理学とは何か」ということ自体に、不変の定義があるわけではなく、それは常に時代状況の中で批判的に再解釈ないし更新されるべきものである。

いずれにせよスロートは、ギリガンやノディングズに深い敬意を払いつつも、彼女たちが示さなかった点、すなわちケアの倫理の方向性が、規範倫理学における伝統的な問いに応答するうえでも有効だという点を示していく。それゆえスロートは、ケアの倫理を、他の主要なアプローチとの比較検討を通して、規範理論として擁護するという課題に真正面から取り組んだ点で——ギリガンが本書のそのような画期性を高く評価したように——極めて独創的であったと言うことができるだろう。

しかし、このことは同時に本書が、専門性の高い哲学的議論へと踏み込んでいくことを意味している。実際、本書の内容は、読者が倫理学の基礎知識をいくらか身につけていることを前提にしており、そのためギリガンやノディングズの著書と比べて難解であるように思われる。またケアの倫理を規範倫理学の一つの有力なアプローチとして確立するためには、これまでの道徳哲学者と共通の土壌で論戦を張る必要があり、その結果、哲学者が用いてきた技巧的な事例をもとに、緻密な議論が抽象的に展開する場合もある。そこで以下では、本書の内容を章ごとに、重要だと思われる論点をかいつまんで、解説していきたい。なお本書で展開されている議論や論証全体は、もっと複雑で錯綜しているが、以下では分かりやすさを重視して議論が単純化されていることを最初にお断りしておく。

二・二　本書の内容

第一章　共感に根ざすケア

スロートのケアの倫理で鍵となる概念は、何と言っても「共感」であろう。スロートのアプローチは、マーティン・ホフマンによる発達心理学の研究に依拠する形で共感概念を充実させることによって、道徳的な正・不正等の規準となる共感的なケアの概念をも洗練していくという方法を採用している。それゆえ、スロートの議論を理解するためには、彼の共感概念を理解しておくことが重要になる。第一章では、まさに共感の概念が非常に大まかではあるが、特徴づけられている。ここで留意すべき点は三つある。

第一に留意すべきは、共感（empathy）は同情（sympathy）から区別される点である。両者の重要な相違は、共感には、相手の視点から世界がどう見えているかを感じ受け止めることが要求されるが、同情には、必ずしもそれが要求されないという点にある。私たちは相手自身が自らの状況をどのように感じていて、どのように理解しているのかということを考慮せずに——つまり相手の観点を考慮することなく——相手に対して「かわいそうだ」「みじめだ」と同情するかもしれない。しかし、それだけでは共感にはならない。共感的であるためには、相手の置かれている状況を、相手自身の関心に照らして、理解し感じ受け止めることが求められるのである。

第二に留意すべきは、共感というものが、共感する者と共感が向けられた者との「分化」や「差異」を前提にするという点である。つまり共感は、相手との一体感・一体化や相手への同調といったものを要求しない。また意見の一致やニーズの一致といったものも要求しない。相手の苦しみに共感するとき、私たちは、相手の苦しみを感じるのだが、それは、相手と全く同一の感情を抱くということではなく、相手との差異に配慮しつつ相手の苦しみを感じ受け止めるということなのである。スロートによれば、私たちが相手に共感するとき、相手は自分とは異なる関心やニーズをもつ別個の存在であるという感覚が保持されていなければならない。この論点は、成熟した共感が、個々人の具体的なニーズや悩みを尊重する姿勢を含む、というスロートの後の論点につながっていく。

第三に留意すべきは、成熟した共感が、認知的能力や概念的能力とも不可分であり、それらと切り離された純然たる心情のようなものではないという点である。たしかに人生の初期において、共感は情動伝染という形で生起する。例えば、ある赤ちゃんが、大声で泣いている他の赤ちゃんに遭遇して、泣き出してしまう、というように。しかしスロートによれば、子どもは成長していくにつれて認知的・概念的技能を身につけ、他者が生きている現実に対する感覚や理解をより十全なものにしていく。このことは成熟した共感というものが、成熟した認知的能力を取り込む形で成立していることを意味する。

以上の点は、共感の本性についての理解になるが、スロートは、同時に共感的感受性の社会的伝播に深く関わっていく論点、すなわち、「共感誘発法による教示」というホフマンの論点を活用していく。共感誘発法による教示という考えは、成熟した共感というものが、個人単独で養われるものではないことを示唆している。養育者は、身の回りの出来事に対する関心や感情を、子どもとともに分かち合うこと――共同注意――を通じて、子どもの共感能力をも養っていく。スロートによれば「子どもが他の人に苦痛を与えた場合は、誰かしらが、その事態に気づき、どのような害悪を相手に対して与えたのかをその子に自覚させることを必要とする。とりわけ、相手と同じような害悪を自分が被ったら、どのように感じるかを、その子に想像させることによって、そのような自覚を促すのである。その結果、その子は（通常の共感能力をもっていれば）自分が行ったことが悪かったと感じられるようになる」（二四頁）。

第二章　他者を援助する責務

第二章では、他者を援助する責務について、その責務があると言える（その責務が課される）のはどのような場合かが、共感に基づくケアの倫理の立場から考察される。

まずは規範倫理学の主要なアプローチである功利主義の代表的論者ピーター・シンガーの議論が、部分的ではあるが取り上げられ、目の前で苦しんでいる他者や今まさに苦しんでいる他者の切迫したニーズを疎《おろそ》かにする点で、シンガーの功利主義が「心ないもの」として批判される。

スロートは、ここでも私たちの道徳に関する日常的な感覚（直観）を大切にしながら、その感覚を洗練する立場を貫いている。スロートからすれば「相手の苦境を直に目にすることができるにもかかわらず、その相手に対して背を向け、間接的にしか知らない人々に援助することに（冷徹にも）決める」のは、「非人間的なこと」（三八頁）なのである。そしてこの道徳的直観の根底で機能しているものとして、成熟した共感に基づく思いやりを持ち出すことになる。すなわち「この決断の非人間的な性格は、明らかに共感の有無と関係している」（三八頁）とされ、「相手の窮状を知覚したにもかかわらず、その相手に対して共感的に応じなかった、ということに関連しているのである」（三八頁）。

ごく簡単にではあるがもう少し補足しておこう。非常に大まかに言えば、功利主義は「なぜその行為は正しいと判断できるのか」という問いに対して、「その行為が――もしくはその行為が従っている規則が――社会全体の幸福の総和を増大させるような結果をもたらすからだ」と答える。つまり功利主義の考えでは、その行為（もしくは行為規則）がその総和の増大／減少をもたらすかどうかに基づいて、行為の正・不正が判断されるべきなのである。このことは、功利主義においては、社会全体の幸福の総和が直接的な関心事もしくは第一の関心事になっているため、個別の存在である「あなた」が抱えるニーズは、たとえ切実なものであっても直接的ないし第一義的な関心の対象とはならないことを意味する。換言すれば、個別の相手が抱える痛切なニーズは、そのニーズへの応答が社会全体の幸福総和の増大に寄与する限りにおいて配慮の対象になる。その意味で、目の前で苦しんでいる相手や今まさに苦しんでいる相手が抱える切実なニーズへの関心は、直接的であるよりは、むしろ派生的であり間接的なのである。スロートからすれば、このような相手の個別のニーズへの対応は、あまりに冷徹であり心ないものなのであり、倫理的に適切な対応——道徳的に正しい行為——とは言えない。相手の窮状に直接的な関心を向ける成熟した共感の持ち主であれば、そのような行為はしないのである。

しかし、このようなスロートの立場に対しては、遠く離れた地で苦境にある人々に対する責務を疎かにしているのではないか、という反論が当然予想される。そこでスロートは、ケアの倫理では十分に扱えないとされてきた、この問題にも積極的に取り組むことになる。とりわけ、既に言及した「共感誘発法」に基づいて、共感的感受性の社会的拡充を目指すことが重要だとされる。スロートによれば、異文化の文学・映画・ドキュメンタリー等を通じて、また交換留学等による他国の学生との国際的な交流を通じて、異なる状況に置かれた他国の人々の苦境に対しても共感的な感受性を養うことが極めて重要なのであり、またそのために必要な資源やエネルギーを私たちの社会は惜しむべきではない。こうしてスロートは、共感誘発の技法を社会的に拡充することで、「人類が抱える広範な諸問題に対する、子どもたちの感受性を養う」（五〇〜五一頁）という考えを支持するに至る。そして「成熟した人間的共感——共感の全面的な発達を促進する環境下において、存在するだろうはずの共感——を身につけていれば、見知らぬ他者に対して、共感に基づいて積極的に配慮する習慣や傾向性もまたその一部として身につけている」（五一頁）とされるのである。

こうしてスロートは、行為の正・不正の一般的な規準を、他者への成熟した共感的配慮に根ざすものとして以下のように提示するに至る。「他者に対する成熟した共感による配慮（共感による思いやり）が行為者の側に欠如（欠落）しているという点が、ある行為において反映／表示／表現されている場合、かつその場合に限って、その行為は道徳的に間違っており、道徳的責務に違反している」（五一頁）。

第三章　義務論

第三章では、義務論に特徴的な主張を、「成熟した共感的配慮」といった心情によって根拠づけ、正当化することが試みられている。より具体的には、次の二点に関して感情主義による正当化が試みられている。第一に、行為の帰結がいかなるものであっても、その行為は許容されないとする「義務論的制約」に関する感情主義的な正当化。第二に、不正に対する積極的な関与である「作為」と、不正な事態の生起を成り行き任せにする「不作為」との道徳的区別に関する感情主義的な正当化。スロートによれば「義務論というものは、感情と対立する意味での原理・原則・道徳的考慮を論じるものではなく、まさに感情の観点に基づくことで成立し、また理解されうる」（六九頁）のである。

第一の論点から確認していこう。既に言及したように、義務論は、行為の正／不正等の道徳的判断が基づいている根拠や規準を探究する「規範倫理学」の代表的な立場である。義務論によれば、行為の正・不正の判断は、その行為の「結果」がどれだけ善くても悪くても、それとは独立に、その行為が「義務」に基づいて為されたかどうかによってもっぱら判断される。そして、例えば代表的な義務論者であるカントであれば、「人を殺してはならない」「偽りの約束をしてはならない」といった義務論的制約ないし義務は、より基礎的な義務原理である定言命法によって正当化されると考える。すなわち「あらゆる理性的存在者に妥当するような普遍的なルールに従って行為せよ」「理性的存在者である人格を手段としてのみならず目的それ自体として扱え」といったような、より基礎的な義務原理（定言命法）によって正当化されるのである。(6)

スロートもまた、行為の正／不正がその帰結の善し悪しに還元できないという点を認めることにおいて、義務論的制約という考えに賛同する。しかしながら、義務論的制約が、より基礎的な義務原理（上記のような定言命法）によって根拠づけられるという義務論の考えは拒否する。スロートによれば義務論的制約は、成熟した共感に基づく配慮に訴えることで大部分、根拠づけられる。「道徳全体をケアの倫理によって説明しようとする目下の試みにおいて決定的に重要なのは、私たちの理性的または知性的本性よりも情緒的本性に由来するものとして、義務論を理解することができるという点」（六六頁）なのである。すなわち、低次の感情の働きが高次の理性の働きによって制限されることで義務論的制約が成立する、というカント的な義務論の基本的発想は誤っている。スロートからすれば、そのような理性主義的な発想は、感情自体が含みもつ豊かさと奥行きを見落としている。むしろ「成熟した共感」を体現した思いやりの心情こそが、義務論的制約を正当化するのである。

もう少し具体的に述べよう。カントの考えでは、偽りの約束をしてはならないという義務があるのは、もし「偽りの約束をしてもよい」というルールを普遍化すると、約束という社会的慣習が崩壊してしまい、偽りの約束という実践自体が成立する余地がなくなるという点で、自己破壊的であるからだ(7)。しかしスロートの考えでは、偽りの約束をしてはならないのは、約束を信じ期待を膨らませていた相手を、裏切り失望させ傷つけるからである。約束を破られた「受約者は希望が打ち砕かれ、ひどく落ち込むことになるにもかかわらず、そういった受約者が被る苦悩は、（抽象的な哲学的議論においては）簡単に無視されてしまう」（七九〜八〇頁）とスロートは嘆く。スロートからすれば、生身の人間である相手がどのような失望を味わうかという、当人の具体的な体験を無視することは誤っているのである。成熟した共感的配慮を備えた人物ならば、偽りの約束によって、心躍る期待と信頼を裏切られる相手の身になって考え、その偽りの約束によって生じるだろう相手の苦しみを共感的に感受することができる。そういった共感的感受を通して、偽りの約束によって相手を傷つけることに対する嫌悪感が生じるから、その人物は嘘の約束をするようには動機づけられないはずだ。かくして「偽りの約束をしてならない」という義務論的制約は、約束を破られる相手の気持ちや苦境を感じ受け止める、成熟した共感的配慮に基づいて根拠づけられることになる。

スロートはこのような感情主義的なアプローチによって、第二の論点である作為と不作為の道徳的区別も、適切な形で根拠づけられると主張する。すなわち、相手への共感的配慮に基づいて、私たちがいっそう強い嫌悪感を抱くことになるのは、相手に対して害悪を直接与えるような作為（ないし積極的な行為）に対してであって、そういった事態を成り行き任せにするような不作為（ないし消極的行為）に対してではないのである。スロートによれば、「例えば私たちが誰かを殺害した場合は、私たちはその作用因子として、その人が死んでいくという事態を成り行き任せにした場合よりも圧倒的に、その人の被る害悪に直接的に関与している。それゆえ殺害の場合は、死ぬという事態を成り行きに任せた場合に比べて、「回避されるべきものだ」という、共感に基づく否定的な反応が断然強い形で呼び起こされる」（六八頁）。こうして、ある人が死ぬという事態への直接的な関与を含む「積極的行為（ないし作為）」のほうが、その事態を成り行き任せにする「消極的行為（ないし不作為）」よりも不正であるという点が、成熟した共感的感受性に訴える感情主義的アプローチによって根拠づけられるのである。

第四章　自律と共感

第四章では、感情主義的なケア倫理によって、自律や尊重といった倫理学における中心的概念が、どのように捉え直されるのかが考察される。ここでの取り組みを理解するうえで決定的に重要なのは、スロートの以下の言葉だろう――「カント主義者は、個々人に対する尊重を、その人の自律の尊重という次元で捉えることになる。……だが私はカント主義者による説明の順序を逆にすることになる」（八五頁）。

カントの道徳哲学においては、「あらゆる理性的存在者に普遍的に妥当するようなルール（道徳法則）に基づいて自己を律する」という自律への尊重（道徳法則への尊敬の念）が中心的なものとされ、そこから、そのような自律へと開かれている理性的存在としての人間が尊重されることになる。[8] すなわちカントの見解によれば――もちろん様々な解釈がありうるが――自律への尊重が、個々人を一人の人間として尊重する人間への尊重よりも先行しており、根源的なのである。

しかし、スロートは、この先行関係を思い切って逆転させる。すなわち、人間尊重のほうが、自律尊重よりも根源的なのであり、自律尊重に対して先行することになる。そして、スロートの感情主義において、まずもって尊重されるべきなのは、理性的存在者である「人格」であるよりも、感情豊かで傷つきやすい存在者、すなわち「生身の人間」なのである。かくしてこの章では、理性能力に基づく自律的なあり方への尊重を第一義と見なす理性主義的な尊重概念に代わって、具体的な他者の個別のニーズや声に共感的に耳を傾ける、感情主義的な尊重概念が提示されることになる。そしてスロートは、自他の情緒的交流によって産み出される具体的現実（カント的用語で言えば「感性界」）に考察の軸足を置いて、生身の人間への尊重から派生するものとして、自律尊重や自律の概念を大胆に捉え直す。

感情が豊かに行き交う人間的交流において、相手を一人の人間として尊重することは、「個人の欲求・不安を尊重することや、個人を個別のもしくは特異な存在として尊重すること」（八九頁）にほかならない。その際、相手の個別のニーズや願望を、自分自身のニーズや願望と混同することなく、それ自体の側から尊重することが重要になると、スロートは考える。より踏み込んで言えば、ケアの倫理における感情主義的な人間尊重とは、相手が発する声に注意深く耳を傾け、相手が具体的な生活の中で、どのようなことに不安を感じ困っているのか、どのようなことを望み大切に思っているのか等を共感的に受け止めつつ、その相手に応対していくことなのである。

そしてスロートは、ギリガンの道徳的発達に関する考察を参照しつつ、少女の声を共感的に受け止めずに軽んじる性差別主義的対応によって、少女が自分自身の声に自信をもてないという不正な状況がもたらされている点、また少女の自律が妨げられている点を取り上げる。スロートによれば、「人々を尊重することなく軽んじることが不正にあたるのなら、少女たち自身の観点に立って彼女たちの発言や理解に耳を傾けなかったり、耳を傾けるのを拒んだりすることは、少女に対する不正な行為（不正な扱い）に相当する。そして、この不正な行為（不正な扱い）の根っこには、共感の欠如が見いだされる」（九五頁）のである。

さらにスロートは、アネット・ベアらのフェミニストによる関係的自律論に依拠しながら次の点を強調する。すなわち、私たちは、自分自身の声が他者によって共感的に受け止められるという体験を通じて、自分の声に自信をもてるようになり、さらには自分自身で思考し意思決定することができるようになる点、すなわち関係的な自律が可能になる点である。こうして共感を中心に据えた感情主義的な観点から、社会的抑圧に対する批判的感度を備えた人間尊重論と関係的自律論の構築が試みられるのである。

第五章　ケアの倫理と自由主義

第五章では、前章に引き続き自律に関する議論がなされ、主として二つの取り組みがなされることになる。第一に、感情全般に対する批判的吟味を重視する「自由主義《リベラリズム》の自律論」と、感情がはらむ豊かさを重視する「ケア倫理の自律論」（関係的自律論）との相違が明確に提示され、後者の立場の擁護が試みられている。第二に、ヘイトスピーチに関して、ケアの倫理と自由主義のそれぞれがどのような立場をとるのかが比較検討され、ケアの倫理の強みが明らかにされる。

第一の点から見ていこう。スロートは、愛情を含む感情全般に対して広く批判的吟味を推奨する自由主義者（マーサ・ヌスバウムやジェラルド・ドゥオーキンら）の議論に対して異議申し立てをする。スロートによれば、私たちはそのような批判的吟味を行うことによって、バーナード・ウィリアムズが「思案過多」と呼ぶ状態に陥りかねない。そしてスロートは、その行きすぎた吟味を「批判的な警戒」と呼び、それが他者との有意義な情緒的繋がりを損なうものだと指摘する。

ある夫が、溺れている自分の妻もしくは赤の他人のどちらか一方をまず救助しなければならないという選択に直面したとしよう（これはウィリアムズの有名な事例である）。もしそのとき、その夫が道徳規範や道徳原理を引き合いに出して、「本当に妻をまず先に援助すべきかどうか」を批判的に検討し始めたら、私たちは、その夫の態度に何か不穏なものを感じとるだろう。ウィリアムズと同様、スロートもその批判的吟味は行きすぎたもの（思案過多）だと主張する。しかしスロートはさらに、このことを、「妻自身が知れば愕然」（一二一頁）とし夫の対応にひどく失望するに違いないと指摘する。たしかにこの事態をもって妻と夫の関係がぎくしゃくすることは想像に難くないだろう。

以上のことは、感情の批判的吟味を広く推奨する自由主義において、愛情という人間的な繋がりの核心的要素が、十分に考慮されていないことを示唆する。むろんスロートは、愛情を手放しに称揚しているわけではない。スロートによれば、夫への自己犠牲的な献身を妻に求めるような抑圧的家族規範が支配する社会状況にあっては、妻が「夫を愛すべきかどうか」について、批判的に吟味することは理に適っている。しかし、感情に対する「批判的警戒」を推奨する自由主義者は、抑圧的な状況下に限らず、個人の情動／感情について、広く批判的に検討することを推奨しており、その点で自由主義者の主張は「過度な一般化を含んでいる」（一二〇頁）とされるのである。スロートの考えでは、ウィリアムズの先の事例のように、愛情による搾取の危険性がない状況で、例えば親が、「私は我が子を愛すべきか」と批判的に検討することは、「ぞっとするくらい的外れ」（一二〇頁）なのである。かくして、上記の自由主義者の主張は、人間的繋がりの核をなす情緒的なコミットメントの重要性を過小に評価している点で、批判されることになる。ここでもスロートは、（搾取的ではない）人間的な繋がりの価値を十分に考慮する形で自律の概念を提示しようとしているのである。

次に第二の点について見ていこう。スロートによれば、なぜヘイトスピーチが不正にあたるのかは、共感に基づくケアの倫理の立場によって、適切に説明することができる。ここで重要な点は、個々人の自由に対する不干渉を優先課題とする自由主義《リベラリズム》と、個々人の傷つきやすさへの応答を優先課題とするケアの倫理では、ヘイトスピーチへの対応が大きく異なる点である。むろん、このことは、自由主義が、個々人の傷つきやすさを無視するということを含意しないし、またケアの倫理が、個人の自由への不干渉を軽視するということも含意しない。ここでの両者の相違は、それぞれの立場が、何にいっそう重点を置くのかという優先課題に関連する相違なのである。スロートは次のように述べる――「ケアの倫理の立場からすると、主要な問題点は、そのヘイトスピーチがもたらしうる憂慮すべき重大な害悪のほうにあるのであって、ヘイトスピーチをぶちまけたいと思う人々の自由や自律が干渉されることにあるのではない」（二〇三頁）。

しかし、誰かに不快感を与えるからと言って、即座にその言論を禁止すべきということにはならない。したがって、「誰かに不快感や害悪をいくらか与えるものであっても、禁止されるべきでないとされるケースと、深刻なヘイトスピーチとがどう異なるのか説明できなければならない」（二二六頁）。そしてスロートによれば、ヘイトスピーチは、相手の自尊感情を傷つけたり、耐え難い恐怖や心痛を与えたりするようなものである場合、禁止されるべきなのである。スロートの次の主張は――注において提示されているとはいえ――印象的なものである。「〔個人の自由への不干渉をいっそう優先する〕自由主義者は、ホロコースト生存者がそのパレード〔スコーキーで計画されたネオナチのパレード〕をどのように感じるかに関して、十分に共感的な態度をとってきたのだろうか……ホロコースト生存者にとって、そうした体験はおそらく単に不快であるとか、痛みを伴うとか以上の体験であっただろう。それは多くの生存者らに、精神的かつ心理的に（いっそう）深い傷を残すような仕方でトラウマを（再）体験させる効果をもちうる。自由主義者は、ヘイトスピーチによって負わされた被害者の傷の大きさや深さを十分に感知できて〔いない〕……」（二二三頁）。もちろん、この指摘がどれほど正確なものかについては、慎重な検討が必要とされる。だが、ここにおいても、個々人の自由への不干渉よりも、個々人の傷つきやすさへの応答を重視するスロートの立場が鮮明に表れている。

また興味深いことに、スロートによれば、何を優先課題とするかに関する自由主義とケアの倫理との（上記の）根本的相違は、どのような理由に基づいてパターナリズムに反対するかの相違にも及んでいる。すなわち、自由主義は、個人の自由への重大な侵害となる危険性ゆえにパターナリズムに反対するのに対し、スロートの感情主義的ケア倫理がパターナリズムに反対するのは、相手の切実なニーズや願望を軽んじるような、相手に対する共感的な態度の欠如——心ない態度——が見いだされるからなのである。

第六章　社会的正義

第六章において、理性主義的な色彩が強い従来の正義論に代わるものとして、ケアの倫理に基づく感情主義的な正義論が展開される。ケアの倫理に対して次のような主張がなされることがある。すなわち、個別性や具体性を重んじるケアの倫理は、私的領域にしか適用されないから、公的領域に適用できる（理性主義的／普遍主義的な）伝統的な正義の倫理によって、補完される必要がある。しかしスロートによれば、この主張は間違っている。ケアの倫理は、両方の領域にまたがる全般的なアプローチなのであり、具体的な人間的交流に立脚する共感的なケア倫理の拡充を通して、正義論は新たに再構築されなければならない。かくして本章では、成熟した共感的配慮の観点から、社会的正義と不正義を特徴づけることが試みられるのである。スロートの大まかな特徴づけによれば、「社会的慣習や社会的慣行のみならず制度や法に関しても、その制度や法を産み出し維持することに対して責任を負う（大部分の）人々の共感による思いやりが動機として働き、その制度や法に反映されている場合は、その制度や法は正義に適ったもの」（一三八頁）なのである。またそれとは逆に、そういった人々の共感的配慮の欠如、例えば身勝手さや利己性（例えば既得権益の保持等）が、その社会的慣習や制度に体現されている場合、それは正義に適っておらず不正義に相当する。

スロートは、この共感的配慮に基づく正義／不正義の規準の有効性と妥当性を、様々な具体例をもとに論じていく。例えば、どうして男性による女性に対する家事・育児の押しつけが正義に適っていないと言えるのかが、共感的なケア倫理に依拠することによって、うまく説明できるのである。スロートは次のように述べる——「家庭で必要とされるとてつもない量の仕事が、女性に実際に課された場合、女性が抱くニーズや向上心に対して共感や配慮は適切に働いておらず、その事態の内に、共感や配慮の不全を如実に示すような社会的期待・態度が反映されている」（一四〇頁）。そして「このような仕方で夫が妻に過大な負担をかけることを厭わないとすれば、夫は、愛すべき妻に対して極めて利己的な態度をとっており、そのぶんだけ、妻に対する――もしくは公正さに対する――共感に基づく考慮が著しく欠如していることになる」（一四〇頁）。かくしてスロートは、共感に基づくケアの倫理によって、「育児や家事に対する過大な責任を女性に強いることは、社会的不正義にほかならない」という主張を根拠づけることができると考える。

スロートによれば、能力主義的社会に関しても、社会的に不利な状況に置かれた人々への共感的な配慮の欠如という観点から、それが正義に適っていないという主張を根拠づけることができる。能力主義的社会においては、自らの覇権・特権をできる限り維持したいエリート層の強欲で利己的な願望が浸透しており、このことは「他者に対する成熟した共感をもつ者であれば示すだろう共感的配慮に比べて、そのエリートたちが、著しく劣った共感的配慮しか、同胞市民（の福利）に対して示さないことを意味している」（一四一～一四二頁）。このような方向性で考えを深めることで、スロートは自らのアプローチが、「能力主義的社会は正義に適っていない」という直観に根拠づけを与えることができると論じる。

さらにスロートは、経済的不平等を是正する分配的正義についても、共感的ケアの倫理に基づいて考察できると主張する。限界効用の逓減《ていげん》（すなわち物やサービスといった財の消費量が増大するにつれて、一単位消費することで得られる効用（満足度）が次第に小さくなること）を念頭に置くならば、貧困層の人々の窮状がどのようなものかに対する共感に基づく配慮の観点から、累進課税の法制化が正義に適っていることを示すことができると、スロートは考える。むろん社会全体の福利の総和が増大することを最優先課題とする功利主義もまた、限界効用の逓減を考慮し累進課税を支持するだろう。しかし功利主義においては、社会全体での福利の総和主義が採用されるがゆえに、傷つきやすい弱い立場に置かれた貧困層の人々が抱える切迫したニーズに対して、きめ細かく直接的に対応することは難しくなってしまう。他方で、成熟した共感に基づくケアの倫理は、脆弱な立場に置かれた貧困層の窮状がどのようなものであるかに、まずもって共感的な関心を向ける。やや長文になるがスロート自身の言葉を借りてまとめとしよう。「私たちの共感に基づくケアの倫理は、何が道徳的か、もしくは正義に適ったものなのかを判定する際に、限界効用と（極めて雑な表現になるが）境遇の絶対悪の双方を考慮に入れることが必要になる。議員（法案の起草者）は、成熟した共感を備えているのであれば、（援助なくしては）劣悪もしくは悲惨な社会的境遇にいる（だろう）人々に、いっそう深い共感と特別かつ多大な配慮を示すであろう。それゆえ、私たちの正義論〔すなわち成熟した共感に基づく正義論〕は、功利主義が提供する経済的平等よりも、徹底した経済的平等を義務づけることになる」（一四六頁）。

第七章　ケアと合理性

第七章では、これまでの考察と異なり、道徳性ではなく実践的合理性が中心的な主題となる。つまり前章までは、行為の正／不正、責務の有／無、社会的慣習や制度の正義／不正義等の道徳的区別が、成熟した共感的配慮に訴える感情主義の観点から考察されてきたのだが、この章では、ある行為ないし行為者が実践的合理性を備えていると言えるために必要な要件は何かが考察されるのである。そして、実践的合理性の核となるのは、自分自身の幸福を大切にするような自己配慮の心情であるとされ、実践的合理性に関する感情説が展開されることになる。そこでは実践的合理性に関するテクニカルな議論も出てくるが、以下では、前章までの道徳性に関する議論との繋がりで最も重要だと思われる点、すなわち、道徳性と実践的合理性の区別という点に絞って解説したい。

スロートによれば、道徳性の規範的要請（「道徳的要請を満たすためにはXしなければならない」）と実践的合理性の規範的要請（「実践的合理性の要請を満たすためにはXしなければならない」）は、明確に区別される。他者を援助することが様々な場面で道徳的な責務となる点からも分かるように、道徳的要請は、他者の福利に直接関連しているのに対して、実践的合理性の要請は、自分自身の幸福や福利により強く結びついているからである。「自己の〔長期的な〕益に反して行為することや自身の幸福に対する配慮を欠いていることを、合理的だと見なすのは妥当性を欠いている」(一五二頁)のである。

しかし、とりわけケアが論じられる文脈において、このように(他者の幸福・福利に関わる)道徳性の規範的要請とは別に、(自己の幸福・福利に関わる)実践的合理性の規範的要請の重要性を認めることのポイントは何なのだろうか? スロートは、この点について立ち入って考察しているわけではないが、これまでのスロートの議論を踏まえることで、おそらく次のように考えることができる。道徳性の要請とは独立に、実践的合理性の要請の重要性を認めることで、他者の福利や幸福のみならず、自分自身の福利や幸福もまた大切にしなければならないという点が明確になる。もし従うべき規範が、道徳的な規範性という単一の次元に回収されてしまえば――もしくは実践的合理性の規範的要請が、道徳性の規範的要請へと解消されてしまえば――常に自分のことを後回しにして、他者の福利や幸福のために自分自身の福利の大部分を犠牲にするような自己消失的な生き方を要求されることになるだろう。しかし、そのような自己犠牲的(もしくは自己消失的)なあり方を多くの女性に対して強いてきた不当な社会状況こそが、ギリガンやキテイら(9)のケア倫理学者が危惧してきた状況にほかならない。そして第六章を解説した際に触れたように、スロートもまたこの危惧を少なからず共有している。だからこそ、道徳的規範性とは別個に、実践的合理性の規範性を確保することが重要になるのではないだろうか。実際にスロートは、「自己消失的な状態を回避することは実践的合理性に必要とされる」(一七一頁)と述べるのである。

以上で本書の解説を終わりにしたい。もちろんケアに関わる理論的・実践的問題は、無数に存在しており、スロートが取り上げているのは、その一部にすぎない。例えばヤングケアラー等の深刻な問題は、その窮状にいる人々がどのような生活上の困難・不安を抱えているかに関する共感的理解に基づいて、ケア責任を制度的に再分配する必要性を切迫した仕方で提起しているように思われる。こういった現実の諸困難を是正するためにも、共感的なケア倫理を多角的に検討しつつ拡充することが、求められていると言えるかもしれない。

注

（1）感情主義的徳倫理学という用語については以下に負う。Michael L. Frazer and Michael Slote, 'Sentimentalist Virtue Ethics,' in *The Routledge Companion to Virtue Ethics*, eds. L. Besser-Jones and M. Slote, New York: Routledge, 2015.

（2）邦訳はG・E・M・アンスコム「現代道徳哲学」（生野剛志訳、大庭健編・古田徹也監訳『現代倫理学基本論文集Ⅲ——規範倫理学篇②』勁草書房、二〇二一年）所収。

（3）神崎繁「『ニコマコス倫理学』補注」（アリストテレス全集15『ニコマコス倫理学』（神崎繁訳、岩波書店、二〇一四年）所収）四四四頁に負う。

（4）両者の自己配慮は、対立的なものではなく連続的なものとしても理解しうるが、それでも両者の力点は大きく異なっていると思われる。

（5）スロートは、自己陶冶というアイデアに極めて懐疑的であり、外的環境への依存をアリストテレス以上に重視している（Michael Slote, *Between Psychology and Philosophy: East-West Themes and Beyond*, Palgrave Macmillan, 2020, Ch. 3）。したがってここでの自己のケアや自己配慮を、自己陶冶という自助努力に基づくものではなく、自分を大切にすることを可能にするような制度・環境に基づくものとして捉える方向性を示唆するものとして解釈したり発展させたりすることができるかもしれない。自分のことを蔑《ないがし》ろにせず大切にすること（感情主義的な自己配慮）ができるためには、自分のことを大切にする具体的な方法を学べるような——そして適切な自尊感情を育むことができるような——教育的／文化的／制度的環境が、まずもって整っていなければならない。

（6）義務論に関する簡潔な説明としては以下を参考にしている。堂囿俊彦「義務論」（『入門・倫理学』赤林朗・児玉聡編、勁草書房、二〇一八年に所収）および柘植尚則『プレップ倫理学〔増補版〕』弘文堂、二〇二一年。

（7）イマニエル・カント『道徳形而上学の基礎づけ』中山元訳、光文社、二〇一二年、五九頁。

（8）カント研究者の石川文康が指摘するように、カントにおいて「尊敬されるべき人物において真に尊敬されているのは、じつはその人物が具現化した道徳法則そのものである」（石川文康『カント入門』筑摩書房、一九九五年、一六〇頁）。つまりカント（もしくはこの石川の解釈）に従えば、第一義的に尊重されるべきは、あらゆる理性的存在者に普遍的に妥当する道徳法則であって、傷つきやすい生身の人間そのものではないのである。

（9）Eva Feder Kittay, *Love's Labor: Essays on Women, Equality and Dependency*, 1999, New York: Routledge, 1999

〔『愛の労働あるいは依存とケアの正義論』岡野八代・牟田和恵監訳、白澤社、二〇一〇年〕。

訳者あとがき

本書は、Michael Slote, *The Ethics of Care and Empathy*, Routledge, 2007 の全訳である。本訳書の企画がどのように始まったのか、その経緯を最初に述べたい。

まず本書の訳者の一人である松田が原書である *The Ethics of Care and Empathy* を読み、深い感銘を受けたことから、翻訳を思い立った。松田は小児科医として、病いを抱える子どもやその家族と長年深く関わってきた経験から、自己決定を中心に据える英語圏の医療倫理とは異なる、日本独自の医療倫理を構築する必要性をかねてから痛感していた。そして、そのような問題関心から、松田は『生命医学倫理ノート——和の思想との対話』を執筆し出版することになる（日本評論社、二〇〇四年）。その著書で松田は、聖徳太子の和の思想や儒家における仁の考えを発展的・批判的に活用しながら、医療倫理において、自他の相違に配慮しつつお互いが尊重し合う対話的な交流や、異なる状況に置かれた相手への共感的な態度が、いかに重要であるかを論じた。またそれと同時に、そういった発想がケアの倫理の発想と極めて親和的である点を明らかにした。

このような問題関心をもっていた松田にとって、一人ひとりの主体性を尊重しつつ、自他の情緒的交流を大切にするスロートの共感的なケア倫理は、とても魅力的なものに思えた。そして翻訳へと決意を固めた松田は、以前から親交があった北海道大学の蔵田伸雄氏を介して、スロートのもとで研究したことのある早川に声をかけた。早川は松田の翻訳に対する熱い想いに共鳴し、その結果、二人で協力して翻訳に取り組むことになった。翻訳作業は、まず松田が下訳をつくり、哲学を専門とする早川が、その下訳を原文と注意深く照らし合わせて詳細に検討し更新していく、という形で進められた。訳者一同、スロートの倫理学の魅力が読者の皆さんに伝わったなら、とても嬉しい。

訳者解説では、本書に先立つスロートの徳倫理学と本書で展開されているケアの倫理について説明したが、その後のスロートの著書は、おおよそ以下のようになっている（全てを挙げているわけではない）。

・『道徳感情主義』（*Moral Sentimentalism*, Oxford University Press, 2010）
・『人間的完成の不可能性──アリストテレス・フェミニズム・倫理の複雑さ』（*The Impossibility of Perfection: Aristotle, Feminism, and the Complexities of Ethics*, Oxford University Press, 2011）
・『啓蒙から受容性へ──私たちの価値観を再考する』（*From Enlightenment to Receptivity: Rethinking Our Values*, Oxford University Press, 2013）
・『感情主義的な心の理論』（*A Sentimentalist Theory of Mind*, Oxford University Press, 2014）
・『陰陽の哲学』（*A Philosophy of Yin and Yang*, Chinese-English bilingual edition, Shangwu Yinshanguan, 2018）
・『心理学と哲学の間──哲学の東西比較、またそれを超えて』（*Between Psychology and Philosophy: East-West Themes and Beyond*, Palgrave Macmillan, 2020）

現在、スロートは中国哲学における徳倫理学の諸概念を批判的に検討し再解釈することで、自身の哲学を更新しつづけている。自らがこれまで依拠してきた西洋の徳倫理学を率先して相対化していくところにも、スロートの哲学の躍動性を強く感じることができるだろう。

最後に、今回の翻訳プロジェクトでお世話になった方々に、御礼申し上げます。訳者たちが出会うきっかけを作ってくださった、蔵田伸雄先生にはとても感謝しております。また早川は本書の訳者解説を執筆する過程で、相澤康隆先生、会田薫子先生にいろいろとご助言をいただきました。心より感謝申し上げます。さらに早川は、公益財団法人上廣倫理財団に、翻訳に関連する研究を遂行するうえで長年にわたり多大なご支援をいただいております。おかげさまで、研究に専念することができております。厚く御礼申し上げます。訳語の選択で悩んでいるときに相談にのっていただいた多くの方々にも、感謝いたします。そして、本書の編集を担当してくださった勁草書房の土井美智子さんは、終始丁寧にご対応くださいました。このように無事に出版できたのも、土井さんのお力添えによるものだと思っております。誠にありがとうございました。

二〇二一年七月

訳者一同

原著者紹介

マイケル・スロート（Michael Slote）

1941 年アメリカ生まれ。現在はマイアミ大学哲学部倫理学教授（ハーバード大学で博士号取得）。コロンビア大学、ダブリン大学トリニティ・カレッジ、メリーランド大学等で哲学を教え、メリーランド大学では長年にわたって哲学部長を務めた。倫理学、心の哲学、認識論、教育哲学、政治哲学の分野で数多くの著書や論文を出版している。特に徳倫理学とケアの倫理の分野において世界的に著名である。王立アイルランド・アカデミー（Royal Irish Academy）のメンバーでもあり、人文学における最も栄誉のある記念講演の一つであるタナー・レクチャー（Tanner Lectures on Human Values）で講演した経験ももつ。最近は中国哲学の研究に熱心に取り組んでおり、自らの哲学体系に、陰陽の概念を積極的かつ批判的に取り入れることで、心の哲学・倫理学・認識論の充実化を試みている。

訳者略歴

早川正祐（はやかわ　せいすけ）

1979 年生まれ。東京大学大学院人文社会系研究科死生学・応用倫理センター上廣死生学・応用倫理講座特任准教授（文学博士）。専門は哲学・倫理学・臨床死生学。三重県立看護大学看護学部准教授を経て 2017 年より現職。主論文に 'The Virtue of Receptivity and Practical Rationality' (in *Moral and Intellectual Virtues in Western and Chinese Philosophy: The Turn toward Virtue*, eds. C. Mi, M. Slote, and E. Sosa, Routledge, 2016) および 'Illness Narratives and Epistemic Injustice: Toward Extended Empathic Knowledge' (in *Knowers and Knowledge in East-West Philosophy: Epistemology Extended*, ed. K. Lai, Palgrave Macmillan, 2021) がある。

松田一郎（まつだ　いちろう）

1933 年生まれ。熊本大学名誉教授（医学博士）、元北海道医療大学学長。専門は小児科学・人類遺伝学・医療倫理。1976 年より熊本大学医学部小児科教授（～1998 年）で、熊本大学医学部附属病院長も務めた。1998～1999 年までジョンズ・ホプキンス大学客員教授（遺伝と公共政策）。その他、日本マススクリーニング学会理事長、日本人類遺伝学会理事長。人類遺伝学および小児科学等の業績により、日本先天代謝異常学会賞、日本人類遺伝学会賞、日本医師会医学賞、日本小児科学会賞、紫綬褒章、熊本県近代文化功労者顕彰。人類遺伝学に関する国際論文多数、医療倫理学に関する著書としては『生命医学倫理ノート――和の思想との対話』（日本評論社）がある。

人名索引

ま　行

ら　行

事項索引

な　行

は　行

や　行

ら　行

ケアの倫理と共感

2021年11月20日　第1版第1刷発行

著　者　マイケル・スロート

訳　者　早　川　正　祐
　　　　松　田　一　郎

発行者　井　村　寿　人

発行所　株式会社　勁《けい》　草《そう》　書　房

112-0005 東京都文京区水道2-1-1　振替　00150-2-175253
（編集）電話 03-3815-5277／FAX 03-3814-6968
（営業）電話 03-3814-6861／FAX 03-3814-6854
大日本法令印刷・中永製本

ISBN978-4-326-10298-3　　Printed in Japan

https://www.keisoshobo.co.jp